T0294771

# Indie & rock alternativo

# Indie & rock alternativo

Carlos Pérez de Ziriza

Un sello de Redbook ediciones
Indústria 11 (pol. Ind. Buvisa)
08329 Teià (barcelona)
info@redbookediciones.com
www.redbookediciones.com



Diseño de cubierta: Regina Richling
Diseño de interior: Cifra

ISBN: 978-84-946504-3-7
Depósito legal: B-666-2017

Impreso por Sagrafic,
Plaza Urquinaona 14, 7º-3ª
08010 Barcelona

Impreso en España - *Printed in Spain*

A mi familia, comenzando por Espe y Carla. Y a todos aquellos que tratan de vivir de sus sueños y no dejan de perseguirlos, por lejanos que parezcan.

*Hay una gran infraestructura ahora para las bandas indies, pero en los 80 estaba todo construyéndose. Aquellos pioneros aguantaron el chaparrón.*

Michael Azerrad, periodista

*No digas simplemente que las* indies *son buenas y las* majors *son malas: hay capullos en las primeras y gente estupenda en las segundas.*

Tony Wilson (Factory Records)

*Llevo gafas y trajes, así que supongo que soy un artista indie.*

Stevie Jackson (Belle & Sebastian)

*La palabra* indie *carece de sentido hoy en día. Está tan sobreutilizada que la gente se cree que consiste en llevar el pelo verde.*

Morrissey

# Índice

# Introducción

¿De qué hablamos cuando hablamos de indie? En la historia reciente de la música popular no ha habido una etiqueta más controvertida que esta. Ni tampoco una que haya visto cómo su significado real se iba modificando con el paso del tiempo de una forma tan determinante. En esencia, *indie* es una abreviatura anglosajona de *independiente*. Originalmente, cualquier forma artística o meramente creativa que se gesta al margen de los grandes canales de distribución: discográficas multinacionales, grandes plataformas corporativas e importantes agencias de management. Pero el vocablo ha ido ampliando su ambivalencia hasta convertirse, hoy en día, en un comodín. Un gran cajón de sastre en el que cualquier música que no es inmediatamente catalogable queda consignada, ya sea su alcance masivo o minoritario. ¿Hablamos de una filosofía de vida o tan solo de una estética? ¿Estamos ante propuestas mediante las cuales el artista se compromete a asumir un compromiso insobornable con su obra, o solo ante músicos incapacitados para difundir sus creaciones a través de filtros que les otorguen repercusión? ¿Pueden ser indies, a la vez, bandas tan delicadas y minoritarias como Orange Juice y tan estruendosas y masivas como Muse?

El primer error está en considerar que el indie es un género musical. Puede que en determinados momentos haya estado muy cerca de serlo. De encarnar unas señas comunes e inalienables. Pero a diferencia del reggae, el rockabilly, el heavy metal, el hard rock, e incluso puede que la música dance y electrónica –por citar algunos de los géneros que han engrosado esta misma colección–, a diferencia también del jazz, el hip hop, el country o el soul, el indie es una etiqueta multigenérica y multiforme. Sí, todos los estilos mencionados aceptan distintas variantes en su seno, determinadas geográficamente y en virtud también de sus máximos valedores. Pero ninguno de ellos goza de la diversidad de registros creativos de eso que hemos dado en llamar indie a lo largo de las últimas tres décadas: el jangle pop, el hardcore, el noise rock, el slowcore, el grunge, el brit pop, el post rock, el space rock, el emocore, el electroclash, la americana, el goth rock, el dubstep, el grime, el witch house, el trap y hasta los arrebatos de nueva psicodelia pueden ser subsumidos sin problemas en la categoría de indie o rock alternativo. Esta última denominación, por cierto, es pertinente porque es la que se impuso en Norteamérica y América Latina (indie es un término de origen británico). Pero también el pop rock amable de bandas tan asépticas como The Killers o Kings of Leon encajan hoy en día, sin grandes sonrojos, en tal epígrafe. Una auténtica jungla de sonidos que ningún otro género es capaz de englobar sin verse desbordado.

Las cuatro citas que hemos empleado para encabezar esta introducción son una muestra de la naturaleza heterogénea y siempre controvertida del indie. Son interpretaciones tan dispares como compleja es la tarea de abordar la etiqueta. Una forma de afrontar la vida, para algunos; una simple amalgama de rasgos estéticos, para otros. En cualquier caso, es incontrovertible que el vocablo ha ido modificando su acepción popular con el paso de los años. Como ha ocurrido con tantas otras expresiones que, con el devenir de las décadas, han ido trocando su significación en el uso común que la gente de la calle ha querido –o podido– ir otorgándole. Así que lo que en un principio significaba una vocación por operar a través de cauces alternativos y significarse a través de canciones y discos que solo respondieran a un pálpito creativo totalmente autónomo, ha ido mutando de forma progresiva en una difusa aleación de rasgos externos y muchas veces superficiales, sin que el mayor o menor alcance de sus premisas suponga un factor excluyente. Porque poco importa que algunos de los presupuestos de esas bandas que hoy llamamos indies respondan a claves adocenadas o absolutamente desprovistas de riesgo. O que militen en sellos multinacionales o congreguen a decenas de miles de personas ante cualquier escenario. Son indies, porque eso es lo que hoy en día se entiende mayoritariamente como indie. Porque el indie y lo alternativo en los 2000 tiene poco que ver con lo que suponían en los 90. Y menos aún con lo que significaban en los 80.

Sería un error rasgarse las vestiduras por ello, y considerar que Love Of Lesbian o Arcade Fire, por poner un par de ejemplos, son hoy en día menos merecedores de la etiqueta genérica que cualquier banda ignota, perdida en el enorme arcón de las reliquias minoritarias de aquellas décadas. Los usos sociales cambian, y de nada sirve adoptar ante ello posiciones puristas o integristas. Menos aún cuando muchas veces han sido lesivas para la propia supervivencia de los medios especializados, frecuentemente reacios a hacerse eco de fenómenos que tenían más que ver con el boca-oreja y el auge de las redes sociales y las plataformas de streaming que con un didactismo rock que, en un país como España, nunca ha terminado –reconozcámoslo– de arraigar. Pero una historia de la música indie y del rock alternativo tampoco puede, ni mucho menos, pasar por alto los hitos fundacionales y las transformaciones más determinantes que el género –valga el término– ha ido experimentando, desde su irrupción a principios de los años 80 hasta ahora. Porque su historia es también la historia de sellos tan emblemáticos como Rough Trade, Postcard, Dischord, Sub Pop, Factory, K Records, Creation, Domino, XL, Acuarela, Radiation o Elefant. Muchos de ellos lucían no solo un lacre sonoro identificable, sino también unas señas estéticas absolutamente personales, gracias a los diseños de sus portadas, tramados por sus creativos de cabecera. El del indie es también el relato que enhebran músicos tan seminales como The Smiths, Beat Happening, Felt, Surfin' Bichos, Los Planetas o Hüsker Dü, influyentes sobre sucesivas generaciones. Y es también el recuento de festivales que han crecido al calor de su explosión cromática, como Reading, Glastonbury, el FIB o el Primavera Sound, que se han convertido en sus principales escaparates. Combinar cierto afán pedagógico para el neófito y oficiar de lectura amena e incluso enriquecedora para el ya iniciado es el humilde propósito de este libro. Esperamos lograrlo, aunque la empresa conjunta no sea precisamente fácil.

# 1. Historia del indie y el rock alternativo

*Era importante para nosotros que The KLF tuvieran éxito en todo el mundo, porque odiaba a las bandas que se pensaban que eran grandes, y que en realidad solo lo eran en ese mundo engañoso del* New Musical Express *y el* Melody Maker.

Bill Drummond (Zoo Records, The KLF)

## Todo relato necesita sus hitos

La historia del indie, como la historia de cualquier otro género, puede ser entendida como una sucesión de hallazgos. No directamente asociados a nuevos instrumentos ni a nuevas culturas del ocio, sino a factores algo más borrosos, en sintonía con su propia naturaleza. Como cualquier relato, su devenir en el tiempo puede ser visto como un *continuum*, una sucesión cronológica y progresiva de acontecimientos. Pero todo relato necesita también sus empujones discursivos, sus momentos de agitación para dar pequeños grandes saltos en su evolución. Su retahíla de hitos que den lugar a una mitología particular, aunque magnificados en el tiempo. A diferencia de lo que ocurre con otros estilos (se asume, aunque sea una simplificación, que el rock and roll germina con el primer single de Elvis Presley en 1954, o que el punk nace con el primer álbum de los Ramones en 1976), los contornos evolutivos del indie y el rock alternativo son bastante más difusos, pero se pueden delimitar algunos momentos clave en su génesis y en su desarrollo, que serán más ampliamente detallados en los próximos apartados. La mayoría de ellos se suceden en lapsos de unos cinco años. Veamos.

1976 es también el año de gracia para el indie, aunque solo fuera desde un prisma embrionario. El 4 de junio de aquel año, los Sex Pistols actúan por primera vez en Manchester, en el Lesser Free Trade Hall, ante una audiencia de entre 40 y 80 personas. Ni los más viejos del lugar se ponen de acuerdo en la cifra. Es uno de esos raros momentos fundacionales. De esos conciertos que, pasado el tiempo, centenares de personas recuerdan con el manido "yo estuve allí", aunque en realidad solo comparecieran unos pocos fieles y curiosos. "Si todos los que afirman haber estado allí hubieran estado en realidad, habrían llenado Old Trafford", le comentaba hace poco Bernard Sumner (New Order) a este firmante en una entrevista. Entre el escaso público de aquel concierto figuraba un rosario de nombres que contribuiría a sentar las bases de la independencia inglesa en años venideros. Aquella noche la mayoría de ellos eran jóvenes imberbes que aún no habían siquiera formado sus propias bandas. A saber: Ian Curtis (Joy Division), Bernard Sumner o Peter Hook (Joy Division, New Order), Steven Morrissey y Johnny Marr (The Smiths), Pete Shelley y Howard Devoto (Buzzcocks, organizadores del concierto), Mark E. Smith (The Fall), el productor Martin Hannett o Tony Wilson (capo de Factory Records). Un auténtico all star del primer indie, aún en ciernes. Hasta Mick Hucknall (Simply Red) estuvo allí.

No en vano, el punk marcó el camino para el indie. Enseñó a los post adolescentes de la época que no era necesario ser un virtuoso para medrar en el mundo de la música pop, siempre que la pasión y el instinto primasen. Solo unos meses antes, el 20 de febrero de aquel año, un joven Geoff Travis había abierto la primera tienda de discos Rough Trade en Londres, inaugurando la marca que a la postre se convertiría en el sello y la distribuidora más importante de toda la escena independiente británica. El sello Stiff de Jake Riviera, otra discográfica independiente y emergente (la más prominente de aquel momento junto a Chiswick, fundada en 1975), edita en agosto su primer single, "So It Goes", de Nick Lowe. En noviembre editarían el primer single de la era punk británica, el "New Rose" de The Damned. Pero, sobre todo, es el autoeditado EP *Spiral Scratch*, de los Buzzcocks, en enero del 77, el que marca el camino para la incipiente generación indie. Probó que cualquiera podía editar un disco sin el soporte de una discográfica. La autogestión en su estado más puro y embrionario.

1981 marca un nuevo punto de inflexión: se edita "Smiles & Laughter", de la banda Modern English, y es la primera vez que se utiliza el término indie en un medio de comunicación. Lo hace el semanario *Record Mirror* en su crítica del disco, fechada el 29 de agosto. Modern English habían germinado en tiempos de la new wave, pero habían fichado recientemente por un nuevo y pequeño sello, de trazo casi artesanal, 4AD, regentado por Ivo Watts Russell. La escena, huérfana aún de un nombre identificador, va –no obstante– creciendo en número de bandas que se despegan estéticamente de los postulados más comunes del post punk.

1986 supone un determinante empujón para el género, ya que es la primera vez que el indie se asocia a unas coordenadas comunes y a una escena identificada en grupos concretos. Los sellos Rough Trade y Creation ya habían empezado a programar a la plana mayor de sus bandas desde octubre del 85, en el Hammersmith Riverside de Londres, en citas bautizadas como *The Week Of Wonders*. Pero el auténtico acta notarial del indie como un estilo plenamente identificable llega con la cinta de cassette C-86 que recopila y edita la revista *New Musical Express* (y que reedita el modelo seguido cinco años antes en la cinta C-81), en la que figuran Primal Scream, The Wedding Present, Close Lobsters, The Soup Dragons, McCarthy, The Primitives o BMX Bandits. Se inauguran las primeras listas de éxitos indies en el Reino Unido, disociadas de las convencionales, en sintonía con lo que al otro lado del charco ocurre con el college rock y el underground norteamericanos. Todo ello se produce justo en el décimo aniversario de aquel mítico concierto de los Pistols en Manchester, ya rememorado como fértil punto de partida.

En la primera mitad de los 90 llega la época de las grandes transformaciones. Cuando el indie y lo alternativo dejan de ser minoritarios para pasar a ser objeto de deseo de las grandes multinacionales. Es el periodo que va desde 1992 a 1995. Primero el grunge, y luego el brit pop, certifican, con el paso de sus principales valedores a las grandes ligas discográficas (Nirvana, Sonic Youth, Blur) que la independencia ya ha empezado a dejar de ser una condición infraestructural (la militancia en sellos pequeños, la explotación de canales alternativos) para convertirse en una opción estética. Una cuestión de forma, y no exactamente de fondo. Y el proceso adquiere visos de ser irreversible.

El cambio de década y de siglo, pese al censo de nuevos estilos que los 90 han ido consignando en el debe del indie, no hace más que acelerar ese proceso, con la irrupción de Napster y los primeros intercambios de archivos P2P, que degradan la importancia del formato físico y, con ello, devalúan la relevancia de la adscripción a un sello independiente o multinacional. Con todo, 2001 marca un nuevo repunte con la irrupción de The Strokes y la consolidación de The White Stripes como heraldos de una vuelta al rock de guitarras en su formato más básico e hirviente. Las grandes discográficas se lanzan al caladero de las indies en busca de nuevas sensaciones de temporada, de bandas que oficien en esas coordenadas.

2005 apuntala la respuesta británica a aquella oleada norteamericana (tal y como el brit pop había replicado al grunge diez años antes), y decenas de nuevas bandas indies fomentan de nuevo el interés de la gran industria: son Franz Ferdinand, Arctic Monkeys, Bloc Party o Maxïmo Park. Plataformas como MySpace, Bandcamp y los consiguientes servicios gratuitos de streaming tienden a emborronar aún más los lindes entre lo que es indie y lo que es mainstream, porque los intermediarios cada vez van disminuyendo más su incidencia, de forma acusada. El producto ya se sirve directamente sin filtros al consumidor, y medios digitales como Pitchfork se convierten en las referencias de cabecera, reemplazando la primacía de los semanarios y mensuales en papel. Los canadienses Arcade Fire se convierten prácticamente desde su primer trabajo en la nueva banda indie de estadios, algo que unos años antes hubiera supuesto una total contradicción en sus propios términos. No es de extrañar que, en sintonía con el imparable ascenso de ventas y de popularidad de bandas tan grandilocuentes y discutibles como Muse, Kasabian, The Killers o Kings Of Leon, sea en este momento cuando periodistas británicos acuñen el término de *landfill indie* (indie de vertedero) o *fake indie* (indie de pega), asimilable a algunos de nuestros giros autóctonos, algunos francamente cañís: indietex, indie de marca blanca o indie de postal.

La siguiente década, a partir de 2010, incide en una enorme fragmentación de modos de hacer y en el reciclado continuo de ideas gestadas con anterioridad. Aún así, nuevos estilos se van sucediendo, aunque sea desde presupuestos que vuelven a operar al margen de la gran industria, y más escorados al uso inteligente de la tecnología que al pop blanco de guitarras con el que siempre se ha asociado al indie: el dubstep o el grime se consolidan, y emergen el pop *hipnagógico*, el trap, el moombathon y decenas de microestilos. Pero también solidifica un nuevo rock indie de tercera generación (Cloud Nothings, Japandroids, Fucked Up) y un nuevo pop rock de dormitorio y de muy baja fidelidad, de factura casera, expedido por jóvenes norteamericanos (Car Seat Headrest, Alex G), británicos o australianos (Bored Nothing, Scott and Charlene's Wedding), que vuelve a certificar, una vez más, que más allá de disquisiciones nominales, el indie ni se crea ni se destruye, tan solo se transforma.

## Con ellos empezó todo: El indie británico en la era post punk

Como avanzábamos antes, el punk fue más efectivo por lo que supuso como acicate a largo plazo que como fenómeno de ruptura en el relato del rock. Su versión más esencialista, rebosante de provocación y rechazo frontal al sistema, estaba condenada a la deflagración rápida. A ahogarse en sus propias llamas. Pero el fermento que fue sedimentando desde finales de los años 70 fue el ideal para que, bajo los claroscuros del post punk, fueran proliferando nuevas formas de abordar el pentagrama desde presupuestos pop y rock. Y nuevas formas también de hacer correr sus buenas nuevas, a través de los incipientes fanzines y el esplendor de los semanarios musicales. Porque tan lejos de los tenebrismos sonoros que el entonces llamado after punk iba alentando, repleto de resonancias góticas y tenebristas (Bauhaus, Siouxsie & The Banshees, The Cure, los australianos The Birthday Party de Nick Cave) como de los efervescentes argumentos de la primera oleada synth pop (Depeche Mode, Soft Cell, Japan), los primeros ochenta iban consolidando el argumentario de un puñado de bandas que practicaban un pop singular, desde la descentralización que muchas veces les procuraba el moverse lejos de la capital, Londres.

Ese fue el caso de Factory Records, la discográfica fundada en 1978 en Manchester por el inimitable empresario y *entertainer* Tony Wilson. Fue la casa de The Durutti Column, A Certain Ratio o John Cooper Clarke. Pero, sobre todo, fue el hogar de New Order, sucesores naturales de los referenciales Joy Division (tras el suicido de su vocalista, Ian Curtis, en 1980), una de las bandas emblemáticas de todo este tinglado. Consiguieron que su maxi single "Blue Monday" se convirtiera, en 1983, en el más vendido de la historia. Pese a que el caro diseño troquelado de su portada les hiciera perder dinero durante un buen tramo de su tirada (es lo que tienen las economías de escala), viéndose obligados a corregirlo sobre la marcha, en un aprieto absolutamente sintomático de las contradicciones que a veces suponía crecer a lo grande pero con la mentalidad modesta del independiente. Su progresión, de la oscuridad de sus inicios al abrazo de la tecnología en un puñado de discos fascinantes hasta los 90, fue ejemplar.

También del norte procedían Echo & The Bunnymen y The Teardrop Explodes, las dos grandes luminarias de Liverpool. Y ambas también pertenecían, en un primer momento, a un sello creado en 1978: Zoo Records, regentado por Bill Drummond (entonces en Big In Japan y años mas tarde al frente de los ácidos The KLF) y David Balfe. Los Bunnymen de Ian McCulloch fundían las sombrías aspiraciones líricas de The Doors con las indagaciones atmosféricas del mejor post punk, mientras que los Teardrop Explodes de Julian Cope proponían una contagiosa relectura de la psicodelia, que fue agudizando su lisergia en posteriores entregas de Cope en solitario. Y también del norte, en este caso de la fértil Glasgow, procedían casi todas las bandas del catálogo de Postcard, *label* fundado por Alan Horne en 1979. Eran los efervescentes Josef K, los exquisitos Aztec Camera de Roddy Frame con su rúbrica pop de muchos quilates o los deliciosos Orange Juice de Edwyn Collins, detentores de un trazo pop que, en su crisol con la sensualidad del mejor soul, la música disco y la herencia de The Byrds, merecía mejor suerte comercial. The Monochrome Set, desde Londres, también debieron haber recabado un eco mayor para la propuesta que venían perfilando desde finales de los 70, tan seminal para entender años más tarde la música de The Smiths, Belle & Sebastian o Franz Ferdinand.

Y es que si hay un par de factores que marcan a toda esta generación son la asimilación del legado de The Byrds (más determinante para ellos que el de The Beatles, toda una herejía en según qué ámbitos) y la reivindicación de la herencia de una banda tan denostada comercialmente en su momento como alabada con el paso del tiempo: The Velvet Underground. De hecho, el álbum *VU* (1985), una recopilación de descartes que supuso su única entrega de material nuevo durante los años 80 –ya estaban separados desde más de una década antes– se convirtió en algo así como un disco fetiche para muchos de los jóvenes británicos que en aquella época empezaban a labrarse un futuro en el mundo de la música independiente. Fue para ellos un pórtico iniciático con el que adentrarse en su obra, luego regurgitada a través de sus propias canciones.

Los primeros ochenta fueron también los tiempos de Everything But The Girl (cuyos componentes, Ben Watt y Tracey Thorn, habían velado armas en Cherry Red, otro sello con pedigrí), Weekend o su esqueje, Working Week: todos ellos artífices de exquisitos muestrarios de pop infectados por las cadencias y los modismos del jazz y la bossanova. O del arrollador *soul de ojos azules* de los Dexys Midnight Runners de Kevin Rowland, capaces de fundirlo con el folk desarrapado de aliento céltico en discos exultantes. De finos estilistas, como Lloyd Cole & The Commotions o The Pale Fountains. Pero también fue aquel el tiempo de talentos geniales y heterodoxos, como el de Matt Johnson y sus The The. Del insoborable Mark E. Smith al frente de esa célula creativa, inmune al desgaste hasta nuestros días, que son The Fall. O de los reyes de la ensoñación sonora, maestros precursores del dream pop, como fueron los Cocteau Twins, desde su rol de punta de lanza del sello londinense 4AD. Y de los grandes discos, facturados desde el Reino Unido, de una de las mejores duplas compositoras que nunca dio el indie: la que formaban los australianos Grant McLennan y Robert Forster al frente de The Go-Betweens. Las antípodas, de hecho, no dejaban de surtirnos de *delicatessen*, tanto desde la misma Australia, con The Triffids o The Church, como desde la vecina Nueva Zelanda, con los primeros trabajos de The Clean, The Chills, The Bats y demás adalides del sello Flying Nun y del llamado kiwi pop, con la ciudad de Dunedin como uno de sus epicentros más notables.

Más refinados estetas cargados de buenas canciones: el romanticismo nocturno de The Blue Nile, la cegadora caligrafía pop de Prefab Sprout, la letrada elegancia de Felt, el izquierdismo anguloso que patentaron Scritti Politti, el minimalismo hipnótico de Young Marble Giants e incluso aquel cruce entre The Clash y Woody Guthrie cuya autoría se arrogaba Billy Bragg, siempre diestro en el arte de conjugar compromiso político y desazón sentimental. La mayoría de estos músicos gozaban de un estupendo altavoz en el programa que el insigne radiofonista John Peel conducía desde la Radio 1 de la BBC, especialmente en sus famosas Peel Sessions, que conformaban un amplio testimonio sonoro de la época.

A mediados de la década de los 80 se producen los dos grandes seísmos del pop británico durante aquel decenio, cuya onda expansiva es palpable en décadas venideras. En primer lugar, la consolidación de The Smiths, desde Manchester, como la principal fuerza reformuladora del género, a través de una discografía sin igual, en la que la nostalgia por los años 60, un lirismo *sui generis* preñado de ambigüedad sexual y el compromiso irrenunciable con sus propias señas de identidad (sus reconocibles portadas, su aversión por la estética del videoclip) diseñaron los arcos de bóveda del indie en su versión más distinguida. Y en segundo lugar, con la estruendosa irrupción de The Jesus & Mary Chain, quienes fundían desde Glasgow el muro de sonido de Phil Spector y la herencia de los *girl groups* con el ruidoso *feedback* de sus propias guitarras, en una excitante aleación que también sería enormemente influyente. Y que fue alentada por su paisano Alan McGee desde Creation Records, otro de los sellos capitales en toda esta historia, en donde también militaban unos primerizos Primal Scream.

Precisamente esos –aún balbuceantes– Primal Scream formaban parte de la ya mencionada recopilación C-86 (bautizada así por su año de publicación) junto a los emergentes The Wedding Present de David Gedge, The Pastels, The Mighty Lemon Drops y unas cuantas bandas hoy sumidas prácticamente en el olvido, como The Bodines, The Shop Assistants o The Servants. Publicada por el semanario *New Musical Express* en formato de cinta de cassette (hoy vista como toda una cotizada reliquia del pasado), marca un punto y aparte en la consideración del indie pop como un estilo de contornos definidos, marcados por la primacía de las guitarras, la relectura de los clásicos, el distanciamiento consciente de lo comercial, la elaboración de un argumentario sentimental mayoritariamente exento de cinismo (a veces excesivamente conmiserativo) y el rechazo a la estética chillona y fútil de la pujante industria del videoclip musical. Una música facturada por jovencitos blancos de clase media, tan apta para la autoparodia de trazo grueso si se identifican sus rasgos más externos con cierta sorna postmoderna desde la atalaya de la actualidad, como para el deslinde de no pocas obras perdurables en el tiempo, que han sido y seguirán siendo referentes inexcusables para sucesivas generaciones.

Conviene recordar que, pese a lo estéril de muchos de sus posicionamientos a largo plazo, el compromiso político contra el cruel neoliberalismo encarnado por Margaret Thatcher y la apuesta por un cierto aura de autenticidad –en confrontación con el hedonismo rampante y la frivolidad (a veces solo aparente) del pop que poblaba las listas de éxitos y las incesantes rotaciones de videoclips de la MTV y el Top Of The Pops– eran dos de las fuerzas motrices que impulsaban a gran parte de esta generación de músicos británicos. Con sus carencias y con sus virtudes. Con la ternura que en algunos casos puede inspirar el paso del tiempo. Pero sin ellos, todo lo que vendría más tarde no hubiera sido posible.

## Crónicas del subsuelo: El underground norteamericano de los años 80

El punk también había hecho estragos en los EEUU, aunque sin el componente general de válvula de escape para el descontento social que había albergado en el Reino Unido, y con una pátina más intelectualizada. Músicos como The New York Dolls o Patti Smith habían plantado la semilla a mitad de los 70, y bandas como Talking Heads, Television, Richard Hell & The Voidoids y, sobre todo, Ramones, ejercieron un gran influjo sobre quienes comenzaron a reunir sus propias formaciones a finales de aquella década y principios de los 80, desde presupuestos autogestionarios y refractarios a la gran industria del disco. Los ochenta son en Norteamérica los años en los que fermenta la simiente de lo que luego se entendería como rock alternativo, que aún se manifestaba entonces en estilos como el hardcore –primero– y el noise rock –después– , fundamentalmente. A aquella amalgama de bandas, sellos, circuitos de salas y redes de fanzines que surgieron a lo largo de los más de cincuenta estados que componen los EEUU, y que tejían una diversa maraña de células prácticamente subterráneas (por su opacidad ante los medios de comunicación convencionales) se le dio en llamar, de forma natural, *underground*. El subsuelo creativo, que emergía en paralelo al indie británico. Quizá la forma más razonable de trazar una panorámica sintética de aquel conglomerado de escenas sea desde una perspectiva geográfica, subrayando siete puntos clave: Los Angeles, Washington DC, Minneapolis, Nueva York, Boston, Olympia y Athens.

La costa oeste, con epicentro en Los Angeles, fue el caldo de cultivo para que en la primera mitad de los años 80 un puñado de formaciones que hacían bandera de las guitarras anfetamínicas y las canciones de menos de tres minutos se reprodujera como esporas. Era el primer hardcore, heredero directo del punk de finales de los 70 y antecedente necesario del propio revival punk rock que se viviría en la misma costa en los 90 (Green Day, NOFX, The Offspring). Sus adalides eran bandas como los Black Flag de Henry Rollins, The Germs, Dead Kennedys, Minutemen, Suicidal Tendencies o Circle Jerks. Su credencial principal, una férrea tendencia a la confrontación con la América neoconservadora de Ronald Reagan para situarla frente a su propio espejo, merced a composiciones breves y rebosantes de ira y rabia, que en la mayoría de los casos reducían la melodía a su mínima expresión. El ruido y la furia, comprimidos.

Washington DC fue el otro foco primordial de irradiación del hardcore en los EEUU, merced a la labor que el sello Dischord desarrolló también a lo largo de toda la década. También en parte herederos de la ética punk, y avanzadilla del emocore que se desarrollaría en los 90 (Sunny Day Real Estate, Jawbreaker). Sus valedores principales eran Minor Threat, la banda que encabezaba Ian McKaye, fundador de la propia Dischord, que acabaría formando Fugazi a finales de década. A él se le suele atribuir también la autoría del *straight edge*, una tenaz y severa filosofía de vida que abogaba por la supresión del alcohol, el tabaco y las drogas, como reacción a algunos de los excesos en los que la subcultura punk había incurrido. En síntesis, eliminación de lo superfluo y vindicación de lo esencial, que no deja de ser una forma extrema (y algo integrista) de independencia. Bad Brains, Rites of Spring o Teen Idles se cuentan entre algunas más de sus bandas clave.

Mientras, en Minneapolis (Minnesota), la ciudad que la discografía de Prince empezaba a situar en el mapa internacionalmente, dos bandas se perfilaban como puntales del underground yanqui de la época: Hüsker Dü y The Replacements. Los primeros eran el resultado de juntar los talentos de Bob Mould y Grant Hart, dos compositores complementarios que, partiendo también de la herencia del punk, introdujeron cotas de brillantez melódica –conforme los ochenta fueron avanzando– que no eran moneda común en la escena hardcore. Su obra fue pivotal para entender cualquier proyecto posterior que hiciera de la ecuación ruido + melodía su *leit motiv*, y ya en los 90 dio lugar a Sugar y Nova Mob, respectivamente, así como a una obra en solitario que prosigue por ambas partes hasta nuestros días, especialmente fértil en el caso de Mould. Los segundos eran el vehículo expresivo de Paul Westerberg y sus atribulados secuaces, una máquina de fundir, progresivamente, el punk con el rock and roll pendenciero de los Stones o los Faces, los arrebatos de swing, el hálito *crooner* y hasta cierta querencia AOR muy bien filtrada en su última etapa. Siempre a la sombra de bandas como R.E.M., merecieron mejor suerte comercial. Aunque influirían años más tarde a alumnos aventajados como The Hold Steady o Marah.

Ya que hablamos de R.E.M., es inevitable enlazar con su Athens (Georgia) natal, cuna de una efervescente escena que alumbró, entre finales de los 70 y principios de los 80, a bandas como The B-52s, Pylon o Widespread Panic. Una reducida y colorista pléyade de proyectos gestados en una ciudad relativamente pequeña del sur, de ambiente universitario, en la que R.E.M. requieren mención aparte: su progresión durante la década, de grupo minoritario adorado por las emisoras de radio universitarias (*college radios*) a megaestrellas de alcance mundial, representa como pocas el triunfo del rock independiente, por cuanto su tránsito de las ligas discográficas indies a las *majors* nunca menoscabó su inquebrantable autonomía creativa ni tampoco su flujo de inspiración. Vendieron millones de discos sin traicionar sus principios, esa cuadratura del círculo tan desgraciadamente infrecuente.

Más al norte de Athens, y ya pasado el ecuador de los 80, el runrún de que algo importante se cocía desde Boston iba tomando forma. De la zona de Massachussets salieron en aquellos años los Pixies, Dinosaur Jr, Throwing Muses, Buffalo Tom, Galaxie 500 o los primeros Lemonheads. Especialmente importantes fueron los dos primeros, que asumirían algunas de las enseñanzas de Hüsker Dü y de las escenas punk y hardcore precedentes para convertirse en dos de las principales fuerzas motrices del rock alternativo norteamericano en el tránsito de los 80 a los 90. Tanto Pixies como Dinosaur Jr (en menor medida), recogieron aquel legado y lo popularizaron en tiempos en los que lo alternativo ya comenzaba a cotizar al alza en los grandes medios de comunicación. Sus discografías de la época son capitales. Aunque si hubo una banda que remachó, por delante de ellos, los goznes del underground para edificar una nueva forma de entender el rock, esos fueron los neoyorquinos Sonic Youth. Herederos de la no wave de su ciudad a finales de los 70, del art rock y de la contracultura, fueron tejiendo con arrobas de talento y de inspiración la madeja de un nuevo lenguaje al que se convino en llamar noise rock. Lo hicieron a través de una discografía ejemplar, cientos de veces imitada pero nunca superada, repleta de momentos fascinantes. Mientras, en Olympia (Washington), una pequeña ciudad al noroeste del país, Calvin Johnson iba puliendo, casi en las antípodas estilísticas, una veta de pop de bajo presupuesto al frente de sus Beat Happening y su sello K Records, cuya sombra se alargaría durante la siguiente década.

Conviene no obviar, aunque su frecuente simbiosis con sellos multinacionales la haya disociado muchas veces del concepto de indie o alternativo, a toda la escena del llamado Nuevo Rock Americano que germinó durante la primera mitad de los años 80, y en la que también se podía encuadrar a los primeros R.E.M.: bandas más refinadas, que pregonaban el retorno a las esencias del rock de los años 60 y reformulaban la guitarras de papel de estraza de The Byrds, la psicodelia y la herencia *beatle*, como fue el caso de The Feelies, Violent Femmes, The Dream Syndicate, The Long Ryders o Green On Red. Ni tampoco dejarnos en el tintero el revival garage rock protagonizado por bandas norteamericanas, australianas o escandinavas en la segunda mitad de los 80, con The Fuzztones, The Nomads, The Cynics, The Creeps o los ya por aquel entonces veteranos The Fleshtones como principales emblemas.

## Guitarras, baile e hipnosis: Madchester y el shoegaze

De vuelta al Reino Unido, la escena independiente había quedado huérfana de un gran referente tras la separación de The Smiths, en 1987. Debatiéndose entre el asentamiento de un sonido de cariz indie que comenzaba a definirse por sus rasgos estéticos, más allá de su adscripción a sellos independientes, y el miedo al vacío ante el trono vacante que el cuarteto liderado por Morrissey y Johnny Marr habían dejado. Un par de bandas se postulaban como relevos de altura, pero ninguna de ellas tuvo suficiente recorrido para refrendar a largo plazo las expectativas: The Sundays y The House Of Love. Los primeros fueron la gran esperanza del sello Rough Trade tras la marcha de The Smiths, pero su esencia se fue difuminando tras un gran álbum de debut. Los segundos, tras dos espléndidos trabajos editados, respectivamente, en la indie Creation y en Fontana (subsidiaria de una *major*), tampoco gozaron de una continuidad a la altura y quedaron sepultados por las mareas grunge y brit pop que se avecinaban en la primera mitad de los 90. A un nivel más minoritario, una pequeña discográfica de Bristol, Sarah Records, tomaba el relevo de las indies emblemáticas de la primera mitad de los 80 (Postcard, Factory, Cherry Red) y difundía desde 1987 los exquisitos trabajos de The Field Mice, The Orchids, East River Pipe o Heavenly, decisivos para entender luego el indie inglés de los 90.

Así pues, el principal revulsivo para el pop británico con el cambio de década llegaría de la mano de una escena que supo combinar, con resultados no siempre brillantes aunque legando algunos discos para la posteridad, la incipiente cultura *rave* (grandes congregaciones, generalmente clandestinas, en torno a los ritmos bailables del momento), la música de baile que esta comportaba (con el acid house como principal ingrediente) y el pop rock independiente de guitarras que ya había sedimentado en años precedentes. El epicentro de esta tendencia fue Manchester, a la sazón rebautizada con el juego de palabras *Madchester*, que propagó un sonido que en determinados ámbitos fue bautizado como *scallydelia*: mezcla de *scally* –adjetivo empleado para definir al clásico joven disruptivo del noroeste británico– , y *delia* –abreviatura de psicodelia, ya que el estilo compartía con ella su querencia por las cualidades psicotrópicas que la droga del momento, el éxtasis o MDMA, proporcionaba– . Volvieron a poner de moda los pantalones anchos (la estética *baggy*) y las camisetas con motivos psicodélicos. The Stone Roses, Happy Mondays, The Charlatans e Inspiral Carpets constituían el póker que lo popularizó, si bien solo el debut de los primeros y el segundo largo de los segundos son obras magnas. Por detrás de ellos, bandas más coyunturales y casi siempre menores, no exentas de momentos de efervescencia, como los remozados The Soup Dragons, Northside, The Mock Turtles o Flowered Up. También los veteranos James, más sólidos que cualquiera de los integrantes de este último listado, se apuntaron al fenómeno. En paralelo a ellos se movía otro puñado de bandas que también fundía los ritmos de baile con el rock de guitarras, aunque desde presupuestos más desmañados y no necesariamente desde Manchester: eran Pop Will Eat Eatself, Carter The Unstoppable Sex Machine, The Wonder Stuff o Ned's Atomic Dustbin, emblemas de la subcultura *grebo*. E incluso proyectos más comerciales, como EMF o Jesus Jones.

Pero no fue precisamente una banda de Manchester la que aportó el más brillante testimonio sonoro de este tiempo, sino una de Glasgow. Primal

Scream habían formado parte de aquella generación del C-86, marcada por el predominio de las guitarras tintineantes y los estribillos cándidos. Sin embargo, en 1991 se aliaron con el influyente DJ y productor Andrew Weatherall para tramar la más deslumbrante cópula entre rock de guitarras, house y psicodelia que se había facturado hasta entonces. El resultado fue *Screamadelica*, editado por Creation. Un álbum que ensanchó los límites del pop independiente. Bobby Gillespie y los suyos repetirían esquemas similares en posteriores entregas, basculando entre la electrónica y el rock and roll stoniano, pero esa ya será otra historia.

La otra corriente que sacudió el panorama indie británico cuando los 80 hacían bisagra con los 90 fue el shoegaze, un estilo que preconizaba un potente muro de sonido, saturado de *feedback* guitarrístico, recubriendo melodías ensoñadoras cuya melosa dulzura contrastaba con la fiereza que emanaba del sonido de las seis cuerdas. Simplificando, era como fundir a The Jesus & Mary Chain con los Cocteau Twins. Escénicamente se distinguían por una aparente concentración en sus desarrollos instrumentales, en los pedales de distorsión de sus guitarras, junto a sus pies, a veces confundida (no siempre sin razón) con cierta apatía. De ahí el nombre del género: shoegazing es, literalmente, mirarse los zapatos. Su banda más prominente fueron My Bloody Valentine, artífices del referencial *Loveless* (91), obra clave del indie, pero es de ley mencionar también a Chapterhouse, Swervedriver, Moose, Catherine Wheel, Pale Saints, Slowdive e incluso a las primeras etapas de Lush, Ride, Adorable o los soberbios The Boo Radleys. En paralelo a todos ellos, aunque sin compartir las mismas señas por cuanto perfilaban un lenguaje propio, fue fraguándose la carrera de los Spiritualized de Jason Pierce, surgidos de las cenizas de Spacemen 3 y responsables de discos luego tan cruciales como *Ladies & Gentlemen We Are Floating in Space* (1997), obra maestra de space rock moderno.

En medio de esta encrucijada, no solo entre décadas sino entre sonidos y culturas que apenas habían tenido hasta entonces la oportunidad de cruzarse, dos bandas merecen un punto y aparte por su singularidad. En primer lugar, AR Kane, quienes patentaron en la segunda mitad de los 80 el llamado dream pop antes incluso de que a alguien le diera por inventar la etiqueta (en paralelo a Cocteau Twins, todo hay que decirlo), y quienes ya se habían marcado uno de los primeros hitos en la utilización de la técnica del sampler (aplicar pequeños fragmentos de otras canciones en beneficio propio, dando lugar a una obra nueva) aplicada al pop con "Pump Up The Volume", su single de 1987 a nombre de M/A/R/R/S. En segundo lugar, The KLF, el desopilante dúo formado por Bill Drummond (fundador de Zoo Records una década antes, ¿recuerdan?) y Jimmy Cauty, que conquistó las listas de éxitos desde 1987 a 1992 desde presupuestos no solo ferozmente independientes, sino abiertamente iconoclastas, aupados en una batidora de rock chirriante, ambient sedante y techno peleón que se disolvió en sí mismo. Porque trataron de borrar su propio catálogo de la faz de la tierra tras anunciar su separación y tuvieron más tarde la feliz idea de quemar un millón de libras en la isla de Jura (Escocia), en un inédito gesto de desafío a todo lo que significaba la gran industria del disco.

## El aullido desesperanzado del noroeste: El grunge y el riot grrrl en los 90

Es muy fácil situar geográfica y logísticamente el grunge: Seattle (Washington) y sus alrededores fueron su epicentro, el sello Sub Pop su plataforma, y Nirvana, sus valedores más populares. El estilo, como tal, comenzó a balbucear en 1986-1987, explotó en 1989 y vivió su periodo de difusión y máxima repercusión mediática entre 1990 y 1995. Básicamente, se trataba de una aleación de hard rock, punk, metal y hardcore, si bien esos elementos podían tener mayor o menor peso, obviamente, según quién los malease. Al servicio de textos crudos, sombríos o directamente apocalípticos, poniendo voz a una generación marcada en muchos casos por la marginación social tras doce años de liberalismo económico, primero con Reagan y luego con Bush padre. Sub Pop había nacido en 1986 como extensión natural de un fanzine previo, tal y como mandan los cánones de la mayoría de discográficas independientes de la época.

El éxito fulgurante de *Nevermind*, el segundo álbum de Nirvana, en septiembre de 1991, y el suicidio de su líder, Kurt Cobain, en abril de 1994, pueden ser vistos de una forma muy reduccionista como principio y fin del género. Pero lo cierto es que Green River, The Melvins, Mudhoney, Tad e incluso unos primerizos Soundgarden eran bandas que llevaban ya algunos álbumes editados a finales de los 80, cuando el feroz rugido del noroeste que encarnaban estaba a punto de copar las principales cabeceras musicales norteamericanas y europeas. Hubo quien ponía más énfasis en la veta del garage rock (Mudhoney), quien acentuó más el factor metálico (Soundgarden o Alice In Chains) e incluso quien primó en un principio el sesgo épico (los primeros Pearl Jam), pero todos ellos compartían unas trazas comunes, que serían vistas como muy apetecibles por las grandes multinacionales a partir del rotundo e imprevisible éxito de Nirvana cuando la *multi* Geffen les editó su segundo disco, en 1991.

Algo que no fue obstáculo para que el grunge tuviera también sus particulares versos sueltos, bandas que se adscribían a él por cercanía generacional o geográfica, pero en cuyo seno latía una creatividad que desbordaría los pretiles del estilo. Bandas como los Screaming Trees de Mark Lanegan, que fueron arrimándose a un rock árido con vistas al futuro inmediato, o los Afghan Whigs de Greg Dulli, que fundían las guitarras embravecidas con el arrebato del soul clásico. No es de extrañar que ambos acabaran uniendo fuerzas años mas tarde en The Gutter Twins, o que hayan mantenido encomiables carreras con posterioridad. Los discos de las bandas que defendían han envejecido mejor que los de la plana mayor del grunge, si bien los dos últimos álbumes de estudio de Nirvana o la época de madurez de Pearl Jam se ganaron a pulso el trascender aquella coyuntura.

El estilo patentado en el frío estado de Washington también tuvo su versión *light*: entre 1992 y 1995, las grandes discográficas suspiraban por encontrar a sus nuevos Nirvana o a sus nuevos Pearl Jam. Y ese anhelo degeneró en productos tan fácilmente desechables como Bush, Stone Temple Pilots, Live o Collective Soul. Aunque entre tanta mediania, el grunge también fue paralelo al estallido comercial de bandas limítrofes con bastante más cuajo, como The Smashing Pumpkins, cuya irregular discografía brinda momentos de mucha enjundia. Aunque Sonic Youth ya habían fichado por la *major* Geffen antes de que lo hicieran Nirvana (de hecho, estos entraron en el sello de David Geffen por recomendación suya), el grunge capitaliza el primer momento en el que el rock independiente o alternativo comienza a ser fagocitado por las grandes compañías multinacionales, que ven en ellos a su nueva gallina de los huevos de oro. Son los tiempos de la dichosa generación X. Un punto de inflexión en el que comienzan a emborronarse los límites entre lo independiente y lo mainstream.

Otra de las claves del género fue la capacidad que tuvo, como el punk, para espolear la creatividad femenina, y que se plasmó en un sinfín de nuevas bandas compuestas de forma íntegra por mujeres, orgullosas además de defender su condición de género en un mundo tan patriarcal como el del rock. Grupos como L7, Babes In Toyland o Hole (liderados por Courtney Love, pareja de Cobain) gozaron también de sus merecidos minutos de gloria. La etiqueta foxcore comenzó a ser utilizada para aglutinarlas.Y fue precisamente un movimiento femenino, gestado también en el estado de Washington, el que cogió el testigo de aquellas y removió los cimientos del rock alternativo durante la primera mitad de los 90: el riot grrrl, con su principal sede de operaciones en la ciudad de Olympia, se concretó en los discos de bandas femeninas como las Bikini Kill de Kathleen Hanna (su más notable ideóloga), Bratmobile, Heavens To Betsy o las extraordinarias Sleater-Kinney, que son las únicas –junto a The Julie Ruin, de Kathleen Hanna– que, con el tiempo, han trascendido la efervescencia coyuntural del momento, marcada por su furibundo rechazo al sexismo y al patriarcado. La marea que impulsaron llegó incluso a costas británicas, como demuestra la existencia de Huggy Bear, las principales representantes del estilo en el Reino Unido.

Otra de las repercusiones positivas que tuvo el grunge, al menos en su primera oleada y de forma colateral, fue la de otorgar visibilidad a un buen puñado de bandas indies escocesas de finales de los 80, deudoras del C-86 (o lo que también se dio en llamar anorak pop), gracias al proselitismo de un Kurt Cobain que se confesaba fan suyo y no perdía la oportunidad de recalcarlo en público. Fue el caso de The Vaselines o Eugenius, los dos proyectos que lideró sucesivamente Eugene Kelly desde 1986 a 1995. Formaban parte de una escena integrada por bandas tan exquisitas como BMX Bandits, con los veteranos The Pastels oficiando de patriarcas y Teenage Fanclub como alumnos más aventajados. Estos últimos (quienes telonearon a Nirvana en su gira europea de 1992) desarrollaron una trayectoria modélica durante los años 90, en sintonía precisamente con una banda de Seattle que compartía con ellos su devoción por The Byrds, The Beatles y, sobre todo, Big Star, como fueron The Posies.

## Neoclasicismo en la renovada Albión: El brit pop

En el relato del indie y el rock alternativo, la dialéctica entre los EEUU y el Reino Unido juega un papel tan determinante como en la propia evolución del rock and roll como gran tronco de la música popular del último siglo. De hecho, queda probado que es en los 90 cuando la gran industria del disco empieza a asumir que en las trincheras de lo independiente se gestan los pequeños corrimientos de tierras que están destinados a dar forma a nuevos estilos, tendencias y etiquetas con los que enmarcar los nuevos tiempos. Por eso, no es de extrañar que el sarampión grunge se viera respondido desde la vieja Inglaterra con una nueva oleada de bandas que, a diferencia de aquel, gozó de una connivencia muy temprana entre prensa, clase política e incluso grandes discográficas. Una suerte de revuelta nacional que reivindicaba el orgullo patrio en la tierra de los Beatles y los Stones, y que pese a su sustrato real, se tramó desde las altas esferas, y no precisamente desde el subsuelo, como ocurrió en el noroeste norteamericano. Se le llamó brit pop, y operó con mucha fuerza entre 1994 y 1997.

Tiende a soslayarse en su detalle el antecedente que marcó sus comienzos: en 1993, cuando el sonido Madchester ya estaba agotando los pocos cartuchos que le quedaban y los semanarios británicos necesitaban nuevos reclamos para encabezar sus portadas, dos bandas sobresalieron por encima del resto sin necesidad de apelaciones a un orgullo genérico nacional. Fueron Suede y The Auteurs. Ambas debutaron en largo aquel año, con sendos discos que recogían la herencia del glam rock de los años 70 desde un prisma actualizado, no exento de personalidad. Nadie hablaba aún entonces de brit pop. Ambos fueron más tarde agregados a aquella legión de bandas por los medios de comunicación, ya bien entrados los años 1994 y 1995, pero ni el romanticismo decadente y orgulloso de los primeros, liderados por el andrógino Brett Anderson, ni la fina ironía de los segundos, comandados por el sardónico Luke Haines (luego uno de los principales detractores del brit pop), encajaban de pleno en la narrativa del estilo.

Porque el brit pop, en esencia, fue un fenómeno cuyos focos estaban reservados principalmente a dos bandas, Blur y Oasis. Los primeros, desde Londres, habían evolucionado desde la lisergia que emanaba de Manchester hasta un costumbrismo lírico que hermanaba a The Kinks, Madness, la música disco o el synth pop: un vigoroso puzzle sonoro que fundía pasado y presente del pop patrio, y que constituía un estupendo fresco para retratar a la juventud británica del momento. Los segundos, desde Manchester, patentaban un clasicismo sonoro que se pretendía más de extracción obrera, en una asunción poco matizada de las enseñanzas de The Beatles, The Rolling Stones, T-Rex o The Faces. Quizá no sea necesario especificar que la carrera de Blur (en general) y de su líder Damon Albarn (en particular) gozó con el tiempo de una riqueza de registros con la que nunca soñaron los hermanos Gallagher, el puente de mando de Oasis. Pero en los discos que editaron entre 1994 y 1995, ambos dejaron tan buenas canciones para la posteridad que incluso la prensa de su país urdió un artificioso duelo fratricida cuando en agosto de 1995 las dos bandas hicieron coincidir los lanzamientos de los respectivos *singles* de adelanto de sus álbumes, tratando de emular la rivalidad Beatles-Stones.

Como prácticamente cada uno de los movimientos que desgranamos, el brit pop tuvo a sus protagonistas principales, pero también a sus comparsas y a sus versos sueltos. Entre sus comparsas, infinidad de bandas que apenas han dejado poso con el paso del tiempo, como The Bluetones, Menswear, Marion, Heavy Stereo, Shed Seven, Sleeper o Salad, integrantes de un listado del que merecerían sobresalir, por sus puntuales aciertos, Echobelly, Elastica, Gene o Supergrass. Y entre sus versos sueltos –o más bien cabría hablar de discutibles asimilados– es obligado mencionar a cuatro bandas que ya gozaban de un buen recorrido a mediados de los 90: los clasicotes Ocean Colour Scene, los combativos Manic Street Preachers, los imaginativos The Boo Radleys (de nuevo) y, sobre todo, los soberbios Pulp de Jarvis Cocker, quienes habían pasado por una larga travesía del desierto desde 1983, y por fin recogían las mieles del éxito gracias a discos tan certeros como *His' n' Hers* (94) o *Different Class* (95).

El brit pop gozó de la aquiescencia del Nuevo Laborismo de Tony Blair, quien no dudó en reunirse y fotografiarse con sus músicos más célebres desde mitad de los años 90, como parte de una estrategia que le legitimase a ojos de la juventud del país. Eran los tiempos de *Cool Britannia*, término utilizado para describir la efervescencia musical de la época, con el triunfo laborista de 1997 en ciernes.

La estrecha relación entre creación musical, altas esferas de la política, grandes medios de comunicación y grandes discográficas pone de relieve que el brit pop contribuyó a desdibujar aún más las diferencias entre lo indie o alternativo y lo mainstream o comercial. Ese proceso lo habían azuzado antes las *majors* americanas, pero en el Reino Unido cobró una nueva dimensión.

Porque la fiebre ya no había partido ni de fanzines, ni (generalmente) de pequeños sellos, ni tampoco como respuesta a los desmanes del poder (el grunge no empatizaba con las políticas de Bill Clinton, más bien al contrario). De hecho, es en su seno cuando se acuña el vocablo británico *mandies* (fundiendo *major* con *indies*), que alude a pequeños sellos ingleses, de apariencia alternativa, que en realidad son subsidiarios de grandes compañías, como fue el caso de Hut respecto a Virgin.

El género tuvo un repunte tardío, cuando ya sus fastos se estaban agotando, con el éxito del *Urban Hymns* de The Verve y el *OK Computer* de Radiohead, ambos en 1997. El primero fue más bien un punto y final, dada la postrera endeblez de los discos de su artífice. Pero el segundo fue un punto de partida para una carrera que posteriormente se desmarcaría por completo de todo aquello. Y el disco que puso banda sonora a la resaca, la puntilla a aquellos días de vino y rosas para el brit pop, fue el crepuscular *This Is Hard-*

*core*, facturado por Pulp en 1998. Por el camino ya habían quedado decenas de proyectos sumidos en el olvido, pero también un pequeño manojo de trabajos memorables.

## Nuevos lenguajes en los 90: Post rock, slowcore, lo fi, trip hop, americana y stoner rock

La década de los 90 nos fue dejando un buen puñado de nominalismos que servían, o bien para bautizar nuevos estilos, o bien para dar carta de naturaleza a expresiones creativas ya existentes, pero que adoptaban un ropaje diferenciado con el cambio de decenio. El censo resultó, en todo caso, abundante. Sobre todo si lo comparamos con épocas que nos son más cercanas en el tiempo, pero algo más yermas en cuanto a géneros novedosos con los que enmarcar el espíritu del momento.

El trip hop fue un estilo acuñado a principios de década, que servía para etiquetar a una serie de proyectos colaborativos, la mayoría de ellos gestados en Bristol (Reino Unido), que proponían una seductora simbiosis entre la cultura sampledélica del hip hop, la concreción pop para dar con estribillos más o menos convencionales y el ralentí del dub. Una elegante y sensual mixtura cuyas primeras obras perdurables gestionaron Massive Attack (surgidos del colectivo The Wild Bunch), encabezando una selecta pléyade de músicos de la que más tarde formaron parte Portishead y Tricky. El género, innovador en sus inicios, fue derivando en predecible fórmula con el tiempo: Morcheeba, Hooverphonic o Sneaker Pimps añadieron nuevos capítulos a su saga, desde presupuestos mucho menos interesantes (excepción hecha de los primeros Alpha). Su influencia hoy en día permanece, aunque algo más licuada. Hasta Lana del Rey es deudora de él.

Uno de los miembros de The Wild Bunch, aquel colectivo que operó en Bristol en la segunda mitad de los 80 y dio forma al trip hop, era Nellee Hooper. Y fue precisamente él quien produjo el debut en solitario de la islandesa Björk, quien ya había deslumbrado al frente de The Sugarcubes, formación que capitalizó la atención de los medios británicos en aquel interregno de finales de los 80, entre la disolución de The Smiths y la eclosión de Madchester. Cercana en un primer momento a esa órbita trip hop pero pronto detentora de un singular e inequívoco potencial artístico, Björk se convirtió en una de las grandes estrellas pop de nuestra era merced a sus portentosas prestaciones vocales y a su forma de navegar entre experimentación y accesibilidad, con un pie en la electrónica de autor y otro en el pop de amplio espectro.

Post rock fue un término patentado por el periodista musical Simon Reynolds en 1994. Lo hizo para enfocar su visión acerca del primer trabajo de Bark Psychosis, tempranos representantes de un estilo que, sustentado en el tradicional formato de guitarras, proponía primar las texturas, los timbres y los largos desarrollos instrumentales, en aras de un paisajismo que rara vez había deparado tal capacidad evocadora con los mimbres propios del rock, aunque se alimentaba también de interferencias electrónicas. Junto a ellos, grupos como Disco Inferno, Labradford, Flying Saucer Attack, Moonshake o Seefeel encarnaron esa primera generación post rock en la primera mitad de los 90, que había sido influida por el seminal *Spiderland* (1991) de Slint o los últimos trabajos de Talk Talk. Y con Chicago y el Reino Unido como principales campos de pruebas. La segunda mitad de la década entroniza a Tortoise (precisamente de Chicago) y a los escoceses Mogwai como los estandartes supremos del post rock, bandas que modelan el género a su antojo con cada nueva entrega, sin agotarlo. Mientras, Hood, The Third Eye Foundation o los excelentes Stereolab –superadores de etiquetas– integran la retaguardia británica, The Sea & Cake, Rodan o June of 44 forman la norteamericana, Godspeed You! Black Emperor, la camada canadiense, e incluso Sigur Rós daban crédito a la veta islandesa. Una tradición continuada, con mayor o menor seguidismo, en los 2000 por Explosions In The Sky, Minor Victories, Tarentel, The Album Leaf, Battles, The Dirty Three e incluso los soberbios The Arab Strap.

Muy cercano a él en sus primeros balbuceos, marcados también por la intensidad instrumental y, sobre todo, por una languidez que ornaba temáticas sumidas en la pesadumbre, nace el slowcore. Como su propio nombre indica, una forma muy ralentizada de asumir algunos de los preceptos de la generación del hardcore norteamericano precedente, la de los años 80, bajo un filtro de devastación emocional. Se manifestó a través de dos líneas medianamente diferenciadas: la que inauguraron Galaxie 500 en Massachusets a finales de los 80, que tuvo continuación con los escalofriantes primeros trabajos de Codeine, Bedhead, Medicine, Low, Seam, The New Year o Early Day Miners, lacerados por una tensión eléctrica siempre a punto de estallar, y la que espolearon los torrenciales American Music Club desde San Francisco, que Red House Painters, Idaho o Acetone se encargaron de anclar en la costa oeste desde discursos más cercanos a un folk sumido en hondas simas emocionales, con Dakota Suite como franquicia británica.

Todos ellos contribuían a dotar de colorido (o más bien de tonos sepia, en el caso de estos últimos) al variado panorama alternativo norteamericano de los años 90, sin duda la edad dorada del rock independiente yanqui. Otro de los modos de hacer emblemáticos, más que un estilo en sí, fue el lo fi, o la baja fidelidad. Se trataba de una forma casera y premeditadamente destartalada de grabar, más por una necesidad estética que por imperativos presupuestarios (que a veces, también), ya que de lo que se trataba era de desafiar a aquellos productos tan pulidos que llevaban años copando las listas de éxitos. Los pioneros de tan doméstico y autogestionario proceder, plasmado en grabaciones de cuatro pistas, habían sido, desde 1987, los Beat Happening de Calvin Johnson. Pero el sarampión lo fi se extendería también durante la primera mitad de los 90, deparando algunos de los mejores trabajos de aquel lustro, especialmente los que iban a nombre de Pavement, Sebadoh, Guided By Voices, Built To Spill, Daniel Johnston, Liz Phair, Sammy o Silver Jews. La semilla que plantaron no cayó en saco roto: Modest Mouse, Dr. Dog, Death Cab For Cutie o The Shins, ya a partir de los 2000 y con mayor generosidad de medios, son la prueba.

Simpatizaba también con los presupuestos del lo fi el joven Beck Hansen, quien se alzaría en poco tiempo como una de las figuras descollantes de la América alternativa merced a una discografía que fundía el rock, el hip hop, el folk y la electrónica de desguace, y que más tarde ampliaría su abanico de intereses –resuelto con una volubilidad tan esquizofrénica como saludable– a la bossa nova, el funk, el soul o la balada crepuscular. Beck fue y sigue siendo por derecho propio una de las estrellas de la galaxia alternativa, ya fuera grabando para multinacionales como Geffen o para sellos tan indies como K Records, y su perfil creativo, tan indisociable de un sabio aprovechamiento de la cultura del reciclaje, prolonga sus buenos argumentos hasta nuestros días.

Otro de los principales focos de irradiación del mejor rock alternativo en los primeros años 90 fue Chapel Hill, una pequeña población universitaria de Carolina del Norte en la que se formaron una serie de bandas que blandían un importante aparato eléctrico en sus canciones, por lo general vertiginosas y combativas, como Superchunk, Archers Of Loaf y Polvo. Los primeros montaron allí Merge Records, una de las discográficas más interesantes e íntegras de los últimos 25 años. Sonic Youth dedicaron una de las canciones de su álbum *Dirty* (1992) a aquella escena local. Sin ninguna relación con aquel entramado, más allá de su pasión por la alquimia eléctrica, cabe citar a Yo La Tengo, una banda de Hoboken (Nueva Jersey) que, inaugurando a mitad de los 80 un trayecto que llega hasta nuestros días, merece un punto y aparte en la historia del rock de los EEUU, por cuanto su evocación de los espectros de The Velvet Underground, el doo woop, el garage rock, el soul y mil hierbas más, a través de un prisma a veces electrizante y a ratos sedante, pero siempre singular, merecería un desglose individual. Algo similar a lo experimentado por The Flaming Lips y Mercury Rev, bandas con trayectos paralelos –desde el desparrame psicodélico de sus primeros discos a la mayor concreción pop de su fase de madurez– . En paralelo, y alimentádose también de la psicodelia pero fundiendo sus propiedades con la electrónica casera y hasta con kraut rock, formaciones británicas como The Beta Band se configuraban como bandas de culto, seguidas a cierta distancia por paisanos como Gomez o Scott 4.

La *americana* fue el nombre con el que la prensa anglosajona comenzó a etiquetar, a finales de la década de los 90, a cualquier músico que practicase algún género de raíz, ya fuera cimentado en el country, el blues o el rythm and blues. Aunque en un principio se le llamó country alternativo, lo que también podía ser visto a su vez como una continuación del Nuevo Rock Americano que había medrado en los 80. El caso es que aquello era más una nueva forma de destilar viejas esencias que un estilo nuevo *per se*. Y siempre ha habido consenso en situar la génesis de la *americana* en *No Depression* (1990), que fue el primer álbum de Uncle Tupelo, pero también el nombre del fanzine que impulsó toda aquella escena, inspirado en él. De 1990 a 1993, Uncle Tupelo publicarían cuatro álbumes, antes de dar por finiquitada la marca y bifurcarse en Son Volt (con Jay Farrar al mando) y Wilco (con Jeff Tweedy haciendo lo propio). Wilco propulsaron el estilo hasta alturas poco concurridas, ya entre finales de los 90 y la primera mitad de los 00, merced a su integración imaginativa de elementos del pop, el kraut rock y cierto afán experimental, convirtiéndose en una referencia indiscutible del rock independiente.

El folk rock norteamericano de raíz, la *americana* si se quiere, fue bendecido desde las alturas por el Bruce Springsteen de *The Ghost Of Tom Joad* (1995), tutelado en la sombra por veteranos tótems como Lucinda Williams y Steve Earle (ambos embarcados en su mejor etapa) y alentado por precoces disidentes como Giant Sand, The Walkabouts, Cowboy Junkies o The Jayhawks (ya bien presentes en los 80). Y generó infinidad de carreras proteicas en los 90: la de gigantes como Bill Callahan (tanto en Smog como en solitario), Will Oldham (tanto como Palace, Palace Brothers o Bonnie Prince Billy) o Kurt Wagner (alma de los exquisitos Lambchop).

Pero también la de los Sparklehorse de Mark Linkous, la del malogrado Vic Chesnutt, la de los Clem Snide y los Calexico (esqueje de Giant Sand) que explotaron a principios de los 2000 o la de aquella hornada de *songwriters*, encabezada por Ryan Adams, que se granjeó un buen caudal de popularidad con el cambio de década, con Pete Yorn o Joseph Arthur como renombrados aspirantes.

El stoner rock, por su parte, fue un estilo que fermentó en California a mediados de la década de los 90, y que hermanaba el blues rock, la psicodelia de alto octanaje, el hard rock e incluso el heavy metal, en algo que podría ser visto como una prolongación lógica de la escritura grunge. De hecho, compartían con ella no pocos nutrientes, y bandas emblemáticas como Them Crooked Vultures contaron en sus filas con Dave Grohl, batería de Nirvana y líder de Foo Fighters, uniendo fuerzas a Josh Homme o John Paul Jones. Entre sus practicantes figuran Kyuss, Fu Manchu o Queens of the Stone Age. Estos últimos rompieron los lindes populares del género merced a *Rated R* (2000). En parámetros cercanos, aunque más en la onda post hardcore, se movían At The Drive-In, autores del soberbio *Relationship Of Command* (2001). Y ya que hablamos de post hardcore, es inevitable mencionar a bandas como los enormes Fugazi (herederos de Minor Threat), Shellac (herederos de Big Black), Girls Against Boys, Unsane, The Jesus Lizard, Drive Like Jehu, The Nation of Ulysses o los suecos Refused, así como toda la escuela emocore de la que salieron Jawbreaker, Samiam, Jawbox o Sunny Day Real Estate.

Y cerramos este epígrafe no con una etiqueta, sino con una mención obligada para dos de los viveros destacados del pop y el rock independiente de los 90 fuera del ámbito anglosajón: la Francia de la que surgieron Diabologum (más tarde Experience y Programme), Autour De Lucie, Ollano, Bertrand Betsch, Jérôme Minière, Vincent Delerm o el imbatible Dominique A, uno de los portentos del rock europeo de las últimas dos décadas. Y la Suecia de la que brotaron Club 8, Eggstone, The Wannadies, The Cardigans, Girlfrendo, Komeda, Acid House Kings o Popsicle, cuya escena tuvo relevo ya en los 2000 con The Radio Dept, The Hives, Mando Diao, Envelopes, Speedmarket Avenue, Shout Out Louds, Yast, Those Dancing Days, Lo-fi-fnk o el magistral Jens Lekman. Sin todos ellos, los contornos de la independencia de aquella década (y de la siguiente) hubieran marcado otra curva.

* * *

## Vuelta a lo básico: el revival del rock de guitarras, el punk funk, el electroclash y el weird folk en los 2000

Para entender lo que pasó a principios de los 2000, conviene repasar qué es lo que se cocía en el contexto internacional a finales de los 90. Proyectos de música electrónica para grandes audiencias (fundamentalmente, Chemical Brothers, The Prodigy, Underworld o Fatboy Slim) habían usurpado aquellos recintos –e incluso aquellas señas distintivas, de las que se habían apropiado– que hasta hacía bien poco pertenecían por derecho propio a los músicos de rock. Tampoco se vislumbraba, desde que el grunge se desvaneciera y Nirvana se extinguieran por motivos obvios, ninguna formación de rock de guitarras y extracción independiente capaz de suponer algo similar a un relevo a las vacas sagradas de turno (The Rolling Stones, U2, Springsteen).

En el Reino Unido, certificando que no hay nada como triunfar popularmente para crear escuela, el final de los 90 se vio marcado por una pléyade de bandas que trataban de emular el éxito de Radiohead, justo cuando estos ya habían escapado del callejón sin salida que amenazaban enfilar y habían virado al uso inteligente de la tecnología. Doves, Elbow, Starsailor o los primeros Muse y Coldplay cultivaban ese terreno, haciendo de las melodías tortuosas y de una ostentosa desazón sentimental su principal razón de ser. Con mayor o menor acierto, según los casos. Entre tanto, se consolidaba el elegante pop de cámara de The Divine Comedy y Tindersticks, al tiempo que Belle & Sebastian afianzaban su posición como la banda indie británica del momento, la que mejor asumía la dote del sonido de sellos como Sarah Records y la estética de The Smiths. Siguiendo su estela, a principios de los 2000 se iba fraguando la exquisita discografía (nunca suficientemente valorada) de The Electric Soft Parade, mientras que bandas irlandesas como The Thrills o Hal abrazaban sin remilgos el pop de la costa oeste americana y el corpus melódico de los Beach Boys en discografías breves pero rebosantes de brillo.

Se imponía un nuevo impulso para el rock de guitarras en su versión más clásica, y tuvo que llegar por su vía más esencialista. Dando la razón a quienes proclaman el tozudo carácter cíclico de la historia del rock. Y precisamente desde Nueva York, ciudad tan proclive a actuar como marco para algunos de sus seísmos más notorios. The Strokes debutaron en 2001 con uno de los álbumes más inmaculados e influyentes de toda la década, *Is This It?*. A partir de entonces, The White Stripes cobraron visibilidad, y bandas como Black Rebel Motorcycle Club, The Cherry Valence, The Mooney Suzuki, The Vines, The Hives, Jet, The Datsuns, The International Noise

Conspiracy, The Michelle Gun Elephant o los primeros Kings Of Leon comenzaron a cotizar al alza. El debut de The Strokes no fue tanto un disco rompedor (que no lo era) como un resultón compendio de temas redondos, facturados con el crujido del mejor rock and roll de casi siempre (el traqueteo Velvet, las guitarras a lo Television, la insolencia de New York Dolls), cuya sombra fue tremendamente alargada. Otra trinchera que participó de ese acceso de espontaneidad rock en su vertiente más descarnada, básica y desvencijada, fue la escena anti folk que se propagó también en la Gran Manzana, y de la que formaban parte The Moldy Peaches.

Para no faltar a la costumbre, el fenómeno debía tener su particular respuesta británica. Y aunque esta no fue ni mucho menos cuantiosa, sí propinó un homólogo de fuste: The Libertines. La banda londinense despachó dos estupendos trabajos de rock descarnado, anárquico y barrial, entre 2002 y 2004, siguiendo la estela de The Clash, The Smiths, The Kinks o The Jam, sin invitar –ni mucho menos– al sonrojo, y con una insolencia digna de Johnny Thunders. Sus prestaciones espolearían poco después la viabilidad comercial de una nueva generación de bandas inglesas que comenzaron a despachar sus primeros discos a mediados de los 2000. En paralelo a ellos, surgían voces emergentes que aspiraban a ser nuevos cronistas de su época, como Mike Skinner y sus The Streets, quienes debutaron con el ejemplar *Original Pirate Material* en 2002, logrando un punto de encuentro entre la tradición costumbrista de Ray Davies o Damon Albarn y el UK garage o 2 Step, antecedente del grime (más tarde popularizado por el rapero Dizzee Rascal). Demasiado ruido, en todo caso, como para que los abrasivos Six By Seven o los satinados The Montgolfier Brothers, más difíciles de ubicar, se hicieran oír.

También en Nueva York comenzaba a gestarse, en aquellos primeros años del nuevo siglo, uno de los revivals que avivarían las llamas del sonido independiente de temporadas venideras, el del punk funk. El álbum que marcó el camino fue el espléndido *Gotham!* (2002), de Radio 4. A partir de ahí, nombres como los de The Rapture, Liars, The Faint (estos de Nebraska), !!! (pronúnciese como *chk*, *chk*, *chk*) y, sobre todo, los estupendos LCD Soundsystem de James Murphy, empezarían a resultar muy familiares. Incluso los canadienses Hot Hot Heat. Desde diferentes ángulos, todos ellos habían tomado buena nota de las lecciones de la primera generación punk funk, la que P.I.L., Liquid Liquid, The Delta 5, Bush Tetras, James Chance o Gang of Four habían protagonizado en el tránsito de los 70 a los 80. Y tenían muy clara la forma de plasmar ese aprendizaje: guitarras afiladas y casi epilépticas, melodías angulosas y textos de cariz anticonservador, algunos con el alcalde de Nueva York, Rudolph Giuliani, como objeto de sus dardos. Con dos sellos como catalizadores: DFA, el regentado por James Murphy, y Soul Jazz, con sus inspiradoras recopilaciones. En una onda más oscura, emergía también el post punk de Interpol (replicado desde Inglaterra por Editors), deudor de Joy Division, aunque más oscuro y predecible.

Incidiendo en una veta más sintética y bailable, el electroclash fue otro de los estilos que contribuyó a regenerar el tejido creativo independiente a partir de 2003. Aunque el origen de la etiqueta haya que buscarlo dos años antes, en las fiestas que el promotor Larry Tee organizaba en Nueva York, con Fischerspooner, Chicks On Speed o Adult compartiendo cartel. El electro, el house de escuela Chicago, el techno de escuela Detroit y el synth pop de los primeros 80 se hermanaban en una tendencia hedonista y directa a la pista de baile, de la que también participaron Peaches, Miss Kittin, Vitalic, Ladytron, Playgroup, Tiga o Felix Da Housecat. Mientras, el término indietrónica (indie de trazo electrónico), que tuvo tan corto recorrido en el tiempo como el de electroclash, empezaba también a prosperar como aglutinador de los trabajos que The Postal Service, Lali Puna, Fujiya & Miyagi o The Notwist iban facturando, desde un cierto miniaturismo que tenía mucho que ver con los *clicks & cuts* que los californianos Matmos llevaban tiempo expidiendo en sus trabajos, bien a su nombre o bien como revitalizadores de la carrera de Björk (*Vespertine*, 2001).

El weird folk, por su parte, fue una forma de encarar los preceptos de la tradición folk de finales de los 60 y principios de los 70 desde un prisma aventurado y mercurial, tendiendo puentes con la psicodelia y esquivando lo convencional, y en el que jugaba un papel importante la recuperación de músicos bastante ignotos hasta el momento como Bert Jansch o Vashti Bunyan. Una vez más, músicos jóvenes desenterraban tesoros algo ocultos de la música popular del siglo XX en busca de inspiración, creando algo nuevo (relativamente) a partir de sus discografías. Sus principales practicantes fueron Devendra Banhart, Cocorosie, Vetiver, Akron/Family y Espers, aunque casi todos ellos se desmarcarían del estilo conforme sus carreras fueron creciendo.

## La tradición filtrada: Canadá y las nuevas vías para el rock norteamericano y británico

Si hubo un enclave geográfico que marcó el devenir del rock indie a mediados de los 2000, ese fue Canadá. El lector tendrá en mente a Arcade Fire, la popular banda de Montreal que debutó en 2004 con *Funeral* y tendió nuevos puentes para la galaxia alternativa, alfombrados por la épica, una grandilocuencia bien embridada y un directo arrollador y euforizante. Pero detrás de ese espíritu colaborativo y grupal que exhibían Win Butler, Régine Chassagne y los suyos, había ya tejida toda una madeja de proyectos que demandaban a gritos la atención de medios y público. Broken Social Scene, Feist, The Stills, The Hidden Cameras, Tokyo Police Club, Metric, Wolf Parade, Islands e incluso The New Pornographers (que no eran unos recién llegados) contribuyeron a poner a Canadá en el mapa de los sonidos independientes con más fuerza que nunca. Muchos de ellos tramaron una sólida red de complicidades, colaborando en los discos de los otros.

En los EEUU, el cultivo de la tradición filtrada a través del tamiz de las nuevas generaciones seguía expresándose, allá por los años 2004, 2005 o 2006, con el mismo vigor que en años precedentes. Bandas como los fabulosos Drive-By Truckers, Clem Snide, Bright Eyes, My Morning Jacket, Centro-Matic, The Decemberists, Spoon, Fleet Foxes o Band of Horses y solistas como Micah P. Hinson, Dayna Kurtz, Laura Veirs, Neko Case o Cat Power iban cincelando nuevas formas de tallar el country, el folk, el rythm and blues o el soul sin calorías, a través de trayectos al alza. También Iron & Wine, Damien Jurado y Bon Iver, responsables de propulsar el folk confesional a cotas de colorismo inéditas hasta entonces, iban ya macerando sus carreras con maestría. De entre todos los reformuladores de argumentos clásicos, sobresalieron fundamentalmente Sufjan Stevens, M. Ward y Andrew Bird, tres colosos en sus respectivos negociados. Y de entre las nuevas voces que aspiraban a moldear con delicadeza el legado del cancionero popular americano, los viejos musicales y las hechuras de *crooner*, sobresalían ya dos gigantes como Rufus Wainwright y Antony & The Johnsons. En el amplio espectro del *singer songwriter* de inspiración soft rock, eran buenos tiempos también para Josh Rouse, Ron Sexsmith o Bart Davenport, en la época de sus mejores trabajos.

Mientras, en el Reino Unido, una nueva generación de bandas iba reclamando su espacio, en la creencia de que no solo la tradición del pop y el rock de su país debían ser los únicos platos con los que conformar un fértil menú. Apagada la efervescencia de The Libertines (más tarde escindidos en Babyshambles y Dirty Pretty Things, mucho más discretos), el rock bailable de Franz Ferdinand proponía una nueva vuelta de tuerca al post punk, desde presupuestos –no obstante– más festivos y rítmicos, sin ínfulas de trascendencia. Y con un manojo de influencias que también miraba al otro lado del charco, aunque los británicos Gang Of Four, Josef K o The Monochrome Set asomaran bien la cabeza en su particular arcón de referentes, desempolvados tras décadas. Tras ellos vinieron Maxïmo Park, Kaiser Chiefs, Bloc Party, The Futureheads, Dogs Die In Hot Cars, The Ordinary Boys, Hoggboy, The Go-Team, Kasabian, Razorlight, Art Brut o The Rakes, cuyo deslinde cualitativo es más que desigual, pero depara una amplia panorámica de lo que fue el indie británico durante aquella época. En la trastienda, muy alejado de aquel barullo, por cierto, se consolidaba la carrera del *crooner* contemporáneo por excelencia, el ya curtidísimo Richard Hawley.

El broche a tan concurrida generación de bandas británicas, y al mismo tiempo un punto y aparte por su calidad, lo pondrían Arctic Monkeys en 2006 con su debut, *Whatever People Say I Am, That's What I'm Not*. Editado por la indie Domino tras meses de flirteos con las *majors*, se convirtió en el disco de debut más vendido por una banda en el Reino Unido. Batió también el récord de copias vendidas por un álbum en su país en su primera semana de lanzamiento. Pero lo más importante es que los Monkeys, que en su momento fueron considerados el primer gran fenómeno de la era *MySpace* (estableciendo una relación más directa que nunca entre los *fans* y las canciones), inauguraron una carrera que les llevaría a ser la mejor banda británica de los últimos diez años, gracias a su renuencia a no repetir el mismo discurso y a su ansia por crecer de forma sostenible. Además de dar lugar a uno de los mejores *spin off* de la historia reciente, los Last Shadow Puppets de Alex Turner y Miles Kane.

## Revoluciones inconclusas del nuevo siglo: Grime, dubstep, pop hipnagógico, witch house, trap, nueva psicodelia y otros horizontes

En medio de un panorama más fragmentado que nunca, reconvertido por mor de las transformaciones de la industria en una colmena de nichos de mercado de repercusión limitada, los últimos diez años han visto cómo un reducido listado de nuevos estilos ha ido tratando de emerger desde el subsuelo a la superficie del mainstream. Pocos han logrado hacerse oír con fuerza en los mentideros de la gran industria, y los que lo han hecho han seguido la secuencia acostumbrada: sonidos que se desarrollan en los márgenes de lo convencional acaban siendo absorbidos por las listas de éxitos (o lo que queda de ellas) en fórmulas muy rebajadas en su potencial rupturista, licuadas para hacerlas aptas al paladar del gran público. Así, las pequeñas revoluciones que han ido preconizando han quedado casi siempre en suspenso, difuminadas por el devenir de las tendencias o directamente asimiladas por su versión más acomodaticia. Algo que no ha mermado, sin embargo, ni el brote de nuevos estilemas ni el incesante goteo de interesantes trabajos surgidos del ámbito de la independencia.

El dubstep es, precisamente, uno de los géneros que mejor definen esa curva que hemos esbozado. Surgió a principios de los 2000 como un esqueje más de la música de cariz electrónico, como una amalgama de los vapores humeantes del dub y los ritmos quebradizos y enfebrecidos del 2 Step. Pero desde 2006 empezó a cobrar relevancia en el ámbito del pop, con músicos como Chase & Status, Kode9, Knife Party, Skream o Magnetic Man. Aunque todo empezó a perder sentido cuando Katy B, Rudimental o Jessie Ware, artistas del mainstream británico, empezaron a dar carta de naturaleza al estilo desde una perspectiva francamente ordinaria, allá por 2010 y 2011. Nada que ver con el carácter subterráneo y de vanguardia que había ostentado unos años antes. Nada que ver, desde luego, con las atmósferas espectrales que Willliam Bevan, alias Burial, le había conferido en su homónimo álbum de debut, una de las sensaciones de 2006. Compartiendo una génesis común con el dubstep, el grime había marcado también el ritmo de los suburbios londinenses durante la primera mitad de los 2000. Más callejero, agresivo y sucio que aquel, cabe decir que So Solid Crew, Dizzee Rascal o Tinie Tempah habían sido sus mejores embajadores, y que cuando sus formas amenazaron con contaminarse por la amabilidad que demandan las grandes audiencias, brotó una nueva generación que ahora mismo se concreta en los aguerridos Skepta, Novelist o Stormzy.

Ese componente fantasmagórico y neblinoso que consignábamos al dubstep ha sido uno de los nimbos que con más asiduidad se ha impuesto sobre algunas de las expresiones definitorias de la independencia de los últimos años. Como si se tratara del correlato sonoro de tiempos tan agitados y convulsos como los que vivimos, propensos a la distopía. Fue el caso del witch house, una versión acentuadamente ralentizada y turbia del pop electrónico, con ecos de un house pesado y claustrofóbico y del hip hop en su vertiente más instrumental y abstracta, que gozó de especial significación a partir de 2009, en trabajos de Salem, Purity Ring o Mount Kimbie. La continuidad de la etiqueta ha sido muy poco visible en las últimas temporadas, en todo caso.

Participando de ese componente vaporoso, en cuya plasmación sonora hay mucho de lo intangible de los sueños (y de las pesadillas), quién sabe si como vía de escape ante una realidad a la que es mejor no acogerse en exceso, surge también en 2009 lo que el periodista David Keenan da en llamar pop hipnagógico, llamado también chillwave o glo-fi. Se trata de producciones de muy baja fidelidad, generalmente caseras aunque imaginativas, que bucean de forma algo difusa en la psicodelia y en los sonidos sintéticos de los años 80 (la niñez y adolescencia de la mayoría de sus practicantes) mediante el uso de cintas (la cultura del cassette como marca generacional), efectos sonoros y sintetizadores vintage. Una suerte de absorción de referentes que se pretende casi inconsciente, asumida como en un estado de duermevela, en la que es imposible no localizar el enorme influjo de los discos que los escoceses Boards Of Canada fueron editando desde finales de los 90. Sus nombres principales, Ariel Pink (quien se ha ido desmarcando de todo ello), Neon Indian, Toro y Moi, Com Truise, Part Time, Memory Tapes e incluso algunos puntos de la discografía de Connan Mockasin.

Redondeando el censo de géneros (o estilos) que han ido dando forma a la independencia sonora de los últimos tiempos, tampoco podríamos dejar de mencionar el trap, aunque es cierto que tiene una proyección mucho más determinante como escena colateral al hip hop que al indie. Y aunque ha hecho notar su influencia en últimas temporadas en músicos de dominio tan público como Major Lazer, Rihanna, Kanye West, DJ Snake, Beyoncé o Fetty Wap, no sería de ley obviar sus orígenes subterráneos en Atlanta (EEUU) a mitad de los 2000 como un estilo marginal y underground al que le costó su tiempo emerger a la superficie, y que también ha impreso su huella en el pop de las últimas temporadas.

Otro de los géneros que ha repuntado con fuerza en los últimos años, incidiendo en esa querencia escapista que comentábamos, es la psicodelia. Una forma de hacer música en base a estados alterados de la conciencia y de la percepción que, en esencia, nunca se ha ido desde los años 60, pero que ha visto cómo el reguero de bandas que lo han llevado a buen puerto se ha incrementado. Posiblemente los álbumes de Mercury Rev y The Flaming Lips a finales de los 90 fueran su preceptiva avanzadilla. Incluso los trabajos que hicieron de Animal Collective una referencia básica desde mediados de los 2000, o la carrera que los suecos Dungen iban tallando desde unos años antes. El caso es que, desde que los australianos Tame Impala debutaran (y convencieran) en 2010, con *Innerspeaker*, la psicodelia en sus múltiples formas se ha convertido en una de las fuerzas motrices del indie de las últimas temporadas, en manos de bandas surgidas de cualquier punto cardinal del globo: Pond, Gum, Jacco Gardner, The Warlocks, Temples, The Wytches,

Death & Vanilla o Melody's Echo Chamber integran, ente muchos otros, la nómina.

Pero más allá de etiquetas, el indie norteamericano y británico han seguido generando importantes bandas, aunque ya desprovistas (en la mayoría de casos) de esos paraguas genéricos o generacionales que tanto se estilaban en los tiempos en que aún se compraban revistas de papel, discos de vinilo y cedés, cuando la música se dejaba tocar como un bien material. En los EEUU, los últimos diez años han sido los de la consolidación popular de la épica contenida de The National y el blues rock barnizado de modernidad de The Black Keys. Pero también los años en los que Kurt Vile o Lydia Loveless han ido regenerando el discurso alrededor del rock de raíces; Beach House han tramado un pop evanescente que evoca con trazo propio a Cocteau Twins; The Pains Of Being Pure At Heart, Wild Nothing o Real Estate han revalorizado la lejana herencia C-86; Grizzly Bear han impuesto la grandeza de su pop imaginativo y prolijo en arreglos; The War On Drugs han asentado su fundición con el kraut rock, el folk y los ochenta sintetizados como componentes principales; Mac De Marco, Ezra Furman, Mikal Cronin o Ty Segall han revoloteado con arrojo sobre la tradición del rock and roll y el garage rock más hirvientes y bandas como No Age, Cloud Nothings, Japandroids, Wavves, Male Bonding, Titus Andronicus, Cymbals Eat Guitars, Fucked Up, Menomena, Viet Cong o Ringo Deathstarr han construido un nuevo relato indie desde la base, a imagen y semejanza de sus tótems de los años 90. Todos ellos han tomado el relevo, desde texturas más ásperas, a lo que habían representado Modest Mouse o Death Cab For Cutie en la primera década de los 2000. Y los jovencísimos Alex G, Car Seat Headrest, Bored Nothing o Scott and Charlene's Wedding (los dos últimos, desde Australia) auguran últimamente sangre nueva para el género. Para el indie rock en su versión más tradicional y genuina.

Vampire Weekend, desde Nueva York, proclamaban con soltura desde finales de la década pasada un indie de fuerte impronta rítmica y vestigios africanistas, que obtuvo su eco al otro lado del Atántico con Foals, The Maccabees o Two Door Cinema Club. Todos ellos coetáneos de bandas más singulares e interesantes, como Wild Beasts o The Horrors. Y es que la influencia no occidental (africana, pero también haitiana, como en el caso de Arcade Fire) se hizo notar, y de qué forma, en los músicos independientes –desde aproximadamente 2008 o 2009– , aportando savia nueva al mejor Damon Albarn post Blur (Gorillaz, The Good The Bad & The Queen o en solitario) o a nuevos y excitantes proyectos como Warpaint o tUnE-yArDs.

El secreto radicaba en la mezcla: ya lo había probado el éxito de M.I.A., la artista británica de origen tamil que deslumbró con la batidora musical de *Arular* (2005) y *Kala* (2007), sus dos primeros cócteles de electro, hip hop, ragga y dancehall. Los ecos de la tradición soft rock y del folk más curativo, por su parte, tenían en John Grant, Father John Misty y su compinche Jonathan Wilson a sus valedores más notables. Y compositoras como Julia Holter, Jesca Hoop o Joanna Newsom enhebraban lazos entre pasado y presente, con vistas a un futuro que FKA Twigs, Grimes o The xx parecen estar mejor posicionados que nadie para radiografiar.

Con una significación social y un impacto tamizado por las transformaciones del contexto en el que se desenvuelve, el pop de extracción independiente prosigue irremisiblemente su curso.

# 2. Los artistas

# AR Kane

*La vida es sueño*

1986-1994, 2016
Londres (Reino Unido)

No se les suele reconocer la paternidad, pero los británicos Rudy Tambala y Alex Ayuli detentan el mérito –quizá compartido con otros, como el productor de su primer EP, Robin Guthrie (Cocteau Twins), pero insoslayable– de haber patentado el dream pop antes de que la etiqueta se inventase. Fue un dúo pionero como pocos, también valiéndose del uso del sampler para dar forma a su *hit* "Pump Up The Volume", a nombre de su proyecto

M/A/R/R/S, en 1987, y naturalizando esa fusión ente pop y música de baile que tanto furor causaría en el tránsito de los 80 a los 90. Debutaron en 1986 con un single, "When You're Sad", que les granjeó el calificativo de los Jesus & Mary Chain negros (por sus venas corría sangre de Nigeria y Malawi) por parte de la prensa. Pronto demostrarían ser mucho más que eso. *69* (1988), su primer álbum, ya destila efluvios de funk líquido, ecos de free jazz y guitarras planeadoras. Pero es el magistral "i" (1989) el que consolida su discurso, disco doble apuntalado en canciones tan irresistibles como "A Love From Outer Space" (versionada años más tarde por los franceses Tahiti 80). Un par de álbumes más redondearon su trayecto a principios de los 90, aunque su eco se fue difuminado hasta disolverse en 1994. La expresión *criminalmente infravalorados* se debió inventar para proyectos como el suyo. Cardaron la lana para recabar muy poca fama.

# Ryan Adams

*Tradición y descaro*

1991
Jacksonville, Carolina del Norte (EEUU)

Anárquico, incontinente, díscolo, imprevisible... Ryan Adams es el estandarte en masculino singular de ese rock norteamericano de raíz, que nace del llamado country alternativo y crece proclamando un brillo de amplio espectro, con pie y medio en el rock para todos los públicos. Sus inicios hay que cifrarlos en Whiskeytown, la banda con la que despacha cuatro álbumes entre 1996 y 2001, en la estela de Gram Parsons, Uncle Tupelo o los primeros Wilco. Con *Heartbreaker* (2000), primer álbum a su nombre, despunta por su genio interpretativo y su genuina forma de destilar nutrientes tradicionales, una apuesta que goza de su máxima expresión en el magno –y doble– *Gold* (2001). Baladas hirientes, medios tiempos sensibles, explosiones de folk jubiloso y andanadas de rock *stoniano* pueblan un repertorio de proyección ilimitada, que a partir de entonces enfila una trayectoria irregular y bacheada, pero siempre repleta de destellos de genio.

Ha hecho de todo: travesuras evocando a U2, Oasis o The Smiths como desplante a su discográfica (*Rock and Roll*, 2003), ambiciosos álbumes dobles salpicados de gemas (*Love Is Hell*, 2004), regresiones a la más pura tradición country (*Jacksonville City Nights*, 2005), homenajes poco velados al rock underground norteamericano de los 80 (*1984*, 2014) e incluso un disco de versiones de Taylor Swift (*1989*, 2015) o fructíferas confesiones post ruptura sentimental (Prisoner, 2015). El de las versiones es un negociado en el que destaca, muchas veces dando nueva vida e incluso mejorando a los originales. De hecho, su "Wonderwall" (Oasis) es, con mucha diferencia, su tema más reproducido en plataformas de *streaming*. El de Jacksonville es, con sus pros y sus contras, un personaje insustituible.

## The Afghan Whigs

*Negro es el color*

1986-2001, 2012
Cincinnati, Ohio (EEUU)

Fueron en un principio subsumidos en la camada grunge por una cuestión generacional, formal y logística. Blandían guitarras abrasivas y militaban en Sub Pop. Pero la discografía de Greg Dulli y los suyos envasaba el ardor del soul más flamígero a través de composiciones de rock intenso, con textos marcados por los celos y las relaciones de pareja llevadas al filo del abismo. *Big Top Halloween* (1988) y *Up In It* (1990) son avisos del potencial de los de Cincinnati, que se expande en *Congregation* (1992) y explota definitivamente en el soberbio *Gentlemen* (1993), disco que además marca su paso al ámbito multinacional.

Junto con él, *Black Love* (1996) y *1965* (1998) integran una imborrable trilogía, apenas reflejada a nivel popular en aquel inolvidable *cameo* en el film *Beautiful Girls* (Jonathan Demme, 1996), con la banda al completo tocando en un bar su incendiaria versión del "Can't Get Enough Of Your Love, Babe", de Barry White.

A finales de los 90 tiran la toalla y se disuelven, para disgusto de su limitado club de *fans* acérrimos, y Greg Dulli se centra en sus trabajos al frente de los estimables The Twilight Singers y los puntuales The Gutter Twins, junto a Mark Lanegan (Screaming Trees). Su código genético es tan intransferible que apenas lo emulan sus paisanos Throneberry o los italianos Afterhours, ambos producidos por Dulli. Sin embargo, en 2014 vuelven por todo lo alto, con el notable *Do To The Beas*t (2014) y una manga de conciertos arrolladores, sin resentirse de la ausencia de su guitarra original, Rick McCollum. Prometen material nuevo, y la segunda juventud que atraviesan augura un buen saldo.

# American Music Club

*El lamento que cura*

1982-1994, 2004

San Francisco, California (EEUU)

El desamor, la incomprensión y la desolación hechos belleza. Esa puede ser una definición para describir la música que Mark Eitzel ha ido puliendo desde 1985 en San Francisco, convirtiéndose en uno de los compositores más brillantes y reconocibles del rock alternativo de los últimos 30 años. Las simas emocionales que ha frecuentado han tenido también una veta más luminosa en discos que merecían mayor suerte comercial (como *San Francisco*, en 1994), aunque lo que siempre ha trascendido son sus letanías rebosantes de desengaño, que en ocasiones han hermanado a Nick Drake y a Bruce Springsteen, o a Tim Buckley con Bob Dylan. Hay rastros de country, de rockabilly o de folk en su obra, pero cualquier género se queda pequeño para enmarcar la embriagadora profundidad de su discurso, realzada en discos tan memorables como *Engine* (1987), *California* (1988), *Everclear* (1991), *Mercury* (1993) o el directo *Songs Of Love Live* (1988), facturado a su nombre. Su propuesta es esencial para entender a alumnos aventajados como Red House Painters, Idaho o Dakota Suite. En las últimas dos décadas, Eitzel ha combinado encomiables entregas en solitario con la reactivación de su banda, que despachó los muy dignos *Love Songs For Patriots* (2004) y *The Golden Age* (2008). No hay máscaras en su música: lo suyo es un continuo *striptease* emocional en el que creador y persona son la misma cosa.

# Animal Collective

*Criaturas salvajes*

2003
Baltimore, Maryland (EEUU)

Avey Tare, Panda Bear, Deakin y Geologist forman, desde 2003 y en la ciudad de Baltimore, una de las células pop más inquietas e inclasificables de la independencia norteamericana. Sus discos son abigarrados, cambiantes y de una complicada trazabilidad, por cuanto no remiten a padrinos sonoros evidentes. Propensos a la experimentación, Animal Collective llevan años moviéndose entre la abstracción y la concreción en melodías obtusas y retorcidas, que rara vez responden a patrones establecidos, y guiñan el ojo a la psicodelia, el ambient, el weird folk o el impulso africanista, pero sin deudas flagrantes. Sus composiciones funcionan muchas veces como mantras, asociados al concepto de vanguardia para unos y al de ingenioso reciclaje para otros. *Sung Tongs* (2004) y *Feels* (2005)

les ponen en el mapa, pero con *Strawberry Jam* (2007) se convierten en una de las sensaciones del pop más avezado, expandiendo el rango cromático de su paleta. *Merryweather Post Pavillion* (2009) les consagra definitivamente a ojos de prensa y público *indie*, aunque parece una cima ya muy difícil de superar, porque tanto *Centipede Hz* (2012) como *Painting With* (2016) les muestran asentados en una fórmula que ya no retuercen, igual de magnética pero sin la capacidad para sorprender que detentaba antes.

# Antony & The Johnsons / Anhoni

*Crisálida neoyorquina*

1997
Chichester (Reino Unido)

Nacido en el Reino Unido pero criado en Nueva York, Antony Hegarty es uno de los talentos más singulares que ha dado el ecosistema creativo independiente en el nuevo siglo. Se dio a conocer en Europa como vocalista al servicio de Lou Reed en su gira *The Raven*, en 2003, pero fue con *I am a Bird Now* (2005), su segundo álbum al frente de Antony & The Johnsons, cuando explotó creativamente merced a una concepción delicada y frágil de

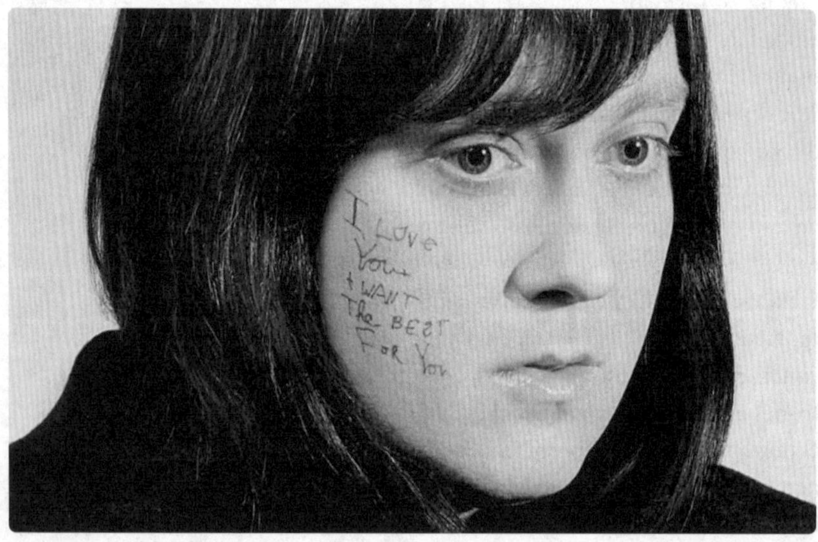

la canción popular, deudora del cabaret, de la vulnerabilidad de las torch songs (Marc Almond o Jacques Brel como influencia) y de los arabescos vocales que huyen de los senderos fáciles. Prolonga su marca, tan reconocible como su aguda voz de *castrato*, en discos tan solventes como *The Crying Light* (2009) o *Swanlights* (2010), pero cuando su carrera parece a punto de estancarse, empieza a diversificar: se embarca puntualmente en el comisariado del Meltdown Festival, se implica en proyectos con orquestas sinfónicas, se infiltra en terreno dance con Hercules & Love Affair y, sobre todo, opera un giro maestro cuando en 2015 anuncia que se convierte en Anhoni, tras una operación de cambio de género. El saldo creativo es *Hopelessness* (2016), un fabuloso álbum en el que muta en *crooner* electrónico, en una suerte de *soulman* digital sin pervertir su esencia, con la ayuda de Hudson Mohawke y Oneohtrix Point Never. Su progresión es ahora impredecible, y augura más momentos de intensidad y emoción.

# Arab Strap

*Sexo, alcohol y abismo*

1995-2006, 2016
Falkirk (Escocia)

Los escoceses Aidan Moffat y Malcolm Middleton constituyen una de las anomalías más brillantes del indie de las últimas décadas. Nunca fueron célebres, pero su forma de enhebrar las cenefas instrumentales del post rock y el slowcore con el pop, al servicio de historias sórdidas sazonadas con sexo indiscreto, alcohol y desengaños sentimentales narrados desde una primera persona que parece siempre sumida en vaharadas de narcolepsia, merece consigna propia. Emergen con *The Week Never Starts Round Here* (1996), como uno de los versos libres de la escena agrupada en torno al sello Chemikal Underground (The Delgados, Bis, Mogwai, Urusei Yatsura), y con el denso *Philophobia* (1998) exponen sus cartas con claridad, marcadas por pronunciadas simas emocionales de gran capacidad sugestiva. Su reputación en directo les lleva a telonear a Tindersticks. *Elephant Shoe* (1999) y *The Red Thread* (2001) subliman la fórmula, que vira a concreciones más inmediatas en los también estupendos *Monday At The Hug & Pint* (2003) y *The Last Romance* (2005), más pulidos. No sortean el rol de banda de culto, minoritaria, y lo dejan en 2006. Desde entonces, Mofatt continúa facturando como Lucky Pierre y Middleton a su propio nombre, en discos más que estimables. En 2016 anunciaron vuelta a los escenarios.

# Arcade Fire

*La épica de la nueva Canadá*

2001
Montreal, Quebec (Canadá)

Son grandilocuentes, ambiciosos y entregados. Pero también espontáneos y creíbles. La pareja formada por Win Butler y Régine Chassagne comanda desde 2001 la banda indie más grande nunca surgida del Canadá. Un proyecto capaz de llenar grandes recintos sin comprometer su integridad ni su ampliación de intereses creativos, al tiempo que recaba el encendido halago de referentes como David Bowie, quien colaboró en su álbum *Reflektor* (2013). Los de Montreal casan el espíritu colaborativo e inquieto de la mejor independencia con el trazo épico de las grandes estrellas del rock (la sombra de Springsteen está más cerca de lo que parece) en un doble tirabuzón que, hasta ahora, apenas ha merecido disenso. La revista *Time* les aupó como la banda responsable de poner a Canadá en el mapa, mientras U2 escogían su "Wake Up" como sintonía de su gira de 2006, pero su crédito se mantenía intacto.

*Funeral* (2004) fue su primer gran golpe de autoridad: un debut exultante avalado por *Pitchfork*, referencia clave de los medios digitales dedicados a glosar el indie de los 2000. *Neon Bible* (2007), grabado en la solemnidad de una iglesia reconvertida en improvisado estudio, incurre en la misma senda y ayuda a ratificar la arrolladora pujanza de sus directos, hasta que con el doble *The Suburbs* (2010) empiezan a abrir su diafragma para hacer que su

música suene más caleidoscópica, cultivando ecos de Neil Young o su venerado Bowie. Su amplitud de miras se refuerza con otro doble, el desbordante *Reflektor* (2013), que potencia su vis electrónica con la ayuda de James Murphy (LCD Soundsystem) y ahonda en la agitación rítmica de la música tradicional de Haití, de donde Chassagne procede. Para no faltar al relato de banda grande, el documental *The Reflektor Tapes* (Kahlil Joseph) se estrena en los festivales de Sundance y Toronto, y luego en el resto del mundo.

## Arctic Monkeys

*Alumnos aventajados*

2002
Sheffield (Reino Unido)

Alex Turner, Matt Helders, Jamie Cook y Nick O'Malley son la antítesis del fútil *hype* prefabricado, esa figura tan cultivada durante años por la prensa británica para imprimir ritmo a sus rotativas. Porque irrumpieron con es-

truendo en 2006, como surgidos de la nada y rodeados de calificativos entusiastas y elogios desmedidos, pero lo que podría haber sido flor de un día, capricho de temporada de prensa y público, se convirtió en la mejor banda británica a lo largo de la siguiente década merced a cuatro imponentes álbumes en crecimiento sostenido. *Whatever People Say What I Am, That's What I'm Not* (2006) batió varios récords como uno de los debuts más vendidos de la historia en el Reino Unido, gracias a su difusión a través de MySpace y, sobre todo, al encanto de unas canciones anfetamínicas y cambiantes, herederas del mejor legado patrio (The Jam, The Undertones, Buzzcocks) pero formuladas desde la óptica de un joven veinteañero del siglo XXI.

Los de Sheffield no tardaron mucho tiempo en fomentar la reválida, porque *Favourite Worst Nightmare* (2007) les afianza al tiempo que rebaja el ritmo y les muestra diestros también en la factura de medios tiempos. Y dando muestras de su ambición por explorar nuevos registros, marchan un año más tarde al estudio de Josh Homme (Queens Of The Stone Age) en California para dotar a su *Humbug* (2009) de una pátina árida y desabrida, virando el radar a referentes norteamericanos con inusual precocidad. Los síntomas de una madurez adquirida en apenas unas temporadas (de esas que en otros casos demandan décadas) se concretan con *Suck It and See* (2011), otro disco con marchamo brit pero dotado de una enorme versatilidad. Dos años después, *AM* (2013) incorpora swing a su tradicional pegada con canciones sensuales, dotadas de un halo de nocturnidad. Alex Turner ha compatibilizado a los Arctic Monkeys en los últimos ocho años con The Last Shadow Puppets, el también imprescindible proyecto que mantiene junto a Miles Kane.

## At The Drive-In

*Fuego texano*

1993-2001, 2016
El Paso, Texas (EEUU)

El post hardcore norteamericano no podría entenderse sin *Relationship Of Command* (2000), el arrollador tercer álbum de esta banda de El Paso (Texas). Un disco abrasivo que marcó a toda una generación. Concretó la herencia de Fugazi, Bad Brains o Sunny Day Real Estate, puesta al día desde un prisma personal, captando en los surcos la misma intensidad que en sus hirvientes directos. Hasta entonces, Cedric Bixler-Zavala, Omar Rodríguez-López y el resto de sus secuaces (Jim Ward había fundado la banda en 1993, junto a Bixler-Zavala) habían puesto en la calle discos tan energéticos como *Acrobatic Tenement* (1996) e *In/Casino/Out* (1998), pero el salto de gigante lo dieron con aquel álbum. Tensiones internas y abusos de drogas dan al traste con la formación solo un año después, y se separan en 2001.

Sin embargo, Bixler-Zavala y Rodríguez-Lopez pronto montan The Mars Volta, un proyecto más orientado a airear filias con el rock progresivo y dilemas conceptuales, sin renegar de su tradicional capacidad voltaica. En 2012 se separan, pero los rumores de reunión ya eran tan poderosos que At The Drive-In vuelven puntualmente a la carretera. Emprenden luego una discreta singladura, llamada Antemasque, en 2014. Pero en 2016 vuelven otra vez como At The Drive-In, para reverdecer nuevos laureles escénicos y anunciar material nuevo después de quince años.

# The Auteurs

*Terciopelo y lija*

1991-1999
Londres (Reino Unido)

Eternamente ninguneados y sepultados por el desdén de una prensa que les aupó a lugares preeminentes de sus semanarios para luego desecharles como a un guiñapo, The Auteurs son una de las mejores bandas independientes surgidas en los 90 en el Reino Unido. Esencialmente el vehículo expresivo del arisco Luke Haines (quien venía de curtirse en The Servants), debutaron con el magistral *New Wave* (1993), un disco –el mejor de su carrera– que prácticamente coincidió con el debut de Suede, y que blandía orgulloso una refinada destilación de la herencia glam, el bisturí de Ray Davies (The Kinks) o la delicadeza de The Smiths en doce canciones sin mácula, de aliento poético y elegante ironía. Repitieron la jugada en el notable *Now I'm a Cowboy* (1994), pero la marea brit pop ya comenzaba a anegar, lo que revirtió en una menor repercusión.

Necesitados de un volantazo, recurrieron a Steve Albini (Pixies, Nirvana) para ganar mordiente con el abrupto *After Murder Park* (1996), otro extraordinario disco que no obtuvo el rédito deseado. Así que con *How I Learned To Love The Bootboys* (1999) dieron por concluida la marca. Un adiós tardío puesto que Haines ya estaba embarcado entonces en los estimulantes Black Box Recorder (*The Facts Of Life*, de 2000, es su mejor disco) y en proyectos como Baader Meinhof. Los últimos quince años le han visto editando discos en solitario, en trayecto desigual, y ajustando cuentas con la generación brit pop en libros como *Bad Vibes: Britpop and My Part in Its Downfall* (2009), de lectura obligada.

# The Avalanches

## De la *sampledelia* al infinito

1997
Melbourne (Australia)

Convirtiendo el sampler prácticamente en su instrumento principal, esta suerte de comuna musical australiana tejió un fascinante *patchwork* sonoro en *Since I Left You* (2001), uno de esos álbumes cuya secuela se aguarda durante años y años. Un puzzle vivificante y contagioso, hecho con retazos de fragmentos de canciones de Madonna, Prince Paul, John Cale, Cerrone, The Beatles, Boney M, Towa Tei, The Osmonds y decenas más, sazonados con arrobas de imaginación, cuatro años después de que DJ Shadow facturase aquella magistral piedra de toque que fue *Endtroducing...* (1996). Sus conciertos, herederos de la actitud punk en la que se habían curtido, no dejaban títere con cabeza. Eran una mezcla de *turntablismo* (manipulando vinilos en directo), pose rockista y desafiante procacidad. Luego parecía que la tierra se los hubiera tragado, y desde mediados de los 2000 anuncian ese anhelado nuevo álbum con el que prolongar su simpar fantasía sonora. Quince años después, vuelven a los escenarios y facturan *Wildflower* (2016), una notable continuación a la que solo se le puede afear la comparación con su deslumbrante y lejano antecedente.

# Aztec Camera

*Quintaesencia pop*

1980-1995
East Kilbride (Escocia)

Roddy Frame tenía solo 16 años en 1981, cuando editó sus dos primeros singles, "Just Like Gold" y "Matress Of Wire", en el sello Postcard, emblema del primer indie escocés. Nunca dejó de tener la sensación de que la discográfica centraba todos sus esfuerzos en los Orange Juice de Edwyn Collins, más experimentados, así que decidió fichar por la londinense Rough Trade para el que sería su debut largo, el imborrable *High Land, Hard Rain* (1983). Lo suyo es un caso de genial precocidad, que se ve envuelta más tarde en los cantos de sirena multinacionales con *Knife* (1984), producido por Mark Knopfler, y el convencional acabado de *Love* (1987).

En sus canciones late un talento natural para dar con melodías cegadoras por su belleza prístina, aunque a veces se alejen del fulgor jangle pop con el que se las asocia para arrumbarse hacia la bossa nova, los efluvios jazz o los sostenes sintetizados. Con *Stray* (1990) recupera su mejor pulso, en canciones como "The Crying Scene", "Get Outta London" o "Good Morning, Britain" (con Mick Jones, de The Clash). Dos álbumes más, los solventes *Dreamland* (1993), producido junto a Ryuichi Sakamoto, y *Frestonia* (1995), con el clásico tándem Langer/Winstanely, ponen el broche a la carrera de Aztec Camera en un momento en el que su propuesta parece cosa del pasado. Pero la sensibilidad para el pop de quilates no entiende de edades, como lo prueban los cuatro álbumes en solitario editados por Frame desde entonces, que le convierten en un clásico de minorias.

## Devendra Banhart

*América extraña*

2002
Houston, Texas (EEUU)

Es uno de los músicos más singulares que ha dado la música popular norteamericana en los últimos tres lustros. Siempre enclavado en esa particular forma de filtrar la tradición folk por un tamiz imaginativo, que lo mismo sirve para recuperar oscurecidas leyendas del pasado del género (Vashti Bunyan, Bert Jansch) como para proyectarse al futuro en compañía de otros correligionarios cuya brillantez ha sido menos constante y más restrictiva (Cocorosie, Joanna Newsom, Akron/Family o Vetiver, de cuya alineación forma parte con frecuencia). Nacido en Houston, de madre venezolana y luego residente en San Francisco, Banhart despunta entre 2004 y 2005 con tres trabajos seguidos (*Rejoicing In The Hands*, *Niño Rojo* y *Cripple Crow*), que le confirman como el máximo valedor del weird folk, ese estilo que él ornamenta con guiños latinos e interferencias pop de diversa génesis. A partir de entonces se desliga de cualquier etiqueta con discos de vuelo libre que retienen el poder de fascinación, como *Smokey Rolls Down Thunder Canyon* (2007), *What Will We Be* (2009) y *Mala* (2013). Quizá poco para retener el aura de objeto de deseo para revistas de tendencias, pero suficiente para que su perfil se consolide como uno de los portentos más genuinos de lo que llevamos de siglo XXI. El austero y delicado *Ape in Pink Marble* (2016) prueba que su frondosa inspiración sigue sin secarse.

# Beastie Boys

*El trío bombástico*

1980-2012
Nueva York (EEUU)

Aunque solo fuera por su capacidad innata para trascender géneros, salpimentando la clásica ortografía hip hop con decenas de ingredientes en una irresistible coctelera, fiel a unos principios de irrenunciable libertad creativa, ya merecerían los Beastie Boys figurar en este recuento. Ocurre que además el trío formado por Michael Diamond, Adam Yauch y Adam Horovitz fue durante los años 90 una de las puntas de lanza de ese rock alternativo que cotizaba en la MTV y copaba las alineaciones de los grandes festivales. Y lo hacía, sobre todo, a fuerza de irresistibles álbumes, preñados de un hip hop bastardo que viajó desde sus orígenes en el hardcore y el punk hasta los ritmos latinos, pasando por el funk o el easy listening.

Rick Rubin y Russell Simmons, jefes de Def Jam, la discográfica que les lanzó, siempre tuvieron claro que el futuro pasaba por la mezcla de estilos. Por fundir el rap con el rock, tal y como habían hecho Run DMC remozando el "Walk This Way" (1986) de Aerosmith con su connivencia. Así que

no es de extrañar que apostaran por estos tres jóvenes blancos neoyorquinos desde un principio, con el abrasivo *Licensed To Ill* (1986). A partir de entonces, se sucede una saga de discos magistrales, repletos de singles explosivos, agitados en efervescentes directos: *Paul's Boutique* (1989), *Check Your Head* (1992), *Ill Communication* (1994) y *Hello Nasty* (1998). Tras un largo hiato, vuelven con el ortodoxo *To The 5 Boroughs* (2004) y el aventurado *Hot Sauce Committee Part Two* (2011), primera parte de una obra que (lamentablemente) no tendrá segundo acto, debido al fallecimiento de Adam Yauch en 2012. Fueron únicos.

## Beat Happening

*La emoción desnuda*

1982-2000
Olympia, Washington (EEUU)

La austeridad formal del indie, su aprecio por la factura casera y desvencijada, su capacidad para emocionar con tan pocos mimbres, dispone de un padrino irrefutable: Calvin Johnson y sus Beat Happening. El twee pop y el lo fi, desde luego, son hijos suyos. *Beat Happening* (1985), *Jamboree* (1988) o *Black Candy* (1989) son álbumes seminales, aunque en su momento desdeñados por la imperante escena hardcore. Johnson, Heather Lewis y Bret Lunsford operaban desde la lejana Olympia (Washington), en la asunción de que el virtuosismo instrumental no era ni mucho menos necesario para transmitir emociones reales. *Dreamy* (1991) corrobora su progresión, pero es el cautivador *You Turn Me On* (1992) su disco de referencia. Calvin Johnson siguió dedicado a su sello, K Records, editando discos de otros artistas en los 90 y agitando con su International Pop Underground Convention desde 1991 el subsuelo norteamericano, en una iniciativa que contribuyó a dinamizar el posterior movimiento riot grrrl. En los últimos veinte años sigue editando discos a su nombre y girando por todo el mundo, pero se niega a rescatar la marca Beat Happening.

# Beck

*El chico de oro*

1985
Los Angeles, California (EEUU)

Beck Hansen, genio y figura. El blanquito escuálido capaz de hacer del sampleado un arte, de vender millones de discos cantándole a la figura del perdedor vocacional, modular un folk marciano de baja fidelidad o tañir un repiqueteo de funk bastardo con el que poder moverse sobre el escenario como una reencarnación de James Brown o Prince. De todo eso ha sido capaz este californiano en las últimas dos décadas. Su carrera es una permanente montaña rusa. Con dos picos tempranos que le encumbraron como una de las figuras de los 90: *Mellow Gold* (1994), con su single "Loser", y *Odelay* (1996), supervisado por los Dust Brothers, productores de Beastie Boys. Alternó esas entregas para Geffen, trufadas de folk bizarro, hip hop descacharrado o elixires easy listening con trabajos en sellos indies como K Records.

Con *Mutations* (1998) toma aire y se relaja a ritmo de bossa nova, tropicalismo y psicodelia, pero en *Midnite Vultures* (1999) se marca un delicioso desbarre en clave funk, con guiños a Prince o Funkadelic. *Sea Change* (2003) le muestra como atinado *folk singer* crepuscular, pero tanto *Guero* (2005) como *The Information* (2006) y *Modern Guilt* (2008) sugieren que el nuevo

siglo ya no es su tiempo, por cuanto trata de reeditar los logros de mitad de los 90 con las mismas armas pero menos frescura. Sin embargo, la majestuosidad otoñal de *Morning Phase* (2014), otra vez en clave de folk sereno, le muestra renacido. Dos años después, el estupendo single "Wow" anticipa un nuevo giro al pop *sampledélico* y bailable de antaño, luego concretado en un nuevo álbum. Tiene más vidas que un gato.

# Belle and Sebastian

*Indie versado*

1996
Glasgow (Escocia)

Stuart Murdoch y los suyos encarnan, desde Glasgow, la esencia del indie británico más refinado surgido en los 90. El que asumió como evangelio propio los discos de Postcard o Sarah Records, o el influjo de The Smiths (la estética de sus portadas no engaña), así como una amalgama de referencias culturales heredadas de los años 60, pasadas por un tamiz de sutil intelectualidad. A partir de los 2000 abrieron sus miras y añadieron gotas de sunshine pop, glam rock, ecos de soul al estilo Motown o música disco, trabajando con productores dispares, sobreponiéndose a la marcha de miembros destacados

(Stuart David, Isobel Campbell) y convirtiéndose en una banda mucho más voluble. Pero nunca volvieron a alcanzar las cotas de magnificencia de sus tres primeros álbumes: *Tigermilk* (1996), *The Boy With The Arab Strap* (1998) y –sobre todo– *If You're Feeling Sinister* (1997) figuran entre la producción pop más delicadamente sublime de su época.

*Fold Your Hands Child, You Walk Like A Peasant* (2000) supone una discutible transición, que se resuelve luego en discos tan jubilosos como *Dear Catastrophe Waitress* (2003) o *The Life Pursuit* (2006), más solventes y variados, pero también más livianos que los de su primera época. En los últimos tiempos parecen atrapados en su propio estereotipo, entre la autocomplacencia de una fórmula que dominan a la perfección (pero muestra signos de agotamiento) y la apertura a ritmos más bailables y formas sintéticas. El trayecto que va de *Write About Love* (2010) a *Girls in Peacetime Want To Dance* (2015), en concreto.

# Big Black / Shellac

*Cerebro y víscera*

1981-1987 / 1992
Chicago, Illinois (EEUU)

Con el tiempo, Steve Albini comenzó a ser recordado como productor de referencia del mejor rock alternativo norteamericano, sacando punta al sonido de Pixies, Nirvana o PJ Harvey en discos ásperos, de formas espartanas y contenido volcánico. Pero mucho antes emergió como músico al frente de Big Black, banda de Chicago capital en las escenas hardcore y punk rock de los años 80, con una reputación cimentada en discos como *Atomizer* (1986) o *Songs About Fucking* (1987). Son trabajos demoledores desde el punto de vista sónico, anticipatorios del rock industrial, pero también desde el lírico, ya que versan sobre la cara oculta de América, con historias sobre abusos sexuales, crímenes, misoginia y toda clase de sociopatías. Más tarde monta Rapeman, a finales de los 80, en similares cotas de abrasión sónica. Y encara los 90 ya al frente de Shellac, el nuevo proyecto con el que llega hasta nuestros días, desde postulados que combinan lo cerebral con lo visceral, en un torrente post hardcore que tiene sobre los escenarios –el Primavera Sound lo sabe bien– su mejor versión.

# Bonnie Prince Billy

*Tradición y autoridad*

1993
Louisville, Kentucky (EEUU)

Bonnie Prince Billy es el más común de los apelativos con los que se le conoce a Will Oldham, una figura capital en el relato del rock norteamericano independiente de las últimas dos décadas. Comenzó su carrera como Palace Brothers, facturando los austeros y emocionantes *There Is No-One That Will Take Care Of You* (1993) y *Palace Brothers* (1994), para luego continuar como Palace Music, en *Viva Last Blues* (1995) y *Arise Therefore* (1996). Músico prolífico, inconformista y tremendamente exigente consigo mismo, sienta entonces las bases de una propuesta en la que el folk, el country, el rythm and blues e incluso el soul se filtran a través de su marcada personalidad, capaz de dotar de veracidad, con la autoridad de los maestros, cualquier acercamiento a esos géneros.

En 1997 edita *Joya*, el único álbum a su nombre real, y a continuación enlaza más de una decena de discos a nombre de Bonnie Prince Billy en poco más de quince años (con carrera paralela como actor), algunos en colaboración con músicos tan teóricamente alejados de sus coordenadas como

Tortoise, Matt Sweeney o Emmett Kelley, y otros reelaborando con cuerdas y vientos el cancionero de Palace Music. A destacar, *I See A Darkness* (1999), *Ease Down The Road* (2001), *The Letting Go* (2006) o *Singer's Grave/A Sea Of Tongues* (2014), aunque es casi un pecado tener que elegir entre una discografía sin desperdicio ni desliz digno de mención.

# Andrew Bird

*Vuelo libre*

1996
Lake Forest, Illinois (EEUU)

Dotado de una gran versatilidad instrumental (violín, guitarra, *glockenspiel* y hasta sus característicos silbidos) y un talento transgenérico, que le hace surcar grácilmente por casi todos los estilos contemporáneos del rock norteamericano (country, rock, swing, folk, pop de cámara y hasta apuntes de jazz), Andrew Bird es uno de los solistas más cotizados y singulares que nos ha dado el nuevo siglo. Esta suerte de hombre orquesta de Chicago comenzó a despuntar seriamente con *Andrew Bird & The Mysterious Production Of Eggs* (2005), un tercer álbum a su nombre que llegaba tras su paso por Squirrel Nut Zippers y Bowl Of Fire. A partir entonces, su discografía combina trabajos instrumentales, discos de versiones de The Handsome Family, bandas sonoras para series y álbumes que podríamos considerar más convencionales, entre los que destacan los sobresalientes *Armchair Apocrypha* (2007), *Noble Beast* (2009) y *Are You Serious* (2016). Su exuberante e incontenible creatividad no entiende de consignas estilísticas, y siempre se las apaña para brillar con luz propia.

# Björk

*Volcán helado*

1976
Reykjavík (Islandia)

La islandesa Björk Gudmundsdóttir se dio a conocer al frente de The Sugarcubes, delicioso combo que aportó frescura y cierto exotismo al panorama indie del tránsito de los 80 a los 90 con discos como *Life's Too Good* (1988) –con su memorable single "Birthday"– , *Here Today, Tomorrow, Next Week!* (1989) y *Stick Around For Joy* (1992). Sus portentosas e inconfundibles prestaciones vocales y su imagen no pasaban desapercibidas, y en 1993 se alía con Nellee Hooper para dar forma a *Debut*, primer disco en solitario que supone un paso de gigante y la convierte en una estrella mundial gracias a su forma de personalizar patrones del trip hop, del pop, de la electrónica e incluso estándares del jazz. Siempre inquieta y con afán renovador, en *Post* (1995) incorpora a Tricky, Graham Massey o Howie B a su nómina, cifrada en temas tan incontestables como "Hyperballad" o "Army Of Me". El álbum se convierte en otro triunfo, prorrogado por los ritmos tectónicos, las cuerdas y el intimismo punzante de *Homogenic* (1997), con Mark Bell o Guy Sigsworth en la sala de máquinas.

Asumida su genialidad y su capacidad de exploración, da un único salto al mundo del cine con *Dancer In The Dark* (2000), la película de Lars Von Trier en la que borda su papel protagonista y para la que compone *Selmasongs* (2000), su banda sonora. Y asumiendo que menos también puede ser más, depura su fórmula con los *clicks and cuts* del dúo Matmos en *Vespertine* (2001), la última de sus obras magnas y el fin de una tetralogía inicial insuperable. Su carrera se resiente desde ese momento por su obsesión en primar el envoltorio de sus trabajos y abstraer su mensaje: *Medúlla* (2004) es un experimento *acapella* no del todo bien resuelto; el tiznado africano e industrial de *Volta* (2007), con Timbaland y Antony Hegarty colaborando puntualmente, tampoco convence, y *Biophilia* (2011), con ambiciosa vocación panteísta, hace aguas. Es curiosamente su ruptura sentimental con el artista Matthew Barney la que recompone su discurso con el estimable *Vulnicura* (2015), en el que la producción de Arca y The Haxan Cloak (para que nadie diga que no está a la última, una vez más) realzan un puñado de composiciones sugestivas, pero aún lejos de sus mejores cotas.

# Black Flag

*El subsuelo de la costa oeste*

1976-1986, 2013
Hermosa Beach, California (EEUU)

Black Flag son el emblema del hardcore de la costa oeste norteamericana. Su fundador, Greg Ginn, regentó desde 1978 el sello SST, uno de los principales hervideros del underground yanqui de los años 80, en el que la banda editó todos sus discos. Y desde el momento en el que Henry Rollins se une a la formación, en 1981, esta adquiere su alineación definitiva, la que factura un rock subterráneo profundamente ácrata y antiautoritario, con esquirlas de paranoia social y un ácido sentido del humor, en discos como el seminal *Damaged* (1981), *My War* (1984) o *In My Head* (1985).

Su influencia se hizo notar no solo en centenares de bandas que surgieron en los EEUU a lo largo de los años 80, sino también en el revival punk rock que se produjo en la costa californiana en los 90. Henry Rollins cambiaría de década con la Rollins Band, uno de los más furiosos proyectos alternativos de los 90, mientras Greg Ginn continuó ligado a diversos proyectos en SST, editando *What If...* (2013), un innecesario nuevo álbum a nombre de Black Flag.

# The Blue Nile

*Azul eléctrica emoción*

1981
Glasgow (Escocia)

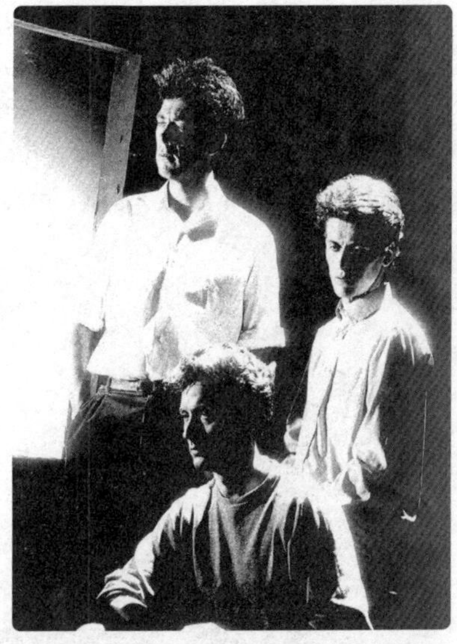

Cuatro álbumes en 27 años coronan la guadianesca trayectoria de Paul Buchanan y Robert Bell (antes también Paul Joseph Moore), tres músicos de Glasgow ajenos a modas, tendencias y coyunturas. Una bendita anomalía. Tan solo hermanados por una propuesta nocturna, envolvente, elegante y rebosante de emoción en cada uno de sus surcos. Su sentido del pop es minimalista, levemente tecnificado (percusiones huesudas, cajas de ritmo, cuerdas o xilofones), armado sobre ese sentimentalismo en torno a las relaciones humanas que Buchanan destila con su inconfundible voz, quejumbrosa pero dotada como pocas para la melancolía urbana en canciones memorables como "Tinseltown In The Rain", "The Downtown Lights", "Let's Go Out Tonight", "Soon" o "Stay Close".

Su primer álbum, *A Walk Across The Rooftops* (1984), nació como primera referencia de Linn Electronics, una marca local de alta fidelidad, que lo empleó como prueba de sus equipos. Y junto con el segundo, *Hats* (1989), rozó el cielo por su atinada emotividad. Bajaron el listón con *Peace At Last* (1996), pero recuperaron el tono con *High* (2004). Desde entonces, tan solo el estimable *Mid Air* (2012), a nombre solo de Paul Buchanan, ha roto su silencio, acrecentado por su negativa a actuar en directo.

# Blur

*Mucho más que brit pop*

1988-2003, 2008
Londres (Reino Unido)

Damon Albarn, Graham Coxon, Dave Rowntree y Alex James han estado tangencialmente implicados en muchas de las tendencias que han sacudido el pop británico en las últimas tres décadas, aunque siempre sin adscribirse por completo a ninguna de ellas. Emergieron aún en plena resaca del sonido *Madchester* con el mimético *Leisure* (1991), anticiparon el brit pop con el notable *Modern Life Is Rubbish* (1993), lo plasmaron con mayor cromatismo que nadie en el sobresaliente *Parklife* (1994) y en el menor *The Great Escape* (1995), y trataron de escapar de su estereotipo acercándose al destartalado sonido *lo fi* norteamericano con *Blur* (1997) –guiñando, de pasada, algo más que el ojo a los Pixies con el single "Song 2"– y probando texturas electrónicas con *13* (1999). El cambio de siglo puso a prueba las inquietudes de Albarn, cada vez más propenso a contagiarse por la música africana, el gospel, el dub o el hip hop, y el resultado fue *Think Tank* (2003), un álbum ecléctico que marcaría un largo paréntesis, hasta la solvente vuelta con *The Magic Whip* (2015).

Este último trabajo, aparte de concretar en disco la sintonía recuperada entre Coxon y Albarn –rota desde 2002– , era el corolario lógico al trayecto de este último a lo largo de la última década: implicado en Mali Music, Gorillaz, The Good The Bad and The Queen y Rocket Juice & The Moon, entre decenas de otros proyectos relacionados con las artes escénicas o el cine, en una saga cuyo último capítulo fue el extraordinario *Everyday Robots* (2014), único disco a nombre de Damon Albarn. La música del cuarteto londinense, en esencia, ha fagocitado elementos de pop costumbrista, ska, synth pop, electrónica, gospel, folk, punk, dub y motivos africanistas, y aunque su trayecto admite baches en el camino, cuando ha despuntado lo ha hecho con una brillantez incuestionable.

# The Boo Radleys

*Ruiseñor en vías de extinción*

1988-1999
Wallasey (Reino Unido)

Otra banda de talento genuino y trazo personal, muchas veces ahogada en las sucesivas mareas que el indie británico fue generando, fundamentalmente el shoegaze y el brit pop. Comandados por la escritura de Martin Carr y la voz de Sice Rowbottom, y con nombre prestado de un personaje de la novela *Matar un ruiseñor* (Harper Lee, 1960), los Boos debutaron con *Ichabod & I* (1990), un álbum tibio que les permitió, no obstante, fichar por el sello Creation. Allí editan *Everything's Alright Forever* (1992), secuela que ya ponía sobre serio aviso: ecos de Love filtrados a través de melodías de impacto cegador, envueltas en chorros de distorsión. Mucho más que una simple relectura *shoegaze*.

La banda sube la apuesta con su obra maestra, el inagotable, ambicioso y abigarrado *Giant Steps* (1993). Y con *Wake Up!* (1995) y el radiante single

"Wake Up Boo!" alcanzan su cénit comercial en plena efervescencia *brit pop*, aunque ellos mismos reniegan luego con el esquivo y brillante *C'Mon Kids* (1996) y el aplicado *Kingsize* (1998). Desde su disolución, Martin Carr ha editado como Brave Captain cuatro álbumes en la primera mitad de los 2000, aunque ninguno tan lúcido como *The Breaks* (2014), su segundo disco en solitario.

# Bon Iver

*De la cabaña al autotune*

2007
Folk Creek, Wisconsin (EEUU)

La de Justin Vernon es una de las historias de éxito más impredecibles del indie contemporáneo. Haciendo honor a los álbumes gestados tras una traumática ruptura sentimental, despachó un debut austero y deshuesado, un tratado de folk pop desnudo y confesional, gestado en una cabaña en medio de un bosque de Wisconsin, que se convirtió en una de las grandes revelaciones de 2008. *For Emma, Forever Ago* (2008) catapultó a su proyecto Bon Iver a las alturas de la galaxia alternativa, copando portadas de los medios especializados tras unos años de práctico anonimato internacional, velando armas en DeYarmond Edison.

Tomándose su tiempo para componer su secuela, comenzó a dar pistas del giro que operaría luego su trayecto cuando trascendieron sus colaboraciones con St. Vincent, Gayngs o Kanye West. El esperado *Bon Iver* (2011) lo concreta, alejándose de aquella austeridad mediante bases sintetizadas, *samples*, secciones de cuerda y viento, saxos que remiten con elegancia al soft rock y al pop de radio fórmula de los 80 (Bruce Hornsby & The Range, Bonnie

Raitt) e incluso el tratamiento de su voz con *autotune*, tan nefasto en otras manos menos diestras. Así que lo que podría ser una empanada indigesta resulta un álbum extraordinario y certero, que propulsa su figura mucho más allá de la categoría de un *folk singer* confesional al uso. Su apuesta tiene continuidad, con éxito, en el posterior *22, A Million* (2016), más radical y con mayor componente electrónico.

## Jeff Buckley

*El de la voz de oro*

1991-1997
Anaheim, California (EEUU)

Dotado de una torrencial capacidad como vocalista simpar, de una voz tocada por los mismísimos ángeles que era capaz de galvanizar cualquier pieza (propia o ajena) que se pusiera a tiro para propulsarla a la categoría de clásico, Jeff Buckley fue una de las grandes figuras de los años 90, militando en una multinacional pero sustanciando la veta más frágil, sensible y clasicista de la generación grunge. Lo tenía todo: una voz casi sobrenatural, atractiva imagen mediática y talento en desarrollo. Su carrera se truncó demasiado pronto, ahogado en las aguas del río Wolf un mal día de mayo de 1997, pero tuvo tiempo de dejar una obra cumbre para la posteridad, el soberbio *Grace* (1994), en el que fundía temario propio con versiones de Leonard Cohen, James Shelton o Benjamin Britten. Hermanando los modos de Van Morrison, Robert Plant o su padre Tim Buckley –también tempranamente malogrado– en una propuesta de alto componente espiritual, equidistante del folk, el rock, el jazz o el soul. *Sketches For My Sweetheart The Drunk* (1998) fue su álbum póstumo, compuesto del material en el que andaba trabajando –junto a Tom Verlaine, de Television– en el momento de su muerte, antes de que su legado fuera exprimido *post mortem* hasta nuestros días en dosificadas exhumaciones de material inédito. Nunca sabremos hasta dónde podría haber llegado.

# C

## Bill Callahan

*Canciones de amor y odio*

1990
Silver Spring, Maryland (EEUU)

Tomando como referentes –no especialmente flagrantes– a los mayestáticos Bob Dylan o Leonard Cohen, Bill Callahan es una de las voces con más peso específico dentro del rock alternativo norteamericano de los últimos veinte años. Su voz de barítono y su forma de destilar escrituras clásicas para hacerlas propias constituyen un capítulo aparte. El de Maryland debutó al frente de su proyecto Smog a principios de los 90, aunque no fue hasta mediados de década, con el soberbio *Wild Love* (1995) –apuntalado en canciones tan memorables como "Bathysphere", versionada años más tarde por Cat Power– que empezó a llamar a las puertas del selecto club de los grandes *songwriters* contemporáneos, fundiendo hechuras lo fi con formas de cantautor clásico.

Discos posteriores, como *Red Apple Falls* (1997), *Knock Knock* (1999) o *Dongs of Sevotion* (2000), ampliaron su gama de registros, hasta que con el cambio de década emprende una carrera en solitario de modulación más austera pero de mismo hondo calado, marcada por obras mayores como *Sometimes I Wish I Were an Eagle* (2009), *Apocalypse* (2011) o *Dream River* (2013). Por el camino quedaron colaboraciones con John McEntire (Tortoise) o Jim O'Rourke (Gastr del Sol, Wilco, Sonic Youth), que ayudaron a realzar su escritura.

# Neko Case

*Primera dama*

1994
Alexandria, Virginia (EEUU)

De entre todas las voces femeninas del rock norteamericano de raíces, herederas con galones de Emmylou Harris, Loretta Lynn o Lucinda Williams, no es fácil primar a una por encima de las otras, porque hay mucho (y muy notable) donde escoger: Laura Marling, Karen Elson, Eileen Jewell, Jesse Sykes, Laura Veirs, Jolie Holland, Laura Cantrell... sin embargo, nos quedamos con la canadiense Neko Case, tanto por su rol central en el engranaje de una parte importante del indie norteamericano (su implicación en The New Pornographers o sus colaboraciones con The Sadies) como por la lograda ambición de su carrera en solitario, pródiga en discos sobresalientes en los que el arrullo folk convive con el ímpetu rock. La carrera en solitario de esta compositora admite varias cimas, desde el excepcional *Blacklisted* (2002) a *The Worst Things Get, The Harder I Fight, The Harder I Fight, The More I Love You* (2013), pasando por *Fox Confessor Brings The Flood* (2006) o *Middle Cyclone* (2009). En 2016 se alío con k.d. lang y Laura Veirs para dar forma al espléndido *case/lang/veirs* (2016).

# Nick Cave & The Bad Seeds

*Torrente expresivo*

1983
Warracknabeal, Victoria (Australia)

El australiano Nick Cave es una de las grandes fuerzas motrices del rock contemporáneo, tanto en su versión más sanguínea y turbia como en la más elegante y majestuosa. Entre ambos fieles de la balanza ha ido basculando su carrera de forma progresiva. Recorriendo ese arco de principio a fin, desde su periplo por Londres y Berlín al frente de los iracundos The Birthday Party hasta el que fue su último álbum al frente de The Bad Seeds, el sobrio *Skeleton Tree* (2016), gestado desde su base de operaciones en Brighton.

Su legado es un torrente expresivo intransferible, que se alimenta del blues, el rock gótico, el punk, las baladas mortuorias (*murder ballads)*, las letanías crepusculares al piano y el aliento de *crooners* como Scott Walker. Sus primeros cuatro álbumes con las Malas Semillas, *From Her To Eternity* (1984), *The Firstborn Is Dead* (1985), *Kicking Against The Pricks* (1986) y *Your Funeral... My Trial* (1986), forjan un discurso macerado en el gótico sureño, el *blues* ancestral, el reverso tenebroso del mito de Elvis Presley y los referentes bíblicos, sazonados por sus excesos con la heroína y en compañía de músicos como Blixa Bargeld, Mick Harvey, Barry Adamson o Hugo Race. El magistral *Tender Prey* (1988) concreta el pináculo de esta primera etapa.

A partir de *The Good Son* (1990), Cave se sienta al piano, rebaja *tempo* y volumen y emprende una travesía más reflexiva y serena, no exenta de brotes de virulencia, como prueban *Henry's Dream* (1992) y, sobre todo, el excepcional *Let Love In* (1994). El álbum *Murder Ballads* (1996), con sus duetos junto a PJ Harvey o Kylie Minogue, incrementa su popularidad como cantante crepuscular, hollando una veta que se reafirma con *The Boatman's Call* (1997), *No More Shall We Part* (2001) y *Nocturama* (2003), discos –al menos estos dos últimos– algo infravalorados. Un año más tarde da otro giro maestro con el enorme *The Abattoir Blues/The Lyre Of Orpheus* (2004), doble álbum que aúna gospel, rock abrasivo y medios tiempos majestuosos, con una formación asentada ya desde hace tiempo alrededor de James Johnston, Jim Sclavunos, Conway Savage y, sobre todo, Warren Ellis. Precisamente este último se convierte en su lugarteniente, tanto en los Bad Seeds como

en Grinderman, proyecto paralelo con el que edita dos discos homónimos, en 2007 y 2010. El ecléctico y dinámico *Dig, Lazarus, Dig!!!* (2008) y el tenso y comedido *Push The Sky Away* (2013) coronaban hasta el momento, junto con el documental *20.000 días en la tierra* (Iain Forsyth y Jane Pollard, 2014), el trayecto de un músico insustituible. Sin embargo, tras varios meses de incertidumbre y mutismo tras el fallecimiento por accidente de uno de sus hijos a mediados de 2015, Cave retornó con el escalofriante *Skeleton Tree* (2016), un nuevo álbum junto a los Bad Seeds, acompañado de *One More Time With Feeling* (2016), una película sobre su difícil gestación, dirigida por Andrew Dominik.

# The Chemical Brothers

*Quemando suelas con mucha cabeza*

1991
Manchester (Reino Unido)

De todas las bandas que a mediados de los 90 pusieron a bailar a los *indie kids* de la época, quienes más puentes tendieron con la cultura pop del momento fueron los Chemical Brothers. Cierto es que The Prodigy alimentaron una

iconografía punk que resultaba, no obstante, más epidérmica. Y que Underworld, Orbital o Fatboy Slim también coparon los carteles de los grandes festivales del momento. Pero ninguno de ellos brindó más conexiones con la aristocracia indie ni pudo presumir, a la larga, de una carrera más consistente que el dúo formado por Tom Rowlands y Ed Simons a finales de los 80 en Manchester. Su primer álbum, *Exit Planet Dust* (1995), fue como una bomba en el panorama pop del momento, alentando single*s* comandados por la voz de Tim Burgess (The Charlatans) o Beth Orton.

Repitieron la jugada con *Dig Your Own Hole* (1997), precedido por el sencillo "Setting Sun" (con Noel Gallagher), y con revientapistas como "Block Rockin' Beats". Y cerraron la década con *Surrender* (1999), armado sobre colaboraciones con Bernard Sumner (New Order), Hope Sandoval (Mazzy Star), Jonathan Donahue (Mercury Rev) y de nuevo Noel Gallagher (Oasis). Produjeron a New Order el single "Here To Stay" (2002), y enlazaron a partir de entonces una serie de álbumes en los que trasteaban con el house, el ambient, el Hi NRG o su proverbial big beat, con Richard Ashcroft (The Verve), Kele Okereke (Bloc Party), Tim Smith (Midlake) o Beck en su lista de invitados. *Born In The Echoes* (2015) es su consistente último capítulo. Aún reinan por derecho propio en la programación de muchos festivales.

# The Church

*Constelación australiana*

1980
Sydney (Australia)

No ha habido una banda australiana –quizá tan solo The Go-Betweens, aunque desde un plano más intermitente– capaz de enhebrar una discografía mas consistente y seductora en el ámbito independiente que The Church. La voz de Steve Kilbey y la guitarra de Marty Wilson-Piper han surcado desde Sydney más de tres décadas sin que su fórmula, cifrada en nebulosas psicodélicas, estribillos adherentes y esa corporeidad tan propia del jangle pop de las Antípodas, haya sufrido apenas desgaste con el tiempo. Discos como *Seance* (1983), *Heyday* (1986), *Starfish* (1988), *Gold Afternoon Fix* (1990) o *Priest=Aura* (1992) pueden ser escuchados hoy en día como trabajos clásicos, sin fecha de consumo preferente. Su carrera ha sido tan constante como renuente a grandes resbalones, pese a que su momento de fulgor mediático (finales de los 80, tras el éxito del single "Under The Milky Way") sea cosa del pasado. Buena prueba de ello son trabajos tan sólidos de su última etapa como *Untitled #23* (2009) o *Further/Deeper* (2014). Tan elegantes como incombustibles.

# Cocteau Twins

*El susurro etéreo*

1979-1997
Grangemouth (Escocia)

En su momento nadie hablaba de dream pop, pero si alguien cinceló los contornos de ese estilo, evocador y etéreo, fueron los Cocteau Twins. Elizabeth Fraser, Robin Guthrie y Will Heggie forman la banda en Grangemouth (Escocia) en 1979, aunque la formación definitiva se asienta tras el recambio de este último por Simon Raymonde en 1983. Desde su debut

largo, *Garlands* (1982), se convierten en la banda enseña de 4AD, merced a un sonido envolvente, misterioso y con accesos exóticos y medievalistas, que en un primer momento es asociado (de forma reduccionista) a la moda gótica imperante (Bauhaus, Siouxsie & The Banshees). Alternan la factura de álbumes y EPs, siempre presentados con las reconocibles portadas de Vaughan Oliver y Nigel Grierson, en un periodo que tiene en *Treasure* (1984) o *Victorialand* (1986) algunas de sus cimas.

Participan también en This Mortal Coil, proyecto intermitente de Ivo Watts-Rusell, jefe de 4AD. Logran su cénit comercial con el magistral *Heaven Or Las Vegas* (1990), pero las desavenencias con su sello y los problemas de Guthrie con las drogas y el alcohol les sumen en un final de carrera discontinuo y más discreto, cerrado con *Milk & Kisses* (1996). Desde entonces, Fraser ha alternado colaboraciones con Massive Attack, Yann Tiersen o Craig Armstrong, mientras Raymonde y Guthrie regentaban el inquieto sello independiente Bella Union. La influencia de Cocteau Twins y su evanescente e inconfundible sonido es determinante en bandas de nuestro tiempo, como Beach House o Ashrae Fax, entre muchos otros. Su huella no se desvanece.

# Lloyd Cole

*Corredor de fondo*

1984
Buxton (Reino Unido)

Aunque se le afeará por los siglos de los siglos no haber logrado nunca emular las cotas de brillantez de *Rattlesnakes* (1984), su debut en compañía de The Commotions, cabe asignar al británico Lloyd Cole uno de los trayectos más prolíficos y regulares del pop con acento independiente de las últimas tres décadas. Tanto su debut como los más desiguales *Easy Pieces* (1985) y *Mainstream* (1987), todos como Lloyd Cole & The Commotions, forman parte de lo más granado que el jangle pop británico legó en aquella época previa al indie como estilo con un perfil más o menos definido. Excepcional vocalista e inteligente letrista, Cole se alineaba con formaciones como Aztec Camera, Everything But The Girl, Prefab Sprout, The Pale Fountains o The The en la defensa de una caligrafía pop elegante, asumiendo ciertas deudas propias (Leonard Cohen, Bob Dylan, Lou Reed) pero filtrándolas a través de una acusada personalidad. Su carrera en solitario está también repleta de trabajos notables, desde el giro neoyorquino de *Lloyd Cole* (1990) hasta el cierre del círculo en la misma clave con *Standards* (2013), pasando

por los arreglos orquestales de *Don't Get Weird On Me, Babe* (1991), el coqueteo electrónico de *Bad Vibes* (1993), la vuelta al clasicismo pop de *The Negatives* (2000) o el arrullo acústico de *Music in a Foreign Language* (2003).

# The Cure

*Sombras chinescas*

1976
Crawley (Reino Unido)

La carrera de The Cure trasciende de sobra los lindes del indie, pero su sombra sobre cientos de bandas de la órbita independiente (The Rapture, Interpol, My Chemical Romance, Zola Jesus) es tan alargada que sería injusto dejarlos en el tintero. Y aunque su carrera lleve años suspendida en una acomodaticia foto fija, pálido reflejo de lo que fueron en su mejor momento, es de justicia rescatar para la causa discos tan esenciales como *Faith* (1981), *Pornography* (1982), *The Head On The Door* (1985), su obra cumbre *Disin-*

*tegration* (1989) e incluso el rotundo *Wish* (1992), su último gran álbum. Siempre liderados por la personalidad de Robert Smith y con una formación en la que han entrado, salido y vuelto a entrar músicos como Simon Gallup, Lol Tolhurst, Porl Thompson, Perry Bamonte o Roger O'Donnell, The Cure fueron claves a la hora de fijar un imaginario sonoro sombrío y denso, crecido al albur del post punk más gélido.

Su estética, su turbia e inquietante lírica y su capacidad para atravesar décadas sin que su propuesta caduque les ha posibilitado vender cerca de treinta millones de álbumes en todo el mundo, convirtiéndose por excelencia en la banda dinosaurio del post punk con hechuras góticas. Su influencia fue más que reconocible en la generación emo: tanto en la originaria, la del emocore que germinó en los EEUU en la década de los 90 como esqueje post hardcore, como (sobre todo) en el sucedáneo que prosperó ya por todo el mundo en los 2000. *The Cure* (2004) y *4:13 Dream* (2008) han prolongado su marca en los últimos tiempos, justificando cada nueva gira pero saldándose con resultados creativos muy poco remarcables.

## Death Cab For Cutie

*Emoción y guitarras en tensión*

1997
Bellingham, Washington (EEUU)

Si hay un proyecto que ha encarnado el paradigma de banda *indie* norteamericana en los 2000, asumiendo como propios los dictados que Pavement, Built To Spill, Guided By Voices o Modest Mouse fueron diseminando desde los años 90 y actualizándolos a los nuevos tiempos, con las transformaciones en la industria y el cada vez más difuminado linde entre independencia y comercialidad como telón de fondo, ese es el de Death Cab For Cutie. Fundado en Bellingham (Washington) en 1997 como proyecto personal de Ben

Gibbard –a quien pronto se unirían el productor Chris Walla y el tándem formado por Nick Harmer y Jason McGerr en la base rítmica– , debutan con *Something About Airplanes* (1998) y un *We Have The Facts and We're Voting Yes* (2000) que muestra sus cartas: la voz cálida y emotiva de Gibbard, guitarras eléctricas tensionadas y al borde de la ebullición y, en esencia, una forma algo licuada pero tremendamente adictiva y solvente de destilar las enseñanzas del indie rock yanqui.

*The Photo Album* (2001), con versión de "All Is Full Of Love" (Björk) incluida, les muestra intimistas y en progresión, hasta que con *Transatlanticism* (2003) facturan su disco definitivo. El mejor. Saldan el salto a una multinacional con el notable *Plans* (2005), pero con *Narrow Stairs* (2008) y *Codes and Keys* (2011) enfilan una pendiente descendente, de la que se recuperan algo con *Kintsugi* (2015), ya sin Chris Walla. Gibbard también se implicó en los exitosos The Postal Service junto a Jimmy Tamborelo (Dntel), artífices de aquel tratado de pop electrónico (indietrónica era el término de moda que se le aplicó) que fue *Give Up* (2003). Emblemáticos, en suma.

# Dexys Midnight Runners

*Soul de ojos azules*

1978-1986, 2003
Birmingham (Reino Unido)

Se vistieron con harapos, de etiqueta o con chaquetas de cuadros en sus videoclips, pero lo que rara vez perdieron los Dexys Midnight Runners de Kevin Rowland fue su exultante forma de aunar sentimiento soul y raíces celtas en un cancionero revitalizante, no muy prolífico pero sí concluyente. *Searching For The Young Soul Rebels* (1980), con sus vientos, su órgano *hammond*, su relectura del soul y su insolente efervescencia en pleno auge del *thatcherismo*, fue su espléndida tarjeta de presentación, refrendada por el éxito del single "Geno". Dos años después, conjugan el alma de sus canciones en clave celta, con un sencillo no menos contagioso, "Come On Eileen", y un álbum igual de rotundo, *Too-Rye-Ay* (1982). Sin embargo, *Don't Stand Me Down* (1985), algo más discreto pero igual de sólido, pasa bastante desapercibido al no generar single*s* de impacto, por negativa expresa de su líder. Rowland se embarca entonces en una errática carrera en solitario, hasta que Dexys vuelven a lo grande, casi veinte años después, con el majestuoso *One Day I'm Going To Soar* (2012), y una manga de conciertos fabulosos, muy teatrales. El cumplidor disco de versiones de clásicos irlandeses y de *standards* del pop, *Let The Record Show: Dexys Do Irish and Country Soul* (2016), es su última entrega. Sin ellos, no hubieran existido The Rumble Strips o The Long Blondes.

# Dinosaur Jr.

*El ruido y la furia*

1984-1997, 2005
Amherst, Massachusets (EEUU)

Dinosusar Jr. compusieron uno de los himnos definitivos del primer indie norteamericano, el que puso la semilla para la explosión alternativa de los 90. Fue "Freak Scene", la canción que abría *Bug* (1988), su tercer álbum. La filosofía *slacker* de finales de los 80, su ingenua naturalidad, sus bajones y subidones, encapsulados para la eternidad en tres minutos y medio. Pero aunque ese tema nunca hubiera existido, la banda que formaron J Mascis, Lou Barlow y Murph en Amherst (Massachussets) a mitad de los 80 sería igualmente una de las piedras angulares del rock alternativo. La culpa la tienen discos de furioso noise rock como el mentado *Bug*, en los que el hardcore se desacelera y se emponzoña dando con un lenguaje único. O *Green Mind* (1991), en donde el frenesí melódico y la distorsión guitarrística se funden en una nueva cota de refinamiento. O *Where You Been* (1993), en el que Mascis se transfigura en un Neil Young para la incipiente nación alternativa, logrando que los solos de guitarra vuelvan a parecer *cool*. Su buena estrella pareció desvanecerse con el tibio *Without a Sound* (1994), pero volvió a brillar con *Hand It Over* (1997). Luego Mascis emprende carrera en solitario, con picos como el soberbio *More Light* (2000), pero vuelve años más tarde a reunir a Dinosaur Jr. (reclutando de nuevo a Lou Barlow, quien se marchó agriamente en 1988 para volcarse en Sebadoh) con una trilogía más que digna: *Beyond* (2007), *Farm* (2009) y *I Bet On Sky* (2012), validando su vigencia en la actualidad. Y la saga continúa con el extraordinario *Give a Glimpse of What Yer Not* (2016), sin gran novedad en el frente pero con el promedio de inspiración más alto de los últimos tiempos, a modo de síntesis de sus distintas virtudes. Incombustibles.

# The Divine Comedy

*Genio y clase*

1989
Derry (Irlanda del Norte)

Rara vez se repara en ello de una forma generalizada, pero no es aventurado decir que el norirlandés Neil Hannon es uno de los mayores talentos que ha dado la música británica de las últimas décadas en su veta más clasicista, aquella que bascula entre el pop de cámara y el influjo de Scott Walker o Jacques Brel. Su proyecto, The Divine Comedy, ha sido siempre un vehículo expresivo sobrado de clase, imaginación y destellos de genio, envueltos en suntuosos arreglos orquestales y conducidos por esa voz de barítono que escapa de la gravedad propia de la conjunción de tales mimbres merced a su cáustico sentido del humor.

Ni el brit pop ni el cambio de siglo pudieron poner sordina a su brillantez, algo opacada –eso sí– por los medios en los últimos tiempos. *Fanfare For The Comic Muse* (1990), un álbum de bajo presupuesto en el que aún se notaba la deuda con bandas como R.E.M., marca el pistoletazo de salida a su carrera, que avista puertos más lustrosos con *Liberation* (1993) y *Promenade*

(1994). Sin embargo, es el aclamado *Casanova* (1996) el que confirma todas sus potencialidades.

*A Short Album About Love* (1997) y *Fin de Siècle* (1998) ahondan en arreglos grandiosos, propios de un músico presto a colaborar con Michael Nyman o Tom Jones o escribir adaptaciones de musicales para teatro. Hasta que Hannon se oxigena con la decepcionante desnudez de *Regeneration* (2001), producido por el reputado Nigel Godrich. En los últimos tiempos su producción es más dispersa , pero vuelve a sus claves habituales en discos que sin rozar la categoría de obra maestra, preservan sus virtudes, como *Absent Friends* (2004), *Victory For The Comic Muse* (2006) o *Bang Goes The Knighthood* (2010). El reciente *Foreverland* (2016) es su último disco, que le reafirma una vez más como un clásico de su tiempo. O de cualquier tiempo.

## Dominique A

*La excepción cultural*

1991
Provins (Francia)

En un ámbito tan eminentemente anglosajón como el del indie y el rock alternativo, las voces que podríamos llamar periféricas –al menos respecto

a sus principales zonas de influencia– también se hicieron notar. Fundamentalmente, y con mucha resonancia desde los años 90, desde latitudes como Japón, Suecia o Francia. Dentro de esta última, si hay un músico que merece trascender coyunturas temporales y hacer valer su condición de gigante del pop europeo, es Dominique Ané. El de Provins (afincado desde niño en Nantes) ha congraciado los ecos de la *chanson* francesa con la fibra del post punk en una discografía sin apenas tacha, secuenciada a lo largo de 25 años.

Unas veces más tradicional, como en *La Mémoire Neuve* (1995) o *Tout Sera Comme Avant* (2004). Otras veces más vanguardista, como en *Remué* (1999), *Auguri* (2001) o *La Musique* (2009). Siempre evitando caer en la repetición e imponiendo su autoridad en directos con banda o con la sola compañía de su guitarra y su arsenal de *loops*. Su voz es la más destacada de una escena en la que también despuntaron Diabologum (y sus aventuras posteriores: Expérience, Programme y Michel Cloup Duo), Bertrand Betsch, Jérôme Minière, Autour de Lucie, Kat Onoma, Katerine, Keren Ann, Cali, Vincent Delerm o el exitoso Benjamin Biolay. Una garantía de calidad.

## The Dream Syndicate

*Días de vino y rosas*

1981-1989, 2012
Los Angeles, California (EEUU)

Haciendo bandera del rock psicodélico, de la herencia de The Velvet Underground y de la fiereza guitarrística de Neil Young & Crazy Horse, en una época dominada mundialmente por los sintetizadores, los angelinos The Dream Syndicate contribuyeron a sentar las bases de lo que sería años mas tarde el rock alternativo norteamericano. Su debut, *The Days of Wine and Roses* (1982), es una obra maestra del género, piedra angular de lo que se entendería como el sonido Paisley Underground (centrado en esa zona de California, con un fuerte componente psicodélico) y el llamado Nuevo Rock Americano (extendido a toda la nación y de más amplio registro). La banda capitaneada por Steve Wynn mantuvo el tono con *Medicine Show* (1984) y *Ghost Stories* (1988), pero se disolvió ante su escasa repercusión comercial. Tuvieron que pasar años para que su seminal aportación fuera valorada en su justa medida, recabando la buena acogida escénica que la carrera en solitario de Wynn –también brillante, con discos fabulosos como *Dazzling Display* (1992), *Here Come The Miracles* (2001) o *...tick...tick...tick* (2005)– nunca obtuvo. Por eso durante los últimos cuatro años se han reunido de nuevo, explotando en directo las virtudes de su influyente obra de los 80. Más vale tarde que nunca.

## Echo & The Bunnymen

*Claroscuro after punk*

1978-1993, 1996
Liverpool (Reino Unido)

La bruma, el embrujo, el poder casi telúrico de un estribillo sombrío, atenazado entre la psicodelia y la oscuridad after punk. Todo eso han significado durante años Echo & The Bunnymen, el trío formado en Liverpool en 1978 por Ian McCulloch, Will Sergeant y Les Pattinson, poco más tarde amplia-

do a cuarteto con Pete De Freitas. Emergieron como una de las grandes esperanzas del pop de la ciudad, militando en el sello Zoo junto a formaciones como The Teardrop Explodes, pero pronto romperían la barrera de la independencia para convertirse en una banda de dominio más que público. La culpa la tuvieron *Crocodiles* (1980), *Heaven Up Here* (1981) y *Porcupine* (1983), discos en los que el tenso dramatismo de The Doors se fundía con los claroscuros del post punk en canciones de propiedades magnéticas.

El éxito de *Ocean Rain* (1984), de sonido más diáfano, y del sencillo "The Killing Moon", su mejor canción, les consolida definitivamente como uno de los mejores grupos del Reino Unido, avalado por cuatro álbumes que integran una involuntaria tetralogía, prácticamente imbatible. El homónimo *Echo & The Bunnymen* (1987) baja el listón y anticipa una disolución agria, que se traduce en el lamentable *Reverberation* (1990), ya sin la voz de McCulloch. Los 90 se saldan con discretos discos en solitario (los de McCulloch) y aventuras innecesarias (Electrafixion), hasta que Echo & The Bunnymen vuelven a lo grande con *Evergreen* (1997), preludio de una inesperada segunda juventud que prospera recuperando su mejor pulso, con *What Are You Going To Do With Your Life?* (1999) o *Siberia* (2005), pero luego se deshilacha en trabajos tan alicaídos como *The Fountain* (2009) o *Meteorites* (2014). Su directo aún mantiene el tipo, pese a la repetición de esquemas.

# Eels

*El rock como analgésico*

1995
Los Feliz, California (EEUU)

Mark Oliver Everett ha sobrevolado por encima de algunos de los géneros más visibles del indie rock norteamericano de las últimas dos décadas (grunge, lo fi), picoteando ligeramente de algunos de sus preceptos pero apañándoselas siempre para ir despuntando por méritos propios gracias a una carrera en progresión, que se nutrió de su propio infortunio personal para labrarse un sendero propio. Y que acabó deparando mucho más de lo que se le presuponía cuando debutó con *Beautiful Freak* (1996) y canciones como "Novocaine for the Soul" gozaban de lugar preferente en la parrilla de la MTV. La muerte de sus padres y el suicidio de su hermana alentaron *Electro-Shock Blues* (1998), su primer trabajo de entidad, un disco austero y capaz de cauterizar heridas a ritmo de canciones tan serpenteantes como el nombre de la banda, tratando de extraer cierta mirada optimista tras la tragedia.

De hecho, la popularidad de Eels subió como la espuma cuando Everett publicó su libro autobiográfico *Cosas que los nietos deberían saber* (2008), traducido al castellano cuatro años más tarde, que se convirtió en un fenómeno de ventas. Entre sus discos posteriores, destacan *Daisies of the Galaxy* (2000), *Souljacker* (2001), el doble *Blinking Lights and Other Revelations* (2005), *End Times* (2010) o *The Cautionary Tales of Mark Oliver Everett* (2014), en los que ha transitado por diferentes estados de ánimo y tratamientos sonoros que van de las guitarras ásperas a las orquestaciones con secciones de cuerda, pasando por la electrónica casera. La suya es la horma de un superviviente, que ha hecho de la música pop su tabla de salvación a través de un trayecto bastante consistente, sin apenas altibajos.

# Einstürzende Neubaten

*Magisterio industrial*

1980
Berlín (Alemania)

Curtidos en la fragua del dadaísmo y amamantados en el fértil e iconoclasta vivero creativo del Berlín de los años 80, los Einstürzende Neubaten son una referencia absoluta del rock europeo de vanguardia. Sembraron la semilla, junto a los británicos Cabaret Voltaire, Throbbing Gristle o Coil, del llamado rock industrial, para cuyo molde se sirvieron de taladros, serruchos o cualquier otro artilugio que sirviera a su propósito. Con él influyeron a nombres hoy en día tan consagrados y populares como los Nine Inch Nails de Trent Reznor (en cuyo sello, Nothing, editaron el álbum *Ende Neu*, de 1988), Depeche Mode, Marilyn Manson o Rammstein. Su líder, Blixa Bargeld, alternó su trabajo al frente de la banda con su rol como guitarrista de Nick Cave & The Bad Seeds durante casi veinte años, con quienes solidificó una estrecha relación desde que los australianos recalasen en la capital alemana, en la primera mitad de los 80, cuando Cave capitaneaba The Birthday Party. Entre los mejores trabajos de su dilatada trayectoria, que llega desde 1980 hasta nuestros días, cabe citar *Kollaps* (1984), *Halber Mensch* (1985), *Haus der Luege* (1989), *Tabula Rasa* (1993), *Silence Is Sexy* (2000), *Perpetuum Mobile* (2004) o *Lament* (2014).

# Everything But The Girl

*El cielo en tres minutos*

1982-2000
Hull (Reino Unido)

Tracey Thorn y Ben Watt se conocieron en la Universidad de Hull (Reino Unido) en 1982, y desde entonces forman la pareja sentimental más prolífica y talentosa del indie británico, aunque en los últimos años su producción se

haya atenuado y diversificado en caminos separados. Ella era la clásica joven fascinada por el punk (con Marine Girls en el currículo) y él llegaba avalado por una formación más clásica, mecida por la bossa nova, el jazz y el soft rock. Ambos debutaron con sendos discos en solitario en el sello Cherry Red, pero nada es comparable a lo que lograron desde el momento en que formaron Everything But The Girl: delicias de indie canónico como *Eden* (1984), magistrales destilaciones del influjo de The Smiths como *Love Not Money* (1985), derroches de intensidad orquestal en *Baby, The Stars Shine Bright* (1986) o coqueteos con el soul pop norteamericano como *The Language Of Life* (1990).

Cuando su carrera parecía estancada, tras un álbum fallido como *Worldwide* (1991), un dispensable *Acoustic* (1992) y la grave enfermedad autoinmune que aquejaba a Watt, se obra el milagro: Todd Terry remezcla "Missing", uno de los temas del más que estimable *Amplified Heart* (1994), otorgándole barniz *house* y convirtiéndolo en un éxito en todo el mundo. Su buena acogida auspicia la reconversión del dúo en clave electrónica, luego concretada con el aderezo *drum'n'bass* de *Walking Wounded* (1996) y el *electropop* de *Temperamental* (1999), ambos sobresalientes. Ahí termina su trayecto como Everything But The Girl, ya que han dedicado los últimos tres lustros a criar su prole, regentar su club nocturno y facturar puntuales discos en solitario, algunos tan destacables como *Love and Its Opposite* (2010), de ella, o *Hendra* (2014), de él.

## Father John Misty

*Predicador del nuevo soft rock*

2004
Rockville, Maryland (EEUU)

A Joshua Michael Tillman se le había podido ver ejerciendo de batería de Fleet Foxes o interpretando en solitario sus áridas y ortodoxas letanías folk como Josh Tillman. Pero fue ponerse el traje de Father John Misty, en 2012, y forjarse con él un *alter ego* con el que este músico de Maryland ha redimensionado su música, situándose como una de las grandes voces de la América alternativa en la actualidad. *Fear Fun* (2012) fue el primer aviso serio, con la producción de su correligionario Jonathan Wilson sacando lustre a la estampa del clásico *songwriter* de los 70 desde la contemporaneidad, reformulando los postulados de Harry Nilsson, Nick Drake, Jackson Browne o Fred Neil. Y con el brillante *I Love You, Honeybear* (2015) lo reafirmó, tomando impulso en su recién estrenado matrimonio con la fotógrafa Emma Garr, del que extrae reveladoras y jocosas conclusiones en forma de grandes canciones. Su crecimiento como artista genuino llega avalado, además, por rotundos directos.

## Felt

*Indie pata negra*

1979-1989
Birmingham (Reino Unido)

Esquivo, imprevisible, anárquico... Lawrence Hayward encarna el perfil de compositor indie arquetípico y clásico, tan dotado de talento como poco hábil para difundir su producto de forma que llegue al mayor número de personas. Tomando el nombre (y algo más) de un tema de Television, Felt se forman en Birmingham en 1979, dando forma a una carrera no muy visible en términos mediáticos pero tremendamente influyente en bandas de la generación del C-86 y en formaciones posteriores como Belle & Sebastian. Debutan de la mano del sello Cherry Red con *Crumbling The Antiseptic Beauty* (1982), a los que siguen el breve *The Splendour Of Fear* (1984) y *The Strange Idols Pattern and Other Short Stories* (1984), con producción de John Leckie.

Con *Ignite The Seven Cannons* (1985) y su single "Primitive Painters" (su mayor éxito), sustentado en la voz de Liz Fraser (Robin Guthrie, su pareja y compañero en Cocteau Twins, había producido el álbum), parece llegar un punto de inflexión. El magnífico *Forever Breathes The Lonely World* (1986), su mejor disco, ratifica su buen momento, aunque permanece lejos del radar de las listas de éxitos. El ingreso en el sello Creation y la disparidad de tratamientos sonoros en cada nuevo disco (con Mayo Thompson, Joe Foster o Adrian Borland) no redunda en un auge de su popularidad, pese a discos tan notables como *Me and a Monkey on the Moon* (1989), su canto del cisne. Lawrence forma, ya en los 90, los muy estimulantes Denim (a cuyo nombre firma títulos tan reveladores como "I'm Against The Eighties", incluido en el estupendo *Back In Denim*, de 1992) y Go Kart Mozart, ya en los 2000.

# Feist

*Sentido y sensibilidad*

1991

Amherst, Nueva Escocia (Canadá)

Leslie Feist es una de figuras femeninas más prominentes surgidas de la escena indie canadiense en la última década. Algunas de sus melodías han sido carne de anuncios publicitarios, y temas como "1,2,3,4", con su popular *videoclip*, han recibido amplia difusión en medios de todo pelaje. Su segundo álbum, *Let It Die* (2004) –el primero en tener distribución fuera de su país– descubrió a una seductora vocalista que se manejaba en una órbita equidistante del pop, la bossa nova, el folk o los aromas jazzies. Ya entonces había colaborado con músicos tan dispares como Broken Social Scene, Gonzales o Apostle of Hustle, pero en su discurso se apreciaba desde muy pronto una voz propia, muy ajena a sus referentes cercanos. *The Reminder* (2007) lo consolidó y lo dotó de una pátina más comercial, con temas tan certeros como "My Moon My Man" o "Brandy Alexander". Y cuando lo tenía todo a favor para haberse acomodado, despachó un *Metals* (2011) intimista, delicado y carente de ganchos melódicos instantáneos, pero rebosante de melodías sublimes, de las que calan poco a poco. En los últimos años ha colaborado con Kings Of Convenience, Mastodon, James Blake, Wilco o Ben Gibbard: en espera de nuevo material propio, es difícil presentar unas credenciales más inquietas.

# Franz Ferdinand

*En el principio fue el ritmo*

2002
Glasgow (Escocia)

La ruidosa irrupción del pop de guitarras bailables y la recuperación (algo más específica) de las síncopas del post punk más rítmico en una suerte de revival, a mitad de los 2000, no se entendería sin la aportación de los escoceses Franz Ferdinand: la banda británica más exitosa de su generación, la inmediatamente anterior a los Arctic Monkeys. A diferencia de estos últimos, mucho más jóvenes, Alex Kapranos, Nick McCarthy, Bob Hardy y Paul Thompson rondaban ya la treintena cuando debutaron con *Franz Ferdinand* (2004), espoleado por uno de los himnos de la década, "Take Me Out".

Tanto el cuidado aspecto visual de la banda como el inteligente aprovechamiento de sus nutrientes (Gang Of Four, Josef K, The Monochrome Set, XTC) revelaba que tenían muy poco de novatos. *You Could Have It So Much Better* (2005) sostuvo su andamiaje sin novedades de mención y con un nuevo single de impacto, "Do You Want To". Sin embargo, cuando intentan

darle a su sonido una pátina electrónica para evitar caer en la repetición de esquemas, en ciertos tramos de *Tonight: Franz Ferdinand* (2009), el resultado no convence. *Right Thoughts, Right Words, Right Action* (2011) prolonga a medias su frescura, entre más arrebatos art punk y new wave. Y cuando su corpus expresivo parece a punto de agotarse, se alían con los veteranos Sparks, la veterana e inclasificable banda californiana, para idear el fabuloso *FFS* (2014), traducido en unos directos apabullantes, en los que la mezcla fluye con total naturalidad.

# The Field Mice

*Besos agridulces*

1987-1991
Londres (Reino Unido)

La delicadeza artesanal y los vericuetos de aflicción sentimental del indie pop con la marca del sello Sarah Records tuvieron en The Field Mice a su principal estandarte. Bob Wratten y Michael Hiscock formaron la banda en

Londres en 1987, y con ella tramaron una discografía breve pero indiscutiblemente influyente (pese al desdén de la prensa del momento), sustentada en una melancolía otoñal que se plasmaba en evocadoras viñetas sonoras que balanceaban entre el sigilo acústico, el rasguño eléctrico y las cenefas electrónicas, y que se vehiculaban a través de la primacía de los single*s* y EPs. "Sensitive", en concreto (su segundo sencillo), que se coló en el Top 20 indie en 1989, es una síntesis perfecta de su sonido.

Al dúo original se unieron más tarde Harvey Williams (de Another Sunny Day), Annmari Davies y Mark Dobson. Tres trabajos largos, *Snowball* (1989), *Skywriting* (1990) y *For Keeps* (1991), completan su discografía, aunque es realmente el recopilatorio póstumo *Where'd You Learned To Kiss That Way?* (98) el que subraya el cénit de su influencia, larvada desde años antes. Se separan en 1991, pero su huella es palpable en bandas posteriores como Belle & Sebastian, The Organ o Wild Nothing. Wratten forma luego Northern Picture Library y los excelsos Trembling Blue Stars, en una línea algo más tecnificada, con álbumes tan conmovedores como *Her Handwriting* (1996) y *Lips That Taste Of Tears* (1998), también con la producción de su ingeniero de sonido de cabecera, Ian Catt. El tiempo ha revalorizado toda su obra.

## The Flaming Lips

*Bendita locura*

1983
Oklahoma City, Oklahoma (EEUU)

Imaginativos, coloristas y barrocos, pero también anárquicos, con tendencia al desvarío y acomodados en un *show* cuyo impacto se diluye por repetición. Así son The Flaming Lips, una banda que, pese al valor divergente de una obra incontinente como la suya, ha sido clave para redefinir el concepto de

psicodelia desde la modernidad. Y que nos ha legado al menos un trabajo memorable, condensación suprema de la reformulación de esas enseñanzas: *The Soft Bulletin* (1999), moldeado por el productor Dave Fridmann. Se formaron en 1983 en Oklahoma, pero Wayne Coyne y lo suyos no editaron obras cohesionadas y con marchamo definitivo hasta los 90, con los notables *In A Priest Driven Ambulance* (1990), *Transmissions From The Satellite Heart* (1993) o *Clouds Taste Metallic* (1995), en los que su rock ácido brilla con luz propia, certeramente enfocada.

El conceptual *Zaireeka* (1997) allana el camino para su obra maestra, el ya mentado *The Soft Bulletin*: la mejor concreción de sus virtudes, fundiendo lisergia y legado melódico *brianwilsoniano*. Prorrogan sus virtudes en el apreciable *Yoshimi Battles The Pink Robots* (2002) y en el envarado *At War With The Mystics* (2006). Y a partir de ahí, y como si quisieran cerrar el círculo, retornan a lo imprevisible con trabajos repletos de delirios sónicos como *Embryonic* (2009) o *The Terror* (2013), revisiones marcianas del repertorio de Pink Floyd (*The Dark Side of The Moon*, 2009) o The Beatles (*With a Little Help From My Fwends*, 2014) y un digno álbum asociándose nada menos que a la *teen star* Miley Cyrus (*Miley Cyrus & Her Dead Petz*, 2015). El reciente *Oczy Mlody* (2017) les muestra en la misma senda. Incorregibles, para bien y para mal.

# G

## Galaxie 500

*Emoción al ralentí*

1987-1991
Cambridge, Massachusets (EEUU)

Exprimieron el legado de The Velvet Underground ralentizándolo, haciendo que la emoción gotease a golpe de pura parsimonia, y con ello influyeron a decenas de bandas que también buscaron más tarde el impacto sensorial en el sigilo sostenido y las implosiones graduales de rock áspero, como Low, Bedhead, Seam, Codeine o Mazzy Star. La etiqueta slowcore tampoco se entendería sin la semilla plantada por Galaxie 500, el trío formado en Massachusets por Dean Wareham, Damon Krukowski y Naomi Yang, en activo desde 1987 a 1991. Tres álbumes sumamente consistentes encapsulan su trayectoria: *Today* (1988), *On Fire* (1989) y *This Is Our Music* (1990). Wareham formó más tarde Luna, proyecto de líneas más claras y amables, autores de álbumes soberbios como *Bewitched* (1994) o *Penthouse* (1995), hasta que a mediados de los 2000 integra el dúo Dean & Britta, con su pareja sentimental Britta Phillips, bajista en la última formación de Luna. Krukowski y Yang hacen lo propio con Damon & Naomi, de trayecto más discreto. Los últimos años han visto a Dean Wareham de nuevo explotando el temario de Galaxie 500 en conciertos en solitario, ante la casi segura imposibilidad de una reunión del trío tras su agria disolución hace tres lustros, tal y como detalló en *Postales Negras* (2012), su jugosa autobiografía.

# Garbage

*Corporación alternativa*

1993
Madison, Wisconsin (EEUU)

Dado que su alma mater, Butch Vig, fue el reputado ingeniero de sonido que dio forma al *Nevermind* (1991) de Nirvana, el *Dirty* (1992) de Sonic Youth o el *Siamese Dream* (1993) de Smashing Pumpkins, se presume que Garbage siempre serán vistos como un calculado producto de laboratorio, una hábil jugada comercial para engatusar al personal en pleno auge del rock alternativo norteamericano en los 90. En perspectiva, sus discos no solo concretan como pocos aquella encrucijada entre autenticidad y comercialidad: han envejecido mejor que la plana mayor de la producción grunge, brit pop o trip hop de la época, así que algo tendrían álbumes como *Garbage* (1995), *Version 2.0* (1998) o *Beautiful Garbage* (2001) para haber soportado tan bien el embate del tiempo. Alambicado sobre guitarras post grunge, tecnología opulenta y estribillos gomosos, el cuarteto de Wisconsin, con la vocalista escocesa Shirley Manson al frente, perfeccionó una discografía excitante (en la que nunca se remarcó el precedente de los británicos Curve) que más tarde

perdería fuelle con *Bleed Like Me* (2005) y *Not Your Kind Of People* (2012). El sombrío *Strange Little Birds* (2016) trató de recomponer su carrera desde un prisma distinto, pero por lo que siempre serán –justamente– recordados es por sus brillantes trabajos de la segunda mitad de los 90.

# Giant Sand

*Magisterio árido*

1985
Tucson, Arizona (EEUU)

Rock acerado, country, rockabilly, baladas desérticas, folk desvencijado, ritmos fronterizos... todo esos estilos se han dado la mano en la desbordante discografía de los Giant Sand de Howe Gelb, desde 1985 hasta 2015. Tres décadas perfeccionando una de las carreras más sólidas, coherentes y –por qué no decirlo– injustamente desatendidas por los medios en el rock norteamericano de raíz. Con la banda de Tucson han colaborado Neko Case, P.J., Harvey, Victoria Williams, Vic Chesnutt, Rainer Ptacek o M. Ward, y ni siquiera la marcha de John Convertino y Joey Burns (su base rítmica desde 1990 hasta 2000, suplidos más tarde por músicos daneses) para centrarse en Calexico –el proyecto paralelo que comparten, más popular– ha conseguido menoscabar el enorme magisterio de Howe Gelb, un compositor casi infalible. Álbumes como *Valley Of Rain* (1985), *The Love Songs* (1988), *Glum* (1994), el fabuloso *Chore Of Enchantment* (2000), *It's All Over The Map* (2004) o *Heartbreak Pass* (2015) pueden sobresalir en una discografía en la que es muy difícil trazar altibajo alguno, y que el propio Gelb ha combinado con una soberbia carrera a su nombre. Al fin y al cabo, se trata de un escrutador certero e implacable de todos los vericuetos por los que circula el rock de raíces, siempre con trazo autónomo. Un clásico indiscutible.

# The Go-Betweens

*Magia y precisión*

1977-1989, 2000-2006
Brisbane (Australia)

No por muchas veces afirmado deja de ser cierto: el tándem creativo que formaron los australianos Grant McLennan y Robert Forster nunca obtuvo la merecida gloria mediática ni el plácet de grandes audiencias, pese a su brillante, refinada y elegantísima discografía. Poco importa que, tras formarse en 1977, tratasen de medrar en la escena británica de los primeros 80 (editaron primero en Postcard y luego en Rough Trade o Beggars Banquet) con trabajos exquisitos, en los que Bob Dylan, Lou Reed, The Beatles y otros venerables espectros sónicos permeaban sobre dos de los compositores más gozosamente complementarios del panorama pop: el flemático, sobrio y literario Forster y el luminoso, jovial y sensible McLennan. Su entente marca uno de los puntos más álgidos del pop independiente de siempre, una marca de culto con razón venerada por cientos de seguidores y émulos por todo el planeta. Los motivos hay que buscarlos en *Send Me a Lullaby* (1981), *Before*

*Hollywood* (1983), *Spring Hill Fair* (1984), *Liberty Belle & The Black Diamond Express* (1986), *Tallulah* (1987) y *16 Lovers Lane* (1988), los seis episodios en curva ascendente de su primera época.

Los 90 asistieron a su disolución, para activar trayectos paralelos en solitario en los que permanecía la clase y la factura de buenas canciones (McLennan la alternó con Jack Frost, junto a Steve Kilbey de The Church), pero sin la chispa de magia que procuraba su combustión conjunta. Así que con el cambio de siglo unieron fuerzas de nuevo en una de las resurrecciones más provechosas que se recuerdan, con otra triada de discos magistrales –especialmente el último de ellos– , *The Friends Of Rachel Worth* (2000), *Bright Yellow Bright Orange* (2003) y *Oceans Apart* (2005). El repentino fallecimiento de Grant McLennan en mayo de 2006 abortó la continuidad de esta segunda etapa, dejando a Forster como portador único de la llama en discos en solitario como el doliente *The Evangelist* (2008) o el más ecléctico *Songs To Play* (2015). Mejor dejar la enumeración de canciones destacables de su temario para tribunas más amplias, porque si algo abunda en él son composiciones de pop distinguido sin fecha de caducidad, y cualquier criba sería muy injusta.

## PJ Harvey

*Volcán en erupción*

1991
Yeovil, Somerset (Reino Unido)

El rotundo vigor de sus interpretaciones, erupciones de rock abrupto ungidas por un potente aura sexual, convirtieron a Polly Jean Harvey es una de las figuras esenciales de la escena independiente de los primeros 90. Sobre todo tras haberse curtido antes en Automatic Dlamini, junto a los multiinstrumentistas John Paris y Rob Ellis, músicos clave luego en su carrera. *Dry*

(1991) y, sobre todo, *Rid Of Me* (1993), con la producción de Steve Albini, confirmaban el poderío veraz de la última gran fémina de la genealogía rock en su estado más puro. Con Rob Ellis como fiel escudero, la británica se revestía con el halo de una Patti Smith para la generación alternativa en discos hirvientes y viscerales. Pero su versatilidad comenzó a ponerse a prueba –con éxito– en el sinuoso *To Bring You My Love* (1995), en su sombría colaboración con John Parish en *Dance Hall At Louse Point* (1996) y en el crepuscular *Is This Desire?* (1998), una etapa en la que sazonó su carrera con otras intersecciones puntuales con la obra de Nick Cave o Spleen.

Su faceta más accesible llegó con el extraordinario *Stories From The City, Stories From The Sea* (2000), un disco que remitía a la tenue épica de algunas estrellas mainstream (U2 no andaban lejos) pero lo hacía con un puñado de canciones espléndidas, una de ellas en dueto con Thom Yorke (Radiohead). Siempre necesitada de giros drásticos, volvió a la fiera austeridad de sus orígenes con el solvente *Uh Huh Her* (2004), para luego regresar convertida en *piano woman* al mando de las baladas espectrales que poblaban *White Chalk* (2007). Su enésimo giro maestro llegó con sus dos últimas entregas: el neoclasicismo del aclamado *Let England Shake* (2011), en el que denuncia los males endémicos que arrastra la Gran Bretaña contemporánea recurriendo a episodios de su historia y desde un prisma sonoro que le era inédito, y el concienciado *The Hope Six Demolition Project* (2016), trasunto sonoro de sus viajes a Kosovo, Afganistán y Washington DC, algo menos ornamentado y tan solo un palmo por debajo de su precedente en cuanto a brillantez.

# Richard Hawley

*La voz*

1989
Sheffield (Reino Unido)

El caso de este ilustre ciudadano de Sheffield es curioso, porque se curtió en la escena indie del tránsito de los 90 a los 2000, bien en formaciones de escaso eco (The Longpigs, segunda división brit pop) o bien como simple subalterno (guitarrista en los Pulp crepusculares), pero no recabó fama y prestigio hasta que rescató las hechuras clásicas de algunas de las leyendas del rock de los años 50 y 60 para somatizarlas en un discurso propio. La sombra de Buddy Holly, Scott Walker, Johnny Cash o Roy Orbison (aunque él aún niegue a este último) comenzó a intuirse en el prometedor *Late Night Final* (2001), se estilizó en el notable *Lowedges* (2003) y se concretó mejor que nunca en el celestial *Coles Corner* (2005), el álbum de su consagración. Con *Lady's Bridge* (2007) repitió esquemas con menor fortuna (aún inspirando un single como "Tonight The Streets Are Ours") y se desvió a simas emocionales más oscuras con *Truelove's Gutter* (2009). Urgido de nuevas sonoridades, se metió de bruces en el rock psicodélico con el agreste *Standing At The Sky's Edge* (2012), pero volvió a sus claves más reconocibles con el intimismo desnudo de *Hollow Meadows* (2015). Si hay alguien en estas páginas que merezca ser mentado con los honores del *crooner* clásico, ese es sin duda él.

# Hefner

*Factoría de himnos*

1996-2002
Londres (Reino Unido)

Aunque solo fuera por su condición de eslabón indispensable en esa entrañable cadena de bandas fibrosamente costumbristas, entre la agitación acústica y el raspado eléctrico, que comienza con Jonathan Richman & The Modern

Lovers, continúa con los primeros Feelies o Violent Femmes y termina con los actuales The Wave Pictures o Herman Düne, ya sería obligado mencionar a los británicos Hefner. Si además contaron con un par de álbumes sensacionales, como *Breaking God's Heart* (1998) o *We Love The City* (2000), y otro sencillamente magistral como *The Fidelity Wars* (1999), la mención es más que obligada. E incluso se puede obliterar algún trabajo postrero más discreto, como *Dead Media* (2001). Su líder, Darren Hayman, perspicaz letrista y agudo diseñador de melodías perdurables, lleva más de una década de jugosa carrera en solitario, sin reverdecer aquellos laureles pero perpetuando la saga con buenas canciones.

# Hole

*Muñecas y alfileres*

1989-2002, 2009-2012
Los Angeles, California (EEUU)

Courtney Love y los suyos fueron el epítome de banda femenina de éxito en los años en los que el rock underground norteamericano se convertía en alternativo a ojos de medio mundo. La actitud provocativa y desafiante de Love, pareja de Kurt Cobain en los días de máximo fulgor de Nirvana, fue el ingrediente que faltaba para escanciar el picante mediático a una carrera que tuvo, al menos, tres episodios de cierta relevancia: *Pretty On The Inside* (1991), un sarpullido –entre el noise, el grunge y el foxcore– al que la producción de Kim Gordon y Don Fleming no quisieron (no debían) domesticar; *Live Through This* (1994), cortante como el filo de una navaja pero más enfocado y accesible, y *Celebrity Skin* (1998), vuelta de tuerca abiertamente comercial, con la tradición pop californiana entre ceja y ceja y un sesgo emocional liberado de obsesiones malsanas. El insulso *Nobody's Daughter* (2010), por contra, selló un retorno tardío e innecesario.

# The House of Love

*Grandes esperanzas*

1986-1993, 2005

Los House of Love de Guy Chadwick y Terry Bickers tuvieron todo a favor para reinar en el panorama pop británico tras la ruptura de The Smiths y antes de la oleada de bandas de Manchester (con Stone Roses a la cabeza) pero sus dos primeros álbumes homónimos, ambos excepcionales, no gozaron de la continuidad deseada. Tanto *The House of Love* (1988) como *The House of Love* (1990) –este último conocido como el disco de la mariposa en su portada– blandían la primacía de un pop de guitarras vigorosas, atmósferas densas y estribillos fulgurantes, con regusto contemporáneo a luminarias más clásicas como The Velvet Underground, The Left Banke o The Sound. Y no es que *Babe Rainbow* (1992) bajase demasiado el listón: más bien los tiempos, sacudidos por la cópula entre guitarras y baile y con el grunge ya enseñando los dientes, demandaban casi una obra maestra para perdurar en las claves que ellos frecuentaban. Se despidieron sin ruido, con el flojo *Audience With The Mind* (1993), pero regresaron más de una década después con dos estupendos álbumes, injustamente acogidos con generalizada indiferencia: *Days Run Away* (2005) y *She Paints Words in Red* (2013).

# The Housemartins

*El orgullo de Hull*

1983-1988
Hull (Reino Unido)

Podían despachar tonadas de pop saltarín, baladas majestuosas o medios tiempos atemperados. A veces parecían una versión desenfadada de las potencialidades de The Smiths, otras una reformulación del folk pop de su país en clave izquierdista. El caso es que los de Hull lo hacían todo fantásticamente bien. Su carrera fue breve, pero sus dos largos son dignos de figu-

rar entre lo mejor que el pop británico deparó siempre. Paul Heaton, Stan Cullimore, Hugh Whitaker (luego reemplazado por Dave Hemmingway) y Ted Key (reemplazado por Norman Cook) fueron los cuatro fantásticos durante solo un par de años, los que van de *London 0 Hull 4* (1986) a *The People Who Grinned Themselves To Death* (1987), pero el eco de su obra aún resuena en canciones tan memorables como "Bow Down", "Think For a Minute", "Happy Hour", "Build" o "Caravan of Love", su versión *a cappella* del tema de The Isley Brothers. Tras su adiós, Heaton y Hemmingway formaron los exitosos The Beatiful South, mientras que Norman Cook creaba los efímeros Beats International y luego su provechoso *alter ego* Fat Boy Slim, popular emblema dance rock de los últimos 90.

# Hüsker Dü / Sugar

*La ecuación suprema*

1979-1988/1992-1995
Minneapolis, Minnesota (EEUU)

La ecuación ruido+melodía tuvo en Hüsker Dü a sus principales artífices, al distanciarse del denominador común del hardcore norteamericano de

los 80 mediante una fórmula capital para entender el rock alternativo de las siguientes décadas. Combinando la aspereza de las guitarras eléctricas con la dulzura de doble filo de sus estribillos, el tándem creativo formado por el guitarrista Bob Mould y el batería Grant Hart, con el apoyo del bajista Greg Norton, alimentó una discografía seminal que combinaba romanticismo fatalista y la conjura de ciertos demonios interiores, en canciones veloces que rara vez excedían de los tres minutos. Su carrera fue progresivamente puliendo aristas, desde los arrebatos en bruto de *Land Speed Record* (1981) hasta su ingreso en una multinacional, que se saldó con el fantástico *Candy Apple Grey* (1986) y el irregular *Warehouse: Songs and Stories* (1987). Entre medias, discos desbordantes de energía juvenil, angustia y melodías torrenciales, despachadas con la contundencia de rigor, como *Zen Arcade* (1984), *New Day Rising* (1985) o *Flip Your Wig* (1985). Historia dorada del mejor rock alternativo norteamericano.

Una vez disueltos, Mould editó en solitario un par de trabajos (mención para el primero, el muy estimable *Workbook*, de 1989) antes de formar un nuevo *power trio* con el que sublimaría la aleación de su sonido, cosechando por fin el reconocimiento merecido en un momento en el que la MTV y la gran industria se mostraban receptivas al fenómeno alternativo. Eran Sugar, cuyos *Copper Blue* (1992) y *Beaster* (1993), anverso y reverso de la misma moneda, deslumbraban desde su conseguida madurez, computando entre lo mejor nunca salido de su puño y letra. El menor *File Under Easy Listening* (1994) zanjó el trayecto de Sugar, que ha tenido relevo en una carrera en solitario en la que Mould ha alternado ejercicios de estilo proverbiales, como *Bob Mould* (1996), *Body of Song* (2005) o *District Line* (2008), con discutibles incursiones electrónicas como *Modulate* (2002). No obstante, y sin renunciar a sus señas, se las ha ingeniado para renacer con cada nueva entrega: el consistente *Patch The Sky* (2016) es la última prueba. Mientras, Grant Hart recabó un perfil más discreto, con desigual camino a su nombre y al del proyecto Nova Mob, aunque *The Argument* (2013) también alumbró un celebrado repunte.

# J

## The Jayhawks

*Raíces profundas*

1985-2005, 2009-2012, 2014
Minneapolis, Minnesota (EEUU)

En el negociado del rock de raíz americana con anclaje en la tradición pero aspiración de contemporaneidad, llámese country alternativo o folk rock, no hay banda más emblemática e influyente (con permiso de Uncle Tupelo, el embrión de Wilco) que The Jayhawks. Formados en Minneapolis en 1985 en torno al tándem compositivo creado por Gary Louris y Mark Olson (completado originalmente con Marc Perlman y Norm Rogers), fueron curtiendo su ideario expresivo en *The Jayhawks* (1986) y *Blue Earth* (1989), sus dos primeros álbumes. Pero su ingreso en American Recordings, el sello de Rick Rubin, marca el paso a su mejor etapa con dos trabajos mayúsculos, en los que la sombra de Bob Dylan, Gram Parsons, Tom Petty o The Byrds se filtra con maestría en canciones soberbias: son *Hollywood Town Hall* (1992) y *Tomorrow The Green Grass* (1995).

Tras ellos, Olson abandona para centrarse en su proyecto junto a su mujer, Victoria Williams, y la banda (a la que se incorporan Tim O'Reagan o Kraig Jarret Johnson) se desvía de la ortodoxia con el desigual *Sound of Lies* (2000), que incorpora leves detalles electrónicos y un sesgo más pop, con producción de Bob Ezrin. Sin embargo, el notable *Rainy Day Music* (2003) les muestra de vuelta a su mejor registro. Su historia reciente es curiosa y algo contradictoria: tras el parón que duró hasta 2009, Gary Louris y Mark

Olson vuelven a esforzarse por empatizar para facturar el envarado *Mockingbird Time* (2011), pero es cuando Louris vuelve a quedarse al mando –tras nueva espantada de su compañero– que logra registrar otro trabajo a la altura de sus mejores obras, el espléndido *Paging Mr. Proust* (2016), con la ayuda de Peter Buck (R.E.M.) y el reputado productor Tucker Martine.

# The Jesus & Mary Chain

*La teoría del caos*

1983-1999, 2007
East Kilbride (Escocia)

Los hermanos Jim y William Reid irrumpieron en el panorama rock de mitad de los 80 como elefante en una cacharrería, despachando (de espaldas al público) conciertos breves y caóticos, bañados en ruido y anarquía. Tal desbarre escénico podría haber derivado en una simple nota a pie de página en la historia de rock británico (como tantas veces ocurre), pero en realidad fue el preludio de una de las sacudidas más determinantes en su devenir. Una historia de excesos, pero –sobre todo– de canciones memorables, en las que The Velvet Underground, The Stooges y el legado de los *girl groups* de los 50 y 60 (en sintonía con los Ramones) se hermanaban bajo un nuevo muro de sonido. En 1984, Alan McGee (Creation) advierte su potencial y les recluta. Y la primera concreción del fichaje es el single "Upside Down", sucedido luego por un álbum –lanzado finalmente en Blanco y Negro (subsidiaria de WEA en la que McGee se involucra)– tan sobresaliente como *Psychocandy* (1985), uno de los más influyentes en la historia del rock independiente, seminal para entender la eclosión posterior del *shoegazing* y del rock alternativo.

*Darklands* (1987) orienta más tarde el radar de los de Glasgow hacia melodías más claras, y reemplaza la batería de Bobby Gillespie (quien se centra en Primal Scream) por cajas de ritmos. La tendencia a acolchar sus temas sobre el ritmo a piñón marcado por las bases electrónicas se agudiza en el demoledor *Automatic* (1989), que alienta un single ("Head On") que sería versionado dos años más tarde por los Pixies. Y la evolución hacia ritmos fracturados, hacia un pop sucio y agitado por una electrónica ponzoñosa,

goza de un nuevo episodio con el barniz que Flood y Alan Moulder le dan al notable *Honey's Dead* (1992). Tras un año embarcados en el itinerante Lollapalooza, afrontan la resaca ruidista con el acústico *Stoned & Dethroned* (1994), en el que sobresale "Sometimes Always", dueto de Jim Reid con su pareja por aquel entonces, Hope Sandoval (Mazzy Star). Pero su fórmula, a la altura del flojo *Munki* (1998), da síntomas de agotamiento. Han estado inactivos como banda desde 1999 a 2007, pero las reiteradas giras que han abordado en los últimos años –al tiempo que se reeditaban sus discos– les han llevado a anunciar su primer álbum en casi 20 años.

# Daniel Johnston

*Outsider bipolar*

1978
Sacramento, California (EEUU)

El californiano Daniel Johnston es el *outsider* por excelencia del rock alternativo norteamericano. Un músico de culto, aquejado además de trastorno bipolar y desorden esquizofrénico, que comenzó a interesar al público neó-

fito a raíz de la reivindicación que de él solía hacer Kurt Cobain (Nirvana). El documental *The Devil and Daniel Johnston* (Jeff Feuerzeig, 2005) también contribuyó a fijar para la posteridad las claves de un creador irregular, imprevisible y naïf, aunque tocado ocasionalmente por la inspiración para el trazo de imaginativas viñetas de sonido lo fi, pobladas por personajes intransferibles y de sesgo infantil. Sus conciertos transitan entre el entrañable voluntarismo, dado lo mermado de sus facultades interpretativas, y el aprecio por sus destellos de genio. En activo desde finales de los 70 hasta la actualidad, ha facturado más de una veintena de álbumes, entre los que destacan *Yip/Jump Music* (1983), *Fun* (1994) o *Fear Yourself* (2003).

# Damien Jurado

*Del folk al infinito*

1995
Seattle, Washington (EEUU)

Podría haber quedado subsumido en el pobladísimo apartado de reverentes folk singers americanos de última generación, aplicados y respetuosos modeladores de las enseñanzas clásicas, pero el salto experimentado por Damien Jurado en el último lustro –en compañía del productor Richard Swift –le acredita como uno de los compositores más imaginativos y talentosos de su país. Trabajos como *Rehearsals For Departure* (1999), *On My Way To Absence* (2005), *Caught In The Trees* (2008) o *Saint Bartlett* (2010) ya eran estupendas muestras de su pericia para trazar, guitarra de palo en ristre, delicadísimas melodías con Nick Drake o Neil Young en el horizonte. Pero la trilogía que forman *Maraqopa* (2012), *Brothers and Sisters of the Eternal Son* (2014) y *Visions of Us on the Land* (2016) ha propulsado su discurso a una cota en la que el soft rock, la bossa o la psicodelia se alían con el folk de forma fluida. Una suerte de *americana* en technicolor para alumbrar un mundo lírico imaginario, con el que este cantautor de Seattle se erige en un punto y aparte dentro de la actual producción independiente.

## The Killers

*Licuación exitosa*

2001
Las Vegas, Nevada (EEUU)

Siempre han militado en multinacional, y sus arrebatos de épica sintetizada, diseñados para grandes audiencias, difícilmente pueden consignarse en puridad a la categoría tradicional de indie. Pero esta banda de Las Vegas es uno de los principales reclamos en los festivales del ramo, y su asunción de

postulados new wave y post punk tiene una génesis que no es ajena a Echo & The Bunnymen o New Order, por mucho que luego los filtren a través de un tamiz que los desustancia casi por completo. De hecho, extrajeron precisamente su nombre de un *clip* de New Order ("Crystal"), y tanto Joy Division como The Smiths figuran entre los blancos de sus versiones, junto a Oasis o Dire Straits. *Hot Fuss* (2004) les encumbró, y desde entonces no han bajado de la nube, ya fuera con *Sam's Town* (2006), *Day & Age* (2008) o *Battle Born* (2012), o con sencillos tan populares como "Human". Su líder, Brandon Flowers, alterna carrera grupal con una discreta trayectoria en solitario.

## Kings of Convenience

*La sencillez al poder*

1999
Bergen (Noruega)

La de los noruegos Erlend Øye y Eirik Glambek Bøe es una de las carreras más embriagadoras del pop independiente europeo. Sus casi veinte años apenas desvelan tres álbumes, pero sus argumentos acústicos, entre la depuración folk (la sombra de Simon & Garfunkel, de la que tanto abjuran) y ocasionales apuntes de bossa nova, resultan tan inequívocamente sublimes que justifican la espera de sus fans. Y son tan maleables que incluso salen muy bien parados si se releen en clave electrónica, como ocurrió en *Versus* (2001). Encuadrados por una cuestión generacional en la oleada de proyectos acústicos de principios de siglo (Turin Brakes, Sondre Lerche), fueron enriqueciendo su sonido de forma ligeramente perceptible, sin alterar su esencia, en tres álbumes sobresalientes. Desde *Quiet Is The New Loud* (2001) hasta *Declaration of Dependence* (2009), pasando por *Riot on an Empty Street*

(2004). El más inquieto de los dos, Erlend Øye, conjuga a los Kings of Convenience con el pop electrónico de The Whitest Boy Alive y su ocasional faceta de DJ.

## Kings of Leon

*Los hijos del predicador*

2000
Nashville, Tennesse (EEUU)

Con un saldo igual de comercial que el de The Killers pero (a diferencia de estos) operando una metamorfosis francamente llamativa, la banda comandada por los hermanos Followill desde Nashville se consolidó como una de las más populares del rock alternativo tal y como se ha entendido en los años 2000: alentado desde el minuto uno por discográficas multinacionales, aupado en ventas millonarias y con hueco preferente en las alineaciones de los grandes festivales. Su primer álbum, *Youth & Young Manhood* (2003), les presentaba como una versión sureña de The Strokes, camisas de cuadros y

largas barbas en ristre, con el productor Ethan Johns puliendo un destilado de southern rock poco imaginativo pero muy pintón en revistas de tendencias. Pero el filo post punk de *Aha Shake Heartbreak* (2005) comienza a dar pistas de que van directos a conquistar el mercado británico. Una sospecha que se confirma con el exitoso *Only By The Night* (2008), rebosante de un *arena rock* a medio camino de la épica de U2 y la fiereza de Led Zeppelin. *Come Around Sundown* (2010) y *Mechanical Bull* (2013) prolongaron su eficaz franquicia sin novedades dignas de mención. *Walls* (2016), con producción de Markus Dravs (Arcade Fire, Mumford & Sons, Florence + The Machine), es su continuista último trabajo hasta la fecha.

# Kitchens of Distinction

*Eternos proscritos*

1986-1996, 2012
Tooting, Londres (Reino Unido)

Son unos grandes olvidados. Pero no es exagerado afirmar que fueron lo más parecido a un cruce perfecto entre el lirismo afectado de The Smiths, la densidad evanescente de Cocteau Twins y el dinamismo vidrioso de Echo & The Bunnymen. Jonny Greenwood, el músico más inquieto y experimental de Radiohead, les reivindicó como influencia a mediados de los 2000, pero ni eso avivó el culto por esta banda londinense (básicamente, el trío formado por Patrick Fitzgerald, Julian Swales y Dan Goodwin) que también fue precursora del dream pop (en paralelo a Galaxie 500), aunque algún despistado les ubique en el shoegaze. Quién sabe qué hubiera sido de ellos en el caso de haber forjado su carrera en pleno revival post punk: llegaron demasiado tarde como para competir con The Chameleons, Echo & The Bunnymen o The Teardrop Explodes, pero también demasiado pronto como para hacerlo con Editors, Interpol,

The Stills o British Sea Power. Es el sino de los desubicados generacionales. Facturaron cuatro estupendos álbumes hasta su separación: *Love Is Hell* (1989), *Strange Free World* (1991), *The Death Of Cool* (1992) y *Cowboys and Aliens* (1994). Y tras casi 20 años volcados en otros proyectos, volvieron a unir sus fuerzas en *Folly* (2013), un retorno sustancioso y nada nostálgico.

# L

## LCD Soundsystem

*El mantra punk funk*

2002-2011, 2015
Brooklyn, Nueva York (EEUU)

Elevándose por encima de decenas de revisionistas gracias a su ingente cultura musical y a su astuta forma de deglutirla, el neoyorquino James Murphy redefinió los contornos del rock bailable durante la primera década de los 2000 al frente de LCD Soundsystem. Su triunfo fue el de la inteligencia por

encima de la imagen, la clarividencia por encima de la pose. La prueba de que se podía encapsular el espíritu de una época sin ser precisamente un jovencito con *look* para protagonizar portadas de revistas de tendencias. Pocas canciones lo explican mejor que "Losing My Edge", uno de sus primeros himnos. Reactivando el punk funk de finales de los 70 y salpicándolo con gotas de house, dub o kraut, Murphy parió una triada de álbumes irresistibles, especialmente los dos primeros: *LCD Soundsystem* (2005), *Sound of Silver* (2007) y *This is Happening* (2010). Su papel como jefe, junto a Tim Goldsworthy, del sello DFA, también contribuyó a dinamizar el renovado interés por los sonidos más rítmicos de la antigua corte *punk*. Finiquitó LCD Soundsystem con un multitudinario concierto en el Madison Square Garden en 2011, pero la retirada de los escenarios tan solo duró cinco años, hasta 2016, cuando iniciaron una exitosa gira que alentó un nuevo disco.

# Lambchop

*Dulzura exterior, amargura interior*

1986
Nashville, Tennessee (EEUU)

El rock de raíz norteamericana envuelto en satén, engañosamente sedoso por fuera pero apto para lecturas escabrosas por dentro: esa podría ser una definición del proyecto que desde principios de los 90 comanda con pulso firme Kurt Wagner, uno de los *songwriters* y vocalistas más singulares del ecosistema indie norteamericano. En la música de esta banda de Nashville, el country, el rythm and blues, el soul y el folk se disuelven entre arreglos orquestales y la clásica dicción cadenciosa de Wagner, para dar con una fórmula propia que nadie maneja mejor que ellos. *I Hope You're Sitting Down* (1994) fue su debut, sucedido por el imponente *How I Quit Smoking* (1996) o el sombrío *Thriller* (1997). El exuberante

*Nixon* (2000) marcó un punto de inflexión, dando más primacía al influjo del soul e inaugurando una fase en la que perfeccionaron, sin sobresaltos, una suerte de pop de cámara modulado en clave de *americana*. Discos como *Is A Woman* (2002), *Aw C'mon/No, You C'mon* (2004), *Damaged* (2006) u *Ohio* (2008) se enmarcan en esa constante. El austero *Mr. M* (2012), dedicado a la memoria del malogrado Vic Chesnutt (para quien oficiaron de banda de apoyo en su *The Salesman & Bernadette*, de 1998) y el aventurado *FLOTUS* (2016), sorprendentemente influenciado por Kendrick Lamar, Kanye West o Frank Ocean, son los últimos capítulos en el trayecto de una marca que es toda una garantía de calidad, sin estridencias ni resbalones.

## Jens Lekman

*Artesanía escandinava*

2000

Gotemburgo (Suecia)

La fértil cantera escandinava suele incurrir en la mímesis aplicada, pero de cuando en cuando también exporta compositores que pueden mirar de tú a tú a sus referentes más obvios. Ese es el caso del sueco Jens Lekman, músico de culto que lleva más de una década adaptando a su seductor corpus creativo ciertos modismos prestados de Stephin Merritt (The Magnetic Fields), Jonathan Richman o Morrissey. Lo hace en canciones exquisitas, orquestadas sin grandes presupuestos pero sobradas de talento. *When I Said I Wanted To Be Your Dog* (2004), *Night Falls Over Kortedala* (2007), *I Know What Love Isn't* (2012) *y Life Will See You Now* (2017) son sus cuatro argumentos en formato largo, completados con EPs sin desecho como *Maple Leaves* (2003), *Rocky Dennis* (2004) o *An Argument With Myself* (2011). En todos ellos late la inteligente ironía y el afilado escalpelo melódico de un compositor que merece ser tenido en cuenta como algo más que un solvente artesano de la canción pop.

# The Libertines

*Brillantez y anarquía*

1997-2004, 2014
Londres (Reino Unido)

Pete Doherty y Carl Barât formaron el tándem creativo que mejor supo plantar cara desde el Reino Unido, a principios de los 2000, a la renovada efervescencia rock que agitaban desde el otro lado del charco The Strokes o The White Stripes. Pero más allá de consideraciones de entorno, lo cierto es que sus canciones eran palpitantes muestras de rock desvencijado y carnoso, en la mejor tradición británica, citando los espectros de The Jam, The Kinks, The Clash o The Smiths en torno a la añoranza por una vieja Albión que pasó tiempos más esplendorosos que los que a ellos les tocó vivir. De hecho, fue Mick Jones (The Clash) quien les produjo *Up The Bracket* (2002),

su más que prometedor debut. John Hassall y Gary Power completaban un cuarteto tan brillante como atrabiliario, siempre al borde del despeñadero en directos que incurrían con frecuencia en la anarquía. Su reválida, *The Libertines* (2004), fue aún más contundente, pero tanto la estrecha relación de Doherty con la heroína como su irregular carrera al frente de Babyshambles (y la que Barât emprendió con Dirty Pretty Things y junto a The Jackals) apagaron el eco de The Libertines durante más de una década. Hasta que *Anthems For Doomed Youth* (2015), igual de eficiente pero ya carente de aquella ebullición, coronó discográficamente su retorno a los escenarios.

## The Lemonheads

*Supernova alternativa*

1986-1997, 2005
Boston, Massachusets (EEUU)

Evan Dando, Ben Deily y Jesse Peretz formaron The Lemonheads en 1986, pero no fue hasta principios de los 90 que el primero de ellos se erigió en líder absoluto de la banda y consolidó una carrera plenamente reconocible, atribuible a sus méritos como compositor. *Hate Your Friends* (1987) y *Creator* (1988) mostraban un tinte hardcore apenas aligerado por puntuales brotes melódicos, que se confirmaron en *Lick* (1989), donde sobresalía una punzante versión de "Luka", de Suzanne Vega. No en vano, el cincel para espléndidas versiones fue siempre una de sus señas de identidad. La solidez se incrementa en el aguerrido *Lovey* (1990), con un primer guiño country a costa de Gram Parsons ("Brasss Buttons"). Y es en *It's a Shame About Ray* (1992), con Dando ya acompañándose por Nic Dalton, Tom Morgan y Juliana Hatfield, donde explota todo su potencial en doce temas memorables, entre destellos de pop luminoso, indie rock de batalla y folk sereno.

*Come On Feel The Lemonheads* (1994) prolonga su buena estrella y convierte a Dando en icono de la nación alternativa, su cara más bonita para lucir en la MTV. Sin embargo, la actitud veleta que mantiene en escena y el erratismo para seguir enfocando su talento deviene en progresivo olvido, apenas aligerado por el discreto *Car Button Cloth* (1996). Nunca desde entonces ha recobrado Evan Dando el temperamento para asentar una discografía constante y sólida, pese a los repuntes que mostró en solitario, como *Baby I'm Bored* (2003), o las dos tardías secuelas a nombre de The Lemonheads, los desiguales *The Lemonheads* (2006) y *Varshons* (2009). Aunque en los 90 reinó durante al menos un par de años, y por derecho propio.

## The Magnetic Fields

*Cartografía agridulce del amor*

1989
Boston, Massachusets (EEUU)

El indie pop tal y como lo conocemos, el que practican Belle & Sebastian, Jens Lekman, The Hidden Cameras o Astrud, por ejemplo, no sería el mismo sin el perfil propio aportado por el neoyorquino Stephin Merritt desde principios de los 90. Una contribución determinante que se sustancia en textos de una ácida y conmiserativa autoconfesionalidad, inteligente e irónica, y en la ambivalencia entre guitarras eléctricas y bases electrónicas caseras, con ciertos desvíos al muro de sonido de Phil Spector, pasado por el tamiz rugoso de The Jesus and Mary Chain, o a la era dorada de los grandes musicales norteamericanos. Merritt es el *factótum* que todo lo cuadra: compone, produce, graba y toca todos los instrumentos, a menudo con el contrapunto de Claudia Gonson (voz, percusión) y Sam Davol (cello o flauta), y aún halla tiempo para desdoblarse en The 6ths, Future Bible Heroes o Gothic Archies, proyectos paralelos de sonido más austero.

Su discografía ha ido perdiendo fuelle progresivamente en los últimos años, con el flojo *Love at the Bottom of the Sea* (2012) y el discreto *Realism* (2010). Pero la segunda mitad de los 90 y los primeros 2000 depararon su mejor versión, con el notable *Get Lost* (1995) y el grandioso –por partida triple, porque se componía de tres discos de 23 canciones– *69 Love Songs* (2000), su indiscutible cima. Tras ellos, un álbum con canciones cuyo nexo en común era empezar por la letra "i", como fue *i* (2004) y otro presidido por el *feedback* y las guitarras distorsionadas, como *Distortion* (2008), dan fe del carácter veleidoso de un compositor de brillantez intermitente pero indiscutible, que luego remonta el vuelo con el quíntuple *50 Song Memoir* (2017).

# Mazzy Star

*Narcosis en el desierto*

1988-1997, 2010-2014
Santa Monica, California (EEUU)

La voz cándidamente malévola de Hope Sandoval y la guitarra esquiva y cruda de David Roback patentaron una de las fórmulas más singulares y hechizantes del rock alternativo norteamericano de los 90 y más allá. Él prove-

nía de Rain Parade, una de las bandas del sonido Paisley Underground que surgió en California como un esqueje más del Nuevo Rock Americano en los primeros 80. Tras aquel rodaje fundó Opal a mitad de década, con Kendra Smith, pero ésta se marcha en 1989 y su plaza es ocupada por una jovencísima Hope Sandoval, lo que obliga a cambiar el nombre del dúo resultante a Mazzy Star. Su debut, *She Hangs Bighbly* (1990), exhibe tempranamente las claves de un sonido que exhuma la vaharadas psicodélicas de The Doors o The Velvet Underground a través de letanías cadenciosas, sostenidas en la hipnótica languidez vocal de Sandoval y en la electricidad inquietante y larvada que emana de la guitarra de Roback. Su secuela, *So Tonight That I Might See* (1993), y el inesperado éxito de su single "Fade Into You", magnificado por el pujante foco alternativo, les consagra como banda de culto. Su canto del cisne, *Among My Swan* (1996) tampoco le va a la zaga, pero su corto recorrido comercial lleva a la disolución del dúo para dar paso a una larga travesía del desierto, durante la cual Hope Sandoval colabora con Air o Death In Vegas, y pone en marcha los notorios Hope Sandoval & The Warm Inventions, con tres estimables álbumes hasta la fecha, mientras David Roback compone para cine e incluso hace sus pinitos como actor. Casi veinte años después de su última entrega, editan *Seasons of your Day* (2013), que preserva todas sus cualidades como si el tiempo se hubiera detenido. Siguen siendo únicos.

# Minor Threat / Fugazi

*Directos a la mandíbula*

1980-1983/1986-2002
Washington D.C. (EEUU)

Ian MacKaye es sinónimo de compromiso insobornable, de escritura prolífica y batalladora, de espartano ejercicio ético al servicio de la independencia

creativa. Por algo se le atribuye la paternidad de la filosofía *straight edge*, aunque él se desmarque de ella. Fundador de Dischord, el sello emblemático del hardcore norteamericano desde los años 80, y mente pensante en proyectos como Teen Idles, Minor Threat, Embrace, Fugazi o The Evens. De ellos, los segundos y los cuartos han sido, sin duda, los que más peso específico han tenido en el devenir del rock alternativo. Minor Threat fueron la punta de lanza de la escena de Washington DC, que enarboló la antorcha hardcore como consecuencia lógica del punk, engendrando artefactos sonoros tan demoledores como *Minor Threat* (1981), *Out of Step* (1984) o *Salad Days* (1985), años más tarde reunidos sin problemas de espacio en *Complete Discography* (1989), dada la brevedad de los pildorazos que los componían.

Mucho más rica fue la carrera de Fugazi, junto a Guy Picciotto, Joe Lally y Brendan Canty. Más atentos a la dosificación de una propuesta post hardcore dinámica, física y en perpetua tensión, gestaron una secuencia de álbumes magistrales y en progresión continua: *Repeater* (1990), *13 Songs* (1990), *Steady Diet of Nothing* (1991), *In On The Kill Taker* (1993), *Red Medicine* (1995), *End Hits* (1998) y *The Argument* (2001). Su sombra es inabarcable, inspirando a Jawbox, Girls Against Boys, Unwound, Aina, At The Drive-In, No Age, Cloud Nothings, Japandroids y prácticamente a todo aquel que se ha abonado a la prédica de inflamados postulados post hardcore. Por contra, el dúo que forma desde 2001 junto a su compañera Amy Farina, The Evens, abogó en sus tres discos por registros más acústicos, implosivos y sutiles.

# M. I. A.

*Batidora global*

2000
Londres (Reino Unido)

Mathangi Maya Arulpragasam, de sangre tamil pero nacida en Londres, encarna el cruce de caminos sonoros que define el impacto global con el que se desarrollan hoy en días los flujos culturales. Su pulso reivindicativo (se crió en Sri Lanka en plena guerra civil) ha insuflado aire a un excitante discurso musical que se ha movido entre la electrónica, el pop, el hip hop, el grime, el dancehall o el bhangra, con frecuentes asociaciones con productores tan en boga como Diplo o Timbaland. Ha desarrollado su carrera como activista, fotógrafa, diseñadora, modelo y artista visual. Y la única objeción que cabe afearle hasta ahora es que no haya vuelto a igualar nunca las cotas de sus dos primeros álbumes, los excepcionales *Arular* (2005) y *Kala* (2007). El interludio musical de la Superbowl de 2012, cuando se marcó una peineta en plena actuación junto a Madonna y Nicki Minaj, marcó otro punto de inflexión mediático para una artista contradictoria pero capaz de atraer los focos hacia

su figura, aunque tanto en *MAYA* (2010) como en *Matangi* (2013), el promedio de excitación y frescura decayera. “Borders” (2015), uno de sus *singles* más recientes, fue ilustrado por ella misma con un *videoclip* que daba visibilidad al acuciante problema de las crisis migratorias que asolan Europa. Su nuevo álbum, *A.I.M.* (2016), con colaboraciones de Diplo, Skrillex y Blaqstarr, se anunció como el último antes de emprender un largo parón musical. Habrá que estar atentos para comprobar si cumple su palabra, aunque sería deseable que no lo hiciera.

# Mogwai

*El rock después del rock*

1995
Glasgow (Escocia)

Junto con los norteamericanos Tortoise, los escoceses Mogwai son la banda que más y mejor ha sabido enseñorearse de la etiqueta post rock, dotando a su música de una capacidad evolutiva que les ha convertido prácticamente

en un género en sí mismo, marcado por evocadoras escaladas de tensión instrumental sin correlato verbal. Despuntaron en 1995 en la escudería indie Chemikal Underground, desde Glasgow, aunque *Young Team* (1997) ya gozó de una repercusión que trascendía los lindes de aquella escena. *Come On Die Young* (1999) reafirma su valía, pero es *Rock Action* (2001), más directo y con pespuntes electrónicos, el que marca su cúspide como obra maestra. Desde entonces, han tenido la virtud de regenerarse sin caer en lo acomodaticio ni defraudar, aunque no repitiesen aquella cima. Tanto en su trayectoria, digamos, convencional, con *Happy Songs For Happy People* (2003), *Mr. Beast* (2006), *The Hawk is Howling* (2008), *Hardcore Will Never Die, But You Will* (2011) o *Rave Tapes* (2014), como en sus incursiones en el terreno de las bandas sonoras, con *Zidane: A 21st Century Portrait* (2006), *Les Revenants* (2013) o *Atomic* (2016).

# M. Ward

*Fantasía vintage*

1999
Portland, Oregon (EEUU)

Otorgando un barniz de contemporaneidad a códigos muy añejos, Matthew Stephen Ward ha conseguido poner de acuerdo a quienes beben los vientos por las lecturas clásicas del blues, del folk o del country y a los cazadores de tendencias que se invisten con el oropel de la modernidad. Su música encarna una tan inteligente síntesis *vintage* del cancionero americano que ya ha convertido su nombre en un clásico de nuestro tiempo. Y lo ha hecho al mismo ritmo que diversificaba su obra al frente del supergrupo Monsters of Folk (junto a músicos de My Morning Jacket, Bright Eyes o Centro-matic) o compartiendo trazo de sunshine pop con la actriz Zooey Deschanel en los deliciosos She & Him. Destacar un álbum de entre la discografía del de Portand (Oregón) es prácticamente inútil, porque todo lo que ha facturado –con ligeros matices– es irreprochable: al menos desde *Transfiguration of Vincent* (2003) hasta *More Rain* (2016), pasando por *Transistor Radio* (2005), *Post-War* (2006) *Hold Time* (2009) y *A Wasteland Companion* (2012). Sus canciones parecen habitar en una dimensión paralela, suspendidas en el tiempo, con la ingravidez propia de quien transita en una burbuja atemporal.

# Muse

*El sonido del apocalipsis*

1994
Teignmouth, Devon (Reino Unido)

Excesivos, grandilocuentes y abigarrados, los británicos Muse se han convertido en uno de los fenómenos más llamativos de entre todos los que han surgido de un fermento independiente. Porque aunque siempre han militado en multinacionales y ahora llenan estadios con las hechuras de unos Queen alternativos, tienen anclada su génesis en aquella predominante in-

fluencia que Radiohead propagaron –involuntariamente, con toda seguridad– en gran parte del pop inglés de finales de los 90. Y encabezan decenas de festivales que esgrimen sin sonrojo la etiqueta indie. Matt Belllamy, Chris Wolstenholme y Dominic Howard formaron el trío en Devon, en 1994. Y tanto su debut, *Showbiz* (1999), como su estruendosa secuela, *Origin of Simmetry* (2002), ambos con producción del reputado John Leckie, filtraban con muchos decibelios los preceptos que en aquel momento defendían de manera mucho más serena bandas como Elbow, Starsailor o Coldplay.

En su paleta cohabitaban tintes de glam rock, rock progresivo y algunos pespuntes electrónicos. La producción de Rich Costey reforzó el empalizado eléctrico de sus canciones en *Absolution* (2003), pero es *Black Hole & Revelations* (2006), con más protagonismo de la electrónica y unos textos que ya avistan su fijación por los fenómenos paranormales y las teorías conspirativas, el que les abre definitivamente el mercado norteamericano y les convierte en fenómeno de masas. La tónica ha continuado, con mayor o menor fortuna, en *The Resistance* (2009), *The 2nd Law* (2012) y *Drones* (2015), defendidos en directos tan espectacularmente desmesurados que resulta lógico que cuenten con tantos fans como detractores.

# My Bloody Valentine

*Hiel y azúcar*

1983-1997, 2007
Dublín (Irlanda)

Kevin Shields y Colm Ó Cíosóig forman My Bloody Valentine en Dublín en 1983, y algo más tarde se les unen Bilinda Butcher y Debbie Googe para dar forma a la alineación definitiva de una de la marcas más influyentes en la historia del rock, santo y seña del shoegaze. Esto es, la combinación de voces etéreas y casi angelicales con guitarras preñadas de distorsión y *feedback*. Melodías que rebosan dulzura, prácticamente oculta bajo la herrumbre tramada por un arsenal de pedales (de ahí el nombre del estilo, de esa propensión a mirar hacia abajo) y efectos de programación. Tras unos años de rodaje en pequeñas discográficas indies como Caleidoscope o Lazy Records, la ocasión para despuntar les llega cuando Alan McGee

les ficha para su sello Creation, en el que editan en muy poco tiempo el single "You Made Me Realise" y el álbum *Isn't Anything* (1988). Todo el potencial esbozado en él toma cuerpo tres años más tarde un su obra definitiva, *Loveless* (1991), vivificante tratado de rock viscoso y volcánico, que se convierte con el paso del tiempo en uno de los más influyentes de las últimas décadas.

Sin embargo, y en sintonía con los mayores logros de The Velvet Underground o Sonic Youth, su influjo fue más larvado que instantáneo, ya que ni mucho menos fue un éxito de ventas en el momento de su edición. Las más de 250.000 libras de la época que costó grabarlo, y que a punto estuvieron de llevar a Creation a la bancarrota, fueron la causa para que McGee les mostrase la puerta de salida. El perfeccionista y obsesivo Kevin Shields firma entonces con Island, pero su frustración a la hora de concretar el ingente caudal creativo que se agolpa en su cabeza le conduce a un bloqueo creativo (al más puro estilo Brian Wilson) que no depara resultados. La agonía termina en 1997, momento en el que la banda se disuelve, dando paso a una época en la que Shields se alista como músico de directo de Primal Scream y alterna colaboraciones con Yo La Tengo o Dinosaur Jr. Sin embargo, en 2008 My Bloody Valentine regresan a los escenarios y se marcan más tarde un imponente retorno discográfico que no abreva en la nostalgia estéril, sino que actualiza su palpitante discurso, con el sobresaliente *m b v* (2013).

# N

## The National

*Épica filtrada en blanco y negro*

1999
Cincinnati, Ohio (EEUU)

Propagando un sentido de la épica que se ha ido atenuando con el tiempo y atemperando progresivamente ciertos arrebatos de fibroso post punk a través de un sereno filtro en clave *noir*, los neoyorquinos The National se han asentado como una de las bandas más populares del rock alternativo norteamericano. Sin embargo, no siempre lo tuvieron fácil: ni *The National* (2001) ni *Sad Songs For Dirty Lovers* (2003), sus dos primeros trabajos, consiguieron

rebasar en su momento el ámbito del culto minoritario. Fue *Alligator* (2005) el que comenzó a abrir la espita para mayores cotas de notoriedad, gracias a su combinación de un sereno indie rock de cámara con brotes de intensidad rítmica como "Lit Up" o "Abel", macerados en su tono sombrío por la voz de barítono de Matt Berninger. El extraordinario *Boxer* (2007) depara una versión similar pero aún más enfocada, tras la que emprenden una etapa de calma y estabilidad que, paradójicamente, coincide con su fase de mayor eco popular. Es la que conforman *High Violet* (2010) y *Trouble Will Find Me* (2013), cercanos a la suntuosidad de Tindersticks o a los últimos Depeche Mode. Ambos discos han abastecido mayoritariamente sus multitudinarios directos en los últimos tiempos, antes de emprender un paréntesis que se traduce en aventuras paralelas como LNZDRF, EL VY o Invisible Bridge. Son garantía de solidez, al menos mientras no quemen su fórmula.

## New Order

*Cuerpo y máquina*

1980-1993, 1998-2007, 2011
Manchester (Reino Unido)

La travesía de New Order es una de las más fascinantes e influyentes del pop independiente de los últimos 30 años. Cuando Ian Curtis se quita la vida en mayo de 1980, los tres miembros restantes de Joy Division afrontan la disyuntiva de tirar la toalla o volver a empezar de cero con un nuevo vocalista. El nuevo nombre elegido por los de Manchester es New Order, y es su guitarrista Bernard Sumner quien asume las tareas vocales, formando un cuarteto que completan Peter Hook, Stephen Morris y la recién incorporada Gillian Gilbert. Tras un debut aún tan deudor de la sombra post punk de Joy Division como es *Movement* (1981), hacen realidad –quizá sin pretenderlo –uno de los deseos que Curtis (quien veía en Kraftwerk el futuro del pop) explicitaba en sus últimos días: somatizar la música electrónica para dar con un corpus creativo novedoso, algo que logran (tras visitas a las discotecas punteras de Nueva York y hacer migas con el productor Arthur Baker) en 1983 con "Blue Monday", maxisingle más vendido de la historia y piedra angular del pop electrónico de siempre. Prácticamente en paralelo,

editan *Power, Corruption & Lies* (1983), extraordinaria síntesis de exploración electrónica y trazo pop, abriendo una secuencia de obras magnas que continúa con *Low Life* (1985) y *Brotherhood* (1986), y que alternan con singles tan radiantes como "The Perfect Kiss", "Bizarre Love Triangle" o "True Faith", algunos ya incluidos en sus álbumes, que les convierten en una banda célebre en todo el mundo.

El inconmensurable *Technique* (1989), registrado en parte en Ibiza en pleno furor del *acid house* pero no exento de gemas pop como "All The Way" o "Dream Attack", corona su recorrido durante los 80, el que fue el mejor tramo de su obra. La implicación de Bernard Sumner en el fabuloso primer trabajo de Electronic (*Electronic*, 1991), la de Peter Hook en su banda Revenge y la de Morris y Gilbert en The Other Two, todos proyectos paralelos, retrasa y destensa su continuación, aquel irregular *Republic* (1993) que, no obstante, alentó single*s* tan imborrables como "Regret". Pese a ello, los 90 transcurren entre colaboraciones al margen de New Order y cierta dispersión, solo resuelta con *Get Ready* (2001), desigual entrega con extraños injertos rockistas y aportaciones de Bobby Gillespie o Billy Corgan. El flojísimo *Waiting For The Siren's Call* (2005) marca su punto más bajo, y un par de años más tarde Peter Hook abandona la nave de forma muy agria, inaugurando una larga ristra de litigios verbales y legales con el resto de la banda. Cuando ya nadie lo esperaba, *Music Complete* (2015) encarna la mejor versión de New Order en más de 20 años, ya con los gregarios Phil Cunningham y Tom Chapman como miembros de pleno derecho. La influencia global de su obra es tan vasta que hasta los últimos Primal Scream les evocan con abierta transparencia.

# Nirvana

*El grito primario*

1987-1994
Aberdeen, Washington (EEUU)

Sin menoscabar sus descarnados réditos creativos, la carrera de Nirvana tuvo más relevancia por lo que supuso como cambio de paradigma en la gran industria del disco que por sus canciones, por mucho que cientos de bandas hayan imitado su obra (desde peores ángulos) por todos los confines del globo. Derribaron compuertas que nadie había osado franquear, y abrieron el cielo de par en par para que infinidad de proyectos surgidos del underground y la independencia pudieran gozar de una amplia exposición mediática. El *boom* alternativo fue paralelo a su eclosión, sin duda. Kurt Cobain y Krist Novoselic habían formado Nirvana en Aberdeen (Washington), en 1987. Y su historia es, en un principio, la de otra banda más del noroeste norteamericano en pleno sarampión grunge: fichan por Sub Pop y editan allí el single "Love Buzz" (1988) y el álbum *Bleach* (1989), con la asistencia del productor de cabecera de aquella escena, Jack Endino. Sin embargo, no cuesta detectar ya entonces que en su propuesta, al margen del consabido aprecio por las formas rotundas y áridas de Black Sabbath, Meat Puppets o

Melvins, se abren rendijas de inspiración melódica que revelan su gusto por los Beatles o la escuela power pop.

Sostenidas en genuinos sarpullidos de ira sin adulterar, en exabruptos de angustia existencial sin bruñir, las canciones de Nirvana ostentan el brillo de los diamantes en bruto –aunque su rango expresivo es ciertamente limitado– y pronto ingresan en la multinacional Geffen (por recomendación de Sonic Youth), para que el sagaz productor Butch Vig pula su nueva remesa de canciones, ya con Dave Grohl a la batería: las que forman *Nevermind* (1991), uno de los discos más importantes de la historia. El álbum que no solo desbancó a Michael Jackson del podio de las listas de éxitos, oficializando un traspaso de poderes e inaugurando una nueva época, sino también el trabajo que redujo

la cuota de pantalla del chirriante hair metal y del rampante AOR a su mínima expresión. El single "Smells Like Teen Spirit" se convierte en un himno, concreción del desengaño de toda una generación, brindando la liberación de adrenalina en estado puro que los discos de los Pixies no habían logrado acercar al gran público. El éxito, no obstante, no atenúa la fragilidad emocional de un Cobain aquejado de una molesta dolencia estomacal y disfunciones familiares. Más bien al contrario: los peajes y servidumbres de la fama le atormentan, le sumen en un mar de contradicciones. Por eso cuando *In Utero* (1993) sale a la calle, mediado por la producción espartana y lijosa de Steve Albini, supone todo un aldabonazo de furia genuina en pleno territorio mainstream. Una flagrante peineta al imperio de las radiofórmulas, solo aligerada por el postrero *Unplugged In New York* (1994), de corte acústico. En abril de 1994, Kurt Cobain se descerraja un tiro en la cabeza y la historia de Nirvana queda finiquitada de cuajo, alentando una retahíla de exhumaciones discográficas que saquean hasta el último aliento de lo que quedó de ella. Y lo hace hasta nuestros días, como lo prueba *Montage of Heck: The Home Recordings* (2016). En 1995, Dave Grohl forma a los luego exitosos Foo Fighters, mientras Krist Novoselic hace lo propio con los fugaces y olvidables Sweet 75. Pero son los temas de Nirvana los que han ejercido una influencia descomunal sobre generaciones posteriores.

## Oasis

*Reciclaje brillante*

1991-2009
Manchester (Reino Unido)

Tomaron prestados varios trucos de The Faces, The Rolling Stones, The Who, The Jam y, sobre todo, de The Beatles, y con ellos edificaron el argumentario con más penetración popular de la generacion brit pop, jun-

to con Blur. Noel Gallagher, antiguo *roadie* de Inspiral Carpets, saltó a la fama junto a su hermano Liam de forma fulgurante, cuando en single*s* como "Supersonic", "Shakermaker" o "Live Forever" anticipaban el furor que en el verano de 1994 causaría su álbum de debut, *Definitely Maybe* (1994). El quinteto de Manchester blandía con orgullo las guitarras eléctricas y los estribillos con denominación de origen británica, en un momento marcado por la necesidad de la industria de su país de dar respuesta a la dominación norteamericana que encarnaba el grunge. Cifrando su seducción en el descaro, la arrogancia y el encaje sin sonrojos de un legado sonoro con pedigrí, los Oasis de sus dos primeros álbumes son prácticamente imbatibles, capaces de disipar sospechas con un temario que en *What's The Story, Morning Glory?* (1995), también editado en el sello Creation, sigue puntuando muy alto.

A partir del endeble *Be Here Now* (1997), con sonoras desavenencias entre Noel y Liam amenazando la estabilidad de la nave y cambios en su formación, su discurso comienza a hacer aguas de forma visible, alternando lo plúmbeo (*Standing In The Shoulder Of Giants*, 2000) con algún repunte de inspiración, más sustentado en el oficio que en la genialidad (*Don't Believe The Truth*, de 2005, o *Dig Out Your Soul*, de 2008). Tras la crónica de su anunciadísima muerte como banda –de momento, al menos– , quedó muy claro quién componía el grueso de sus canciones: Noel Gallagher tramó una irregular aunque interesante obra como Noel Gallagher's High Flying Birds, con bifurcaciones a vías de servicio en las que la psicodelia y la electrónica cobran cierto protagonismo, mientras Liam comandaba a los mediocres Beady Eye. Los 90 no se entenderían sin Oasis, en todo caso.

# Orange Juice

*Guitarras blancas, alma negra*

1979-1985
Glasgow (Escocia)

Los Orange Juice de Edwyn Collins facturaron un primer single en el sello Postcard, en 1980, que costó menos de 100 libras. El indie apenas estaba en pañales en aquel momento, pero "Falling & Laughing", "Poor Old Soul" o "Blueboy" (que daría nombre a una banda de Sarah Records años más tarde) ya perfilaban una forma singular y reconocible de componer canciones y de manejarse en los márgenes de la industria, marcada en su caso por la recuperación de estilos nobles (jangle pop, soul, música disco) que parecían haber perdido el paso de la actualidad, y por el abierto desprecio a corrientes imperantes que estaban mucho más en boga. Formados en Glasgow en 1976 como Nu-Sonics, el cuarteto que completaban David McClymont, James Kirk y Steven Daly se convirtió en la niña de los ojos de Alan Horne (Postcard), pero fue finalmente Polydor quien editó *You Can't Hide Your Love Forever* (1982), su brillante álbum de debut.

*Rip It Up* (1982), con el ingreso de Zeke Manyika potenciando la veta más funk de su sonido, confirmó su valía y alentó su mayor éxito en listas con su tema titular. Sin embargo, el EP *Texas Fever* (1984) y el álbum *The Orange Juice* (1985) se convirtieron en sus últimas referencias, ya con Collins como único superviviente de la formación original. El influjo de la banda ha sido muy considerable con los años sobre cualquier sustrato indie, en paralelo a la notable carrera en solitario de Edwyn Collins, quien ha enarbolado por su cuenta una secuencia de álbumes prolífica y sustanciosa, que ni siquiera una hemorragia cerebral sufrida en 2005 y su posterior afasia han podido segar.

# P

## Pavement

*El arte de lo desmañado*

1989-1999, 2010-2011
Stockton, California (EEUU)

Trazaron un repertorio escarpado y repleto de aristas, alimentado de guitarras a ratos disonantes y esquinadas, y a ratos esculpidas como sedosas caricias. Hicieron bandera de aquella aparente apatía *slacker* tan de los primeros 90, de una forma de entender el rock como algo espontáneo y sin pulir, y también dejaron un buen puñado de estribillos para la posteridad. Pavement marcaron algunas de las cimas del indie rock norteamericano de aquella década, especialmente en sus tres espléndidos primeros álbumes, el hirviente *Slanted & Enchanted* (1992), el certero *Crooked Rain, Crooked Rain* (1994) y el ecléctico *Wowee Zowee* (1995). Stephen Malkmus, Mark Ibold, Scott Kanberg y compañía evocaban desde Stockton (California) la ebullición re-

petitiva de The Fall, la cadencia traqueteante de The Velvet Underground, los sarpullidos de ira de Pixies o las angulosas andanadas de Swell Maps en canciones desvencijadas y carnosas, de las que instan a que se les hinque el diente a la primera.

Sus directos eran deliciosas muestras de aparente anarquía, ceremonias de caos controlado que se ciscaban en la solemnidad espiritual que emanaba del grunge, que tan en serio parecía tomarse a sí mismo. Las portadas de sus discos eran tan imprevisibles y crípticas como su propio repertorio, no exento de *hits* alternativos como "Summer Babe", "Cut Your Hair" o "Rattled By The Rush". Tras los estimables –aunque más tibios– *Brighten The Corners* (1997) y *Terror Twilight* (1999), se separaron. Y tras aventuras como los fugaces Preston School of Industry, de Kanberg, y en paralelo al trayecto en solitario de Malkmus (con *Mirror Traffic*, de 2011, como mejor disco), volvieron a reunirse en 2010 para una larga gira que no vislumbró nuevas canciones.

# Pearl Jam

*Integridad de estadio*

1990
Seattle, Washington (EEUU)

No parecía una perspectiva muy realista cuando debutaron con el épico *Ten* (1991), pero Pearl Jam se consolidaron como la formación más próspera y de mayor recorrido de toda la generación grunge, conjugando su indudable poder de convocatoria con loables muestras de integridad creativa, infrecuentes en bandas de su talla. Eddie Vedder, Mike McCready, Stone Gossard, Jeff Ament y Dave Abruzzesse consolidaron su primera formación estable, la que completó su trilogía inicial, tras el mencionado

*Ten* (que llegó a competir con el *Nevermind* de Nirvana en copias despachadas), con *Vs.* (1993) y *Vitalogy* (1994). Provenían de Seattle y militaron desde un principio en la multinacional Epic, pero su carrera adquirió un tinte de legitimidad a ojos de los más escépticos cuando aceptaron el envite de ser la banda de apoyo de su adorado Neil Young en el notable *Mirror Ball* (1995) de este último, en un humilde gesto de gregarismo.

Distanciándose aún más de la grandilocuencia de sus inicios, *No Code* (1996) apura su energía filtrándola a través de muchos más matices, para volver a su relato de rock directo al esternón con *Yield* (1998). Y luego afrontaron el nuevo siglo con su sonido convertido en una marca clásica, fiable y generalmente inmune a los deslices, combinando su compromiso ético y político (su polémica con Ticketmaster a cuenta de su monopolio *de facto* sobre la venta de entradas, su participación en la gira *Vote For Change* contra la reelección de George W. Bush en 2004) con la factura de trabajos tan solventes como *Pearl Jam* (2006), *Backspacer* (2009) o *Lightning Bolt* (2013). Consiguiendo, en síntesis, que su cruce de caminos entre un hard rock tortuoso y cierta honestidad proletarial del rock para grandes audiencias cuajase en fórmula ya clásica de nuestro tiempo.

# Pixies

*Patriarcas con galones*

1986-1993, 2004
Boston, Massachusets (EEUU)

Descerrajando una volcánica relectura del hardcore con trazo propio y un halo de exotismo, los bostonianos Pixies se convirtieron en la banda más influyente para sucesivas generaciones del rock alternativo norteamericano, junto con Hüsker Dü y Sonic Youth. Se separaron sin alcanzar repercusión masiva, justo en el momento en el que Nirvana empezaban a recoger los frutos que ellos mismos habían sembrado, pero desde entonces el paso del tiempo no hizo más que acrecentar un prestigio del que hoy en día viven con resuelto acomodamiento, quintuplicando en sus directos las audiencias que congregaban en su etapa mollar. Black Francis, Kim Deal, Joey Santiago y David Lovering forman Pixies en 1986, y un año más tarde editan en 4AD (el sello en el que

militan sus amigos Throwing Muses) un *Come On Pilgrim* (1987) que concreta la bendita excentricidad del universo lírico y sonoro de Francis, plagado de metáforas sexuales y religiosas, entre un elenco de atavismos expuestos a veces en *spanglish* (fruto de sus experiencias en Puerto Rico) y orlados sobre la afilada guitarra eléctrica de Santiago. Su potencial es advertido por Steve Albini, quien lleva a cabo con ellos una de sus primeras producciones modélicas, el descomunal *Surfer Rosa* (1988), tratado de rock indomable, feroz y genuino, en el que empieza a sacar cabeza el nunca completamente desarrollado talento compositivo de Kim Deal ("Gigantic").

El productor Gil Norton pule sus aristas en el también sobresaliente *Doolittle* (1989), obra maestra que ratifica su ambivalencia para los arrebatos de furia incontrolable y las melodías diáfanas y memorables, y que les encumbra como la banda alternativa del momento. El notable *Bossanova* (1990) mantiene bien erguido el listón a base de reforzar la fijación de Black Francis por el espacio exterior y la ufología, y su querencia por desvíos surf rock, al tiempo que Kim Deal forma en paralelo The Breeders, originalmente con Tanya Donelly (Throwing Muses, Belly). Un año más tarde, y sin saber entonces que sería su despedida, Pixies despachan su versión más metálica con el estupendo *Trompe Le Monde* (1991), epitafio involuntario que da luego paso a la consolidación de las Breeders de Kim Deal con el rotundo *Last Splash* (1993) y a una carrera errática de Black Francis en solitario, con el nombre de Frank Black, jalonada por los estimables *Teenager of the Year* (1994) o *Honeycomb* (2005). Superando viejas rencillas, Black Francis, quien había disuelto la banda unilateralmente once años antes, reúne de nuevo a Pixies para una multitudinaria gira en 2004, que se repite periódicamente hasta nuestros días (con el reemplazo de Kim Deal en 2013 al bajo, primero por Kim Shattuck y luego por Paz Lenchantin) y que generó el olvidable *Indie Cindy* (2014), compendio de tres EPs. Dos años después editaron *Head Carrier* (2016), un último álbum en el que avivan la inspiración, aunque su endeble recta final lo menoscabe. Hoy en día viven de rentas pasadas, pero la verdad es que se lo ganaron a pulso durante un lustro rutilante.

# Portishead

*La angustia hecha elegancia*

1991
Bristol (Reino Unido)

De la santísima trinidad del trip hop que germinó en Bristol en los primeros 90 (Massive Attack, Tricky, Portishead), es el trío formado por Geoff Barrow, Beth Gibbons y Adrian Utley el que más hechuras luce en común con el pop independiente, tanto por su mayor cuota orgánica como por los nexos de sus miembros con músicos de su órbita. Beth Gibbons se alió con Paul Webb (Talk Talk) en *Out of Season* (2002), aquel delicioso disco a nombre de Beth Gibbons & Rustin Man. Geoff Barrow y Adrian Utley se implicaron en la producción de *The Invisible Invasion* (2005), tercer trabajo de The Coral. Y Barrow produjo, ya por su cuenta, el mejor disco en la carrera de The Horrors, *Primary Colors* (2009). Aunque tanto *Dummy* (1994) como *Portishead* (1997) son las dos obras magnas por las que serán siempre recordados Portishead: envolventes y seductores dechados de angustia emocional, sostenidos sobre sampler*s*, tramas electrónicas y aderezos orgánicos, tamizados a través de una elegancia que casa con el cine negro y tiene en la simpar interpretación vocal de Beth Gibbons su gancho más revelador. Tras un largo paréntesis, y cuando parecía imposible siquiera acercarse a aquella magnificencia, despacharon un *Third* (2008) que renovaba su embrujo a golpe de injertos industriales. Desde entonces, giran sin desmayo pero no entregan material nuevo.

# Prefab Sprout

*Guarida de canciones celestiales*

1978
Durham (Reino Unido)

El británico Paddy McAloon es uno de esos compositores capaces de crear un universo sonoro con idiosincrasia propia a su alrededor. Abrevando en la era de los grandes musicales de Hollywood, el Brill Building, la bossa nova, el rock' n' roll primigenio (y los mitos populares norteamericanos a él asociados) y, por supuesto, en los albores del indie británico. Y siempre con el valor añadido de la perdurabilidad, por cuanto su obra apenas sufre desgaste. Debutó con el single "Lions In My Own Garden", editado por el sello indie Kitchenware, radicado en su ciudad, Newcastle (Reino Unido), y comenzó a plasmar más ampliamente su imaginario en el sugerente *Swoon* (1984). Un año más tarde llega su gran obra maestra, *Steve McQueen* (1985), con Thomas Dolby puliendo once gemas de pop en estado puro, y recaba su mayor pico de popularidad con el exitoso *From Langley Park To Memphis* (1988) y singles como "Cars and Girls" o "The King of Rock and Roll". El ambicioso y abigarrado *Jordan: The Comeback* (1990) es otra obra mayor, la última de un trayecto que desde entonces depara intermitencias, debidas también a su carácter algo ermitaño y a sendas dolencias (en visión y oído) que le imposibilitan salir de gira, pero no pulir revisiones acústicas de su temario como la que propinó a *Steve McQueen* para su reedición de 2007. Aún así, *Andromeda Heights* (1997), *The Gunman & Other Stories* (2001), *Let's Change The World With Music* (2009) y *Crimson/Red* (2013) ofrecen motivos para renovar periódicamente la fe en su sensible y prodigioso trazo.

# Primal Scream

*La guerrilla mutante*

1982
Glasgow (Escocia)

Hay quienes les acusan de advenedizos. De arrimarse al sol que más calienta. Pero pocas objeciones se le pueden poner a una banda que ha sido clave en tantas encrucijadas: en la generación indie del C-86, en la fusión de electrónica, rock y psicodelia de los primeros 90 y dando la puntilla a la angustia pre-milenio con el cyber punk que blandieron a principios de los 2000. Por

si fuera poco, acogieron a Kevin Shields (My Bloody Valentine) y a Mani (Stone Roses) en su seno, lo que unido a la militancia de su líder Bobby Gillespie en los primeros The Jesus & Mary Chain y a su estrechísima relación con Alan McGee y su sello Creation, confirma que la historia de Primal Scream está inoculada en la propia espina dorsal del rock independiente de los últimos 30 años.

Algo que no es óbice para que su carrera admita baches: el resultón pero regresivo rock sureño de *Give Out But Don't Give Up* (1994) y el *stoniano Riot City Blues* (2006), o la repetición mate de esquemas *electro rock* de *Beautiful Future* (2008), son algunos de sus capítulos más discutibles. Pero la plasticidad lisérgica del memorable *Screamadelica* (1991), junto a Andrew Weatherall, la viscosa toxicidad de *Vanishing Point* (1997) o la metralla apocalíptica de *XTRMNTR* (2000), son palabras mayores. Su evolución, desde el cándido indie pop con influjo de The Byrds o The Velvet Underground de *Sonic Flower Groove* (1987) hasta la síntesis de sus últimas etapas que han plasmado en *Chaosmosis* (2016), resulta encomiable, y valida a los de Glasgow como un ente mutante de primer orden, en cuyo perfil han jugado un papel importante el pop, el rock and roll clásico, el dub, la electrónica y la psicodelia.

# Pulp

*Pintalabios, voyeurismo y gente corriente*

1978-2002, 2011-2013
Sheffield (Reino Unido)

Jarvis Cocker es el *underdog* por excelencia en el devenir del indie británico: ese joven excéntrico, incomprendido y algo marginado, que logra el éxito popular tras años de bregar ante la indiferencia o la mofa, tomándose cumplida revancha de tanto ostracismo. La culpa la tuvieron los brillantes *His 'n' Hers* (1994), *Different Class* (1995) y *This Is Hardcore* (1998), tres discos magistrales en los que sus Pulp aligeraban sus filias a Roxy Music o David Bowie para converger con la herencia new wave, la música disco o la teatral suntuosidad de Scott Walker, dotando de vivificante trama sonora a una era *brit pop* en la que fueron subsumidos solo por una simple cuestión coyuntural. Porque hasta entonces habían pasado por una auténtica travesía del

desierto, con trabajos tan intermitentes y poco apreciados como *It* (1983), *Freaks* (1987) o *Separations* (1992).

Tras su explosión comercial de mitad de los 90, con una formación renovada y apuntalada en el contagioso costumbrismo de temas como "Do You Remember The First Time?", "Common People" o "Something Changed", y habiendo escenificado la resaca del éxito en maravillas como "This Is Hardcore", Pulp cumplieron uno de sus viejos sueños: que Scott Walker les produjera un álbum, en su caso el elegante y sereno *We Love Life* (2001). Luego llegó un parón que solo han desmentido para puntuales citas en directo, y que Jarvis Cocker, uno de los personajes más inteligentes y carismáticos del pop británico, ha hecho más llevadero a sus fans con dos discos en solitario, el excelente *Jarvis* (2006) y el irregular *Further Complications* (2009).

# Pussy Galore / The Jon Spencer Blues Explosion

*Sudor, sexo y bilis*

1985-1990/1991
Washington DC/Nueva York (EEUU)

La influencia de los abrasivos Pussy Galore, banda formada en 1985 en Washington D.C., se explica no solo a través de algunos de los discos con los que trituraron la herencia de los New York Dolls o The Velvet Underground en la segunda mitad de los 80 (como *Right Now!*, de 1987, o *Dial M for Motherfucker*, de 1989), sino por su condición de semillero de algunos de los músicos más salvajemente indómitos del indie rock norteamericano de los 90. Antes de su disolución, su líder, el histriónico Jon Spencer, había formado Boss Hog junto a su mujer, Cristina Martínez (también miembro de la banda), prolongando una marca que se adentraría en los 90. El guitarrista Neil Hagerty hizo luego lo propio y montó los flamígeros Royal Trux junto a Jennifer Herrema. En los 2000 formaría The Howling Hex. Pero el *spin off* más célebre e importante de Pussy Galore fue The Jon Spencer Blues Explosion, el trío que Spencer integró junto a Judah Bauer y Russell Simins. Deconstruyendo el blues y el rock and roll clásico en una probeta rebosante de virulencia, y añadiendo elementos extraídos de la rítmica hip hop o una protoelectrónica de vertedero, suyos son discos capitales como *Extra Width* (1993), *Orange* (1994), *Now I Got Worry* (1996) o *Acme* (1998). En la siguiente década bajó el listón con entregas menores, atrapadas en su propio estereotipo, como *Plastic Fang* (2002), *Damage* (2004) o *Meat+Bone* (2012), compaginando la Blues Explosion con Heavy Trash, proyecto de corte más clásico y tendencia rockabilly junto a Matt Verta-Ray. Y aunque su carrera haya perdido fuelle, no está de más recodar que la Jon Spencer Blues Explosion fue, durante unos años, una de las mejores bandas del planeta sobre un escenario.

# Radiohead

*La cuadratura del círculo*

1985
Abingdon, Oxfordshire (Reino Unido)

La carrera de los británicos Radiohead dibuja lo más parecido a la cuadratura del círculo en la galaxia indie: han logrado inusitadas cotas de popularidad sin renunciar a unos principios basados en la indagación sónica y en ciertos planteamientos de vanguardia, a veces refractarios a las leyes del gran mercado. Pocos podían predecirlo cuando debutaron con el discreto *Pablo Honey* (1993) como banda de guitarras agrestes, sacando cabeza cuando el brit pop aún estaba lejos de marcar su *photo finish* como respuesta al grunge. Su evolución hacia una electrónica intrigante, deudora de sellos como Warp, quedaba aún muy lejos en los tiempos en los que "Creep", su primer single de impacto (extraído de aquel álbum), podía dar la visión errónea de que eran tan solo unos *one hit wonders*. *The Bends* (1995) ratificó la épica rock de su debut, tras los pasos de U2, pero el gran giro que reorientó su carrera llegó con el serpenteante dramatismo de *OK Computer* (1997), producido por Nigel Godrich y considerado por muchos como la obra cumbre de la angustia de fin de siglo aplicada al rock. Un trabajo de cocción lenta e influencia larvada, con canciones tan populares como "Karma Police" o "Paranoid Android", y una onda expansiva que marcó durante al menos un lustro a nuevas formaciones que fueron naciendo en Gran Bretaña, como los primeros Coldplay, Muse, Elbow, Doves o algunos momentos de la discografía de Placebo o Travis. A partir de entonces, la banda formada en Oxford en 1990 por Thom

Yorke, Jonny Greenwood, Ed O'Brien, Colin Greenwood o Phil Selway, se convierte en un nombre de referencia.

La electrónica y la experimentación –dentro de unos límites, sin grandes desafíos para el oyente versado aunque aventuradas a oídos del gran público– cobran mayor relieve con el cambio de siglo, desmarcándose de su legión de émulos al ritmo de discos como *Kid A* (2000), en el mismo año en el que Thom Yorke descolla como colaborador de excepción en discos de Björk (*Selmasongs*, 2000) o PJ Harvey (*Stories From The City, Stories From The Sea*, 2000). La maniobra pronto depara una suerte de hermano gemelo, *Amnesiac* (2001), más irregular. Tratando de combinar las texturas electrónicas de estos dos últimos discos con la factura guitarrística de sus canciones más reconocibles de antaño, Radiohead despachan *Hail To The Thief* (2003), una suerte de síntesis entre ambas facetas. Tras debutar en solitario con el críptico *The Eraser* (2006), Thom Yorke vuelve a tomar las bridas de la banda para entrar en una última etapa que prolonga un sonido ya muy reconocible, siempre huyendo de los ganchos melódicos obvios y decantándose por tramas tenues y dotadas de cierto misterio, aproximándose desde una óptica propia a postulados kraut rock o post rock. Es la que corresponde a discos como *In Rainbows* (2007), que resonó con fuerza tras ser inicialmente difundido por internet a un precio a voluntad del consumidor, *The King of Limbs* (2011) y *A Moon Shaped Pool* (2016). Hoy en día Radiohead espacian cada vez más sus entregas, pero recaban tratamiento de reclamo capital en cualquier gran cita en directo, con honores de nombre de referencia y gozando del aprecio de una parroquia masiva.

# Red House Painters

*El arte de la pesadumbre*

1989-2001
San Francisco, California (EEUU)

Extrayendo inusitadas cotas de belleza de la más pura desolación, el proyecto más renombrado de Mark Kozelek se erigió en una de las marcas más taciturnas del rock alternativo norteamericano de los 90. Lo asociaron desde muy pronto a la angustia existencial del también californiano Mark Eitzel y sus American Music Club, pero desde un principio quedó claro que los contornos de Red House Painters tenían perfil singular, marcados por letanías de hondo calado emocional, austeridad folk acústica con ciertas inyecciones de electricidad y el inconfundible timbre vocal de Kozelek. Su debut, *Down Colourful Hill* (1992), mostraba un encanto aún algo fragmentario, pero los homónimos *Red House Painters* (1993) –conocido como el álbum de la montaña rusa en portada– y *Red House Painters* (1993) –conocido como el del puente– marcan una forma tan personal como sublime de exorcizar demonios interiores, rematada con el también excelente *Ocean Beach* (1995). Su música al ralentí y de tonos sepia, fiel emblema de 4AD, empieza a flojear cuando ingresan en Island para facturar el endeble *Songs For a Blue Guitar* (1996), aunque en Sub Pop recuperan su mejor tono con el póstumo *Old Ramon* (2001). Desde entonces, Kozelek ha consolidado su maestría bajo el nombre de Sun Kil Moon escalando nuevas cumbres creativas, como *Ghosts of the Great Highway* (2003) o *Benji* (2014), o en sus jugosas colaboraciones con la electrónica de alcoba de Jimmy Lavalle, el folk miniaturista de Desertshore o el rock industrial de Jesu.

# R.E.M.

*Integridad y éxito*

1980-2011
Athens, Georgia (EEUU)

La historia de los cuatro de Athens (Georgia, EEUU) es un relato de prosperidad comercial ganada a pulso, tras años de picar piedra en las canteras del college rock norteamericano, y de compromiso irrenunciable con su propio pálpito creativo, siempre tratando de no repetir fórmulas y esquivando las expectativas del público y de esa gran industria discográfica de la que acabaron formando parte. Pese a despachar millones de álbumes, son una referencia indiscutible del rock independiente o alternativo, un faro que ha guiado los pasos de cientos de bandas en todo el mundo. Michael Stipe, Peter Buck, Mike Mills y Bill Berry se alían en 1980, y dos años más tarde expiden su tarjeta de presentación, el EP *Chronic Town* (1982), en el que conjugan la new wave, las sombras del incipiente Nuevo Rock Americano con su poso jangle pop heredado de The Byrds y el misterioso imaginario sureño, tan enigmático como los textos de Stipe, en una fórmula única. *Murmur* (1983), con su indescifrable hechizo, se convierte en uno de los

mejores álbumes de debut de los 80. *Reckoning* (1984) refrenda su valía y *Fables of the Reconstruction* (1985), producido por Joe Boyd, depara su cara más sombría. Posteriormente, el díptico que forman el aguerrido *Lifes Rich Pageant* (1986) y el politizado *Document* (1987) les confiere el aura de una de las maquinarias rock mejor engrasadas del mundo, hasta que parecen tocar techo con el salto a la multinacional Warner que sustancia *Green* (1988), que bascula entre dianas de rock acerado y sentidas letanías folk, tras varios años en el sello IRS.

Los 90 inauguran una nueva fase para ellos, convertidos en banda de éxito mundial, desde que *Out of Time* (1991) y el single "Losing My Religion" reventaran las listas. Un año más tarde alcanzan su cima creativa con el insuperable *Automatic for the People* (1992), otro éxito de ventas. Con *Monster* (1994) se arriman a la fiera rugosidad del rock alternativo imperante, con colaboración de Thurston Moore y un tributo velado a Kurt Cobain, pero en *New Adventures in HI-FI* (1996) vuelven a dar otro cambio de tercio, más irregular, pese a una notable colaboración con su adorada Patti Smith. Tras recuperarse de un aneurisma cerebral sufrido en plena gira, Bill Berry abandona R.E.M. en 1997 y el trío resultante –desde entonces arropado por una nómina de experimentados gregarios– factura el magnético *Up* (1998), sostenido en sutiles tramas electrónicas. Los 2000 constatan que sus mejores días son cosa del pasado, con una secuencia descendente de discos que baja el listón con *Reveal* (2001) y toca suelo con el olvidable *Around The Sun* (2004). Sin embargo, esbozan un último golpe de genio con la vuelta a las esencias rockeras de *Accelerate* (2008) y esa notable síntesis de algunas de sus etapas que es *Collapse Into Now* (2011), preludio a su disolución. Fueron ejemplares, en todos los sentidos.

# The Replacements

*Eternos aspirantes*

1979-1991, 2012-2015
Minneapolis, Minnesota (EEUU)

Estuvieron siempre a la sombra de bandas más populares, como R.E.M. Lastrados por su atrabiliario carácter y ensombrecidos por la falta de resonancia

popular que su obra merecía. Pero los Replacements fueron pieza indispensable del engranaje de aquel rock underground norteamericano que sembró la simiente para la eclosión alternativa de los 90. Paul Westerberg, Bob Stinson, Tommy Stinson y Chris Mars unen fuerzas en 1979, y desde entonces escriben el capítulo más brillante del rock de Minneapolis en los 80, junto con Hüsker Dü. Una historia de excesos, desavenencias, alcohol, autosabotaje y grandísimas canciones, que fueron ganando peso a medida que Westerberg se desligaba de las limitaciones punk y hardcore que habían predominado en *Sorry Ma, Forgot To Take Out The Trash* (1981), el EP *Stink* (1982) y *Hootenanny* (1983). Ocurrió en el soberbio *Let It Be* (1984), en el que aúnan el descaro de los Rolling Stones o los Faces, la rabia del punk, la clarividencia melódica del mejor pop o unas inéditas hechuras de *crooner*.

La receta cobra aún mejores réditos creativos en los excepcionales *Tim* (1985) y *Pleased To Meet Me* (1987), pero sus ventas no satisfacen las expectativas de la subsidiaria Sire, y cuando tratan de mostrar su faz más pulida, no salen mejor parados: el irregular *Don't Tell a Soul* (1989) es la prueba. Con la banda ya prácticamente disuelta, *All Shook Down* (1990) se convierte en epitafio, aunque es prácticamente un trabajo en solitario de Paul Westerberg, quien había ya prescindido antes de Bob Stinson (quien fallecería en 1995), y luego editaría a su nombre los estupendos *14 Songs* (1993), *Eventually* (1996) y *Suicaine Gratifaction* (1999). Entre 2012 y 2015, y junto a Tom Stinson y a los recién incorporados Dave Minehan y Josh Freese, Westerberg reunió a los Replacements para varias giras, acogidas con entusiasmo pero sin ningún viso de continuidad.

# S

## Saint Etienne

*Retrofuturismo inteligente*

1990
Londres (Reino Unido)

Son la clase. La elegancia. El volcado de un enorme caudal de referencias culturales en un brebaje que participa de los modismos del pop eurovisivo añejo, el indie, la herencia *sixtie*, la música disco o la electrónica más sutil. Como buen artefacto creado por dos periodistas musicales, Bob Stanley y Pete Wiggs, quienes forman el trío junto a la vocalista Sarah Cracknell desde 1990. Los londinenses Saint Etienne son un proyecto conceptual cuyas celebradas versiones de material ajeno ya dan buena cuenta de su amplitud de miras: "Only Love Can Break Your Heart" (Neil Young), "Who Do You Think You Are?" (Jigsaw) o "Let's Kiss and Make Up" (The Field Mice). Entre sus álbumes hay acercamientos tangenciales a la cultura house (*Foxbase Alpha*, 1991), evocaciones del pop más exquisito de los 60 (*So Tough*, 1993), aleaciones de folk, dub y electrónica (*Tiger Bay*, 1994), explosiones de pop caleidoscópico (*Good Humor*, 1998) o synth pop geométrico y de tiralíneas (*Sound of Water*, 2000). Aunque luego se decantaran, ya sin el aura de frescura que irradiaban en los 90, por apañadas síntesis de sus anteriores etapas (*Finisterre*, 2002; *Tales From Turnpike House*, 2005).

Nostálgicos por naturaleza, facturaron un último trabajo (*Words and Music by Saint Etienne*, 2012) que renovó con fortuna los votos en su inteligente retrofuturismo.

# Sebadoh

*Confesiones en baja fidelidad*

1986
Northampton, Massachusets (EEUU)

"Gimme Indie Rock", facturado en 1991, es uno de los himnos definitivos del indie rock norteamericano inmediatamente previo a la eclosión comercial de Nirvana. Su autor, Lou Barlow, había formado Sebadoh junto a Eric Gaffney en 1987, como un proyecto paralelo a su labor como bajista en Dinosaur Jr. Pero cuando J Mascis le invita a abandonar Dinousar Jr., en 1988, se centra definitivamente en su proyecto, ya con Jason Lowenstein completando trío.

Hasta entonces habían editado los inconsistentes *The Freed Man* (1989) y *Weed Forestin'* (1990), pero a partir del efervescente *Sebadoh III* (1991), se convierten en consumados adalides del sonido lo fi, aunando pop destartalado, sarpullidos noise, folk bizarro y un latente pulso confesional que iría modulándose en soberbias canciones, en medio de una aparente anarquía de trazo casero y sin pulir. *Bubble and Scrape* (1993) incrementa el promedio de temas notables, y en el sobresaliente *Bakesale* (1994), ya sin el concurso de Gaffney, tanto la capacidad compositiva de Barlow como la de Lowenstein adquieren su cota más brillante. *Harmacy* (1996) mantiene el buen tono, pero *The Sebadoh* (1999), curiosamente su único álbum editado en multinacional, constituye una despedida muy discreta. Hasta que catorce años después, y con Lou Barlow ya formando parte del retorno de Dinosaur Jr. (sin duda más lucrativo), entregan *Defend Yourself* (2013), un solvente regreso que no aporta novedades dignas de mención, pero tampoco emborrona su legado.

# Sleater-Kinney

*La excepcionalidad como norma*

1994-2006, 2014

Olympia, Washington (EEUU)

Surgieron cuando el grunge estaba en la cresta de ola y compartieron no pocos presupuestos con las bandas de la generación riot grrrl, pero este trío femenino de Olympia acabó por trascender cualquier coyuntura para erigirse en una de las más insobornables y urgentes bandas de rock del planeta. Sus canciones, convulsas erupciones de rock desatado, sometidas a bruscos cambios de ritmo y bandeadas por febriles vaharadas melódicas, marcan un punto y aparte en el panorama rock actual, ya sea alternativo o convencional. Con frecuentes dosis de denuncia al patriarcado, la codicia capitalista o el rol de los medios de comunicación. Corin Tucker y Carrie Brownstein dan forma a Sleater-Kinney en Olympia (Washington), en 1994. Un par de años más tarde se les uniría Janet Weiss a la batería, hasta entonces sin mando fijo. Los furibundos *Sleater-Kinney* (1995) y *Call the Doctor* (1997) jalonan su primera etapa, hasta que el sobresaliente *The Hot Rock* (1999) expande con acierto su abanico de intereses, generando un *runrun* mediático que se confirma con el crudo *All Hands on the Bad One* (2000) y el elástico *One Beat* (2002). Con *The Woods* (2005) subliman una fórmula que también bebe del hard rock de los 70, con producción de Dave Fridmann, y cuando un largo parón de diez años parecía poner fin a su carrera, resurgen con el extraordinario *No Cities To Love* (2015). Son una banda de verdad imprescindible.

# Slint

*El enigma reptante*

1986-1990, 2005-2007, 2013-2014
Louisville, Kentucky (EEUU)

La de este cuarteto de Kentucky no fue una trayectoria precisamente popular, pero su breve discografía fue clave en la posterior irrupción del post rock, diseminando ecos que también se hicieron notar en las escenas math rock o post hardcore. Brian McMahan, David Pajo, Britt Walford y Ethan Buckler formaron Slint en Louisville (Kentucky), en 1986. Surgidos de las cenizas de Squirrel Bait, formularon un debut, *Tweez* (1989), en el que la producción de Steve Albini afilaba una amalgama de ritmos fracturados y agrestes andanadas sónicas. Pero el disco que les garantizó el pase a la eternidad fue el magmático *Spiderland* (1991), en el que trocan fiereza por sinuosidad, con Todd Brashear sustituyendo a Buckler, y también editado en la indie de Chicago Touch & Go. Un álbum casi inadvertido en su tiempo, pero seminal años después. La inclusión de "Good Morning Captain", su tema estrella, en la banda sonora del film *Kids* (Larry Clark, 1995), avivó el interés por su obra, que llevan recuperando sobre los escenarios desde hace más de una década, pese a que sus miembros ya llevaban tiempo embarcados en bandas como The For Carnation, Tortoise, Palace Brothers o King Kong. Un culto creciente.

# Smashing Pumpkins

*Calabazas ambiciosas*

1988-2000, 2006
Chicago, Illinois (EEUU)

Henchido por una ambición desbordada que muchas veces se ha plasmado en arrogancia, Billy Corgan es uno de los creadores más atípicos del rock alternativo norteamericano. Incontinente y ególatra, capaz de alternar ideas brillantes y desvaríos épicos, dio lo mejor de sí mismo con *Gish* (1991), *Siamese Dream* (1993) y *Melon Collie and the Infinite Sadness* (1995), sus primeros tres discos, en los que contaba con James Iha, Jimmy Chamberlin y D'arcy Wretzky como miembros estables. En ellos pulió, con la producción de Butch Vig (los dos primeros) y del tándem formado por Alan Moulder y Flood (el tercero), un formato rock grandilocuente y seductor, con esquirlas metálicas, cenefas góticas y arrebatos de dream pop, que empatizaba con el furor alternativo que tanto cotizaba en la MTV. A partir del giro sintético de *Adore* (1998), Smashing Pumpkins entran en una fase errática, que enfila los 2000 ya con Corgan como único miembro original, asumiendo que le resulta más rentable mantener la marca que facturar a su propio nombre o al de Zwan, su fugaz proyecto posterior. *MACHINA/The Machines of God*

(2000) y *Zeitgeist* (2007) acentúan el declive, aunque tanto *Oceania* (2012) como *Monuments to an Elegy* (2014) recobran algo del lustre perdido, sin emular (ni mucho menos) su trilogía inicial.

# Elliott Smith

*Se dejaba llevar*

1991-2003
Omaha, Nebraska (EEUU)

Dotado de una prodigiosa sensibilidad melódica y un timbre de voz frágil y emotivo a la vez, el norteamericano Eliott Smith fue el gran cantautor clásico de la generación alternativa de los 90. Se había curtido en formato rock con Heatmiser, banda con la que editó tres discos entre 1993 y 1996, pero su carrera en solitario le aupó a la eternidad gracias a su pericia para despachar delicadas composiciones que se miraban en el espejo de los Beatles, Big Star o Nick Drake, casi siempre con un espartano acompañamiento acústico, desde una sutil economía de medios. *Roman Candle* (1994) y *Elliott Smith* (1995) ponen sobre la pista de su valía, que estalla definitivamente en los fabulosos *Either/Or* (1997) y *XO* (1998). En 1997 goza –es un decir– de inesperada proyección mediática al interpretar su tema "Miss Misery" en la entrega de los Oscar, en los que comparecía nominado a mejor canción por su inclusión en la película *El Indomable Will Hunting* (Gus Van Sant, 1997). Pero su carácter introvertido y extremadamente inestable no estaba hecho para aquellos fastos. De hecho, tres años después de editar el algo más irregular (y excesivamente ornamentado) *Figure 8* (2000), se suicida propinándose un par de puñaladas en el pecho. El póstumo *From a Basement on the Hill* (2004) y la colección de inéditos *New Moon* (2007) sirvieron para recordar la magnitud de su pérdida. La de un compositor prodigioso.

# The Smiths

*Luminarias del norte*

1982-1987
Manchester (Reino Unido)

La importancia de este cuarteto de Manchester en el relato del indie y el pop británico de las últimas décadas, en su sentido más amplio, es capital. Su habilidad innata para reformular postulados pop heredados de los años 60 e imbricarlos en un discurso global, en el que las referencias literarias, cinéfilas y estéticas cobraban plena relevancia, es la escuela de la que aún toman nota hoy en día decenas de bandas de todo el mundo. Su obra fue breve en el tiempo, gestada de 1982 a 1987, pero enormemente prolífica y determinante para modelar un canon que se erigió en la antítesis de las producciones manufacturadas para ser expuestas una y otra vez a través de la entonces floreciente industria del videoclip, a la que ellos eran refractarios. Steven Patrick Morrissey y Johnny Marr fueron su núcleo creativo. Los inimitables textos y la simpar modulación vocal eran cosa del primero, ariete contra los estereotipos sexuales desde la ambigüedad, defensor del veganismo y azote de la monarquía o la vieja clase educativa. Los singulares arpegios de guitarra, los efectos de sonido y la virtuosa dirección musical corrían de parte del segundo. Ambos, en permanente estado de gracia, editaron junto a la base rítmica formada por Mike Joyce y Andy Rourke una discografía modélica, que ensanchó los lindes de la música pop en una obra que aún depara jugosas lecturas desde cualquier ámbito académico o sociológico.

*The Smiths* (1984), producido por John Porter, fue su notable debut para el sello londinense Rough Trade, con el que editarían todos sus discos mientras estuvieron en activo, y con el que mantuvieron una relación tirante hasta su disolución. Pronto le sucedió *Hatful of Hollow* (1984), fabulosa colección de caras B, descartes y algunas sesiones radiofónicas para el programa de John Peel, que certificaba su inigualable promedio entre cantidad y calidad. *Meat Is Murder* (1985) se erige luego en su obra más ecléctica y de mayor calado sociopolítico, con ecos de funk, rockabilly o su clásico romanticismo fatalista sosteniendo proclamas contra la familia real, el maltrato paterno, los abusos de la vieja jerarquía escolar o el comercio de carne animal. El ingeniero de sonido Stephen Street les ayudó en la producción. Y repetiría

también en *The Queen Is Dead* (1986), su indiscutible obra maestra, su obra más madura y compensada, la de mejores acabados. El también sobresaliente *The World Won't Listen* (1987), nuevo recuento de caras B, singles y tomas alternativas, redondeó su trayectoria hasta que el notable *Strangeways Here We Come* (1987), editado a los pocos meses de que la banda se separase a consecuencia de la marcha de Marr, esbozó las nuevas posibilidades a las que el cuarteto se abría (grandiosos arreglos de cuerda, cajas de ritmos), y que ya nunca se verían ratificadas.

La incalculable influencia de The Smiths ha crecido en paralelo a la obra en solitario de Morrissey en los últimos treinta años. Debutó con el magnífico *Viva Hate* (1988), y desde entonces se ha consolidado como un artista de culto (también en Norteamérica y Latinoamérica), capaz de mantener al mismo tiempo la atención mediática con sus altisonantes declaraciones. En su irregular discografía, destacan *Your Arsenal* (1992), *Vauxhall and I* (1994), *You Are The Quarry* (2004) o *Years of Refusal* (2009). Johnny Marr se implicó, por su parte, en distintos proyectos, como miembro de la banda de Brian Ferry y con The The, Electronic, Modest Mouse o The Cribs. Despachó un mediocre primer álbum (*Boomslang*, 2003) a nombre de Johnny Marr & The Healers, pero se resarció con el estupendo *The Messenger* (2013) y el algo más discreto *Playland* (2014), ambos ya solo atribuibles a su nombre. La pareja que formó junto a Morrissey ya es leyenda, y no precisa reencuentro para que así se reconozca.

# Sonic Youth

*El ruido como arte*

1981-2011
Nueva York (EEUU)

Tomando buena nota de los dictados de la no wave neoyorquina, del minimalismo eléctrico de Glenn Branca y de los modos del hardcore norteamericano, Sonic Youth moldearon un lenguaje sonoro plenamente propio, que impulsó el noise rock a cotas de una sugestiva belleza, nunca vista en parámetros alternativos. Fueron, en gran medida, padrinos de la eclosión alternativa de los 90, pero no por ello dejaron de evolucionar, incluso durante aquel decenio, dejando una obra mayúscula que expiró en 2011. Hicieron de la distorsión y del *feedback* guitarrístico todo un arte.

Thurston Moore, Lee Ranaldo y Kim Gordon se juntaron en Nueva York en 1981, alumbrando una alineación a la que se uniría Steve Shelley como batería estable desde finales de los 80. El embrionario *Confusion is Sex* (1983) pavimenta el camino para el sarpullido insano de *Bad Moon Rising* (1985), banda sonora de la América menos amable, trufada de referencias al satanismo, la locura y el crimen. *Evol* (1986) afina el tiro y *Sister* (1987) concreta su primera obra magna, revalidada con el sobresaliente *Daydream Nation* (1988). La proyección obtenida les permite fichar por la multinacional Geffen, donde editan el notable *Goo* (1990), el definitivo *Dirty* (1992), el pro-

batorio *Experimental Jet Set, Trash and No Star* (1994) y el turgente *Washing Machine* (1995), donde se acuna "The Diamond Sea", su pináculo creativo.

Desde entonces su trayectoria deja de romper moldes y comienza a girar sobre sí misma, en un bucle que –no obstante– invita a pensar que nadie va a perfeccionar su fórmula mejor que ellos mismos. Y que expide trabajos tan proteicos aún como *A Thousand Leaves* (1998), *Murray Street* (2002), *Sonic Nurse* (2004), *Rather Ripped* (2006) o *The Eternal* (2009). Tras la ruptura de la pareja Moore-Gordon, sus componentes se desdoblan en otros proyectos. Thurston Moore lo hace prolongando el trayecto en solitario que había emprendido en 1995 y activando Chelsea Light Moving, Lee Ranaldo haciendo lo propio desde un prisma menos experimental que sus discos paralelos de los 80 o 90, Kim Gordon impulsando el proyecto Body/Head y Steve Shelley tocando sus baquetas en discos de Disappears, Howe Gelb o Sun Kil Moon. Fueron y siguen siendo inimitables.

## Spacemen 3 / Spiritualized

*Tomando drogas para hacer música para tomar drogas*

1982-1991/1991
Rugby (Reino Unido)

Jason Pierce es sinónimo de lisergia aplicada al rock. Su música ha plasmado como muy pocas el reflejo que los estados alterados de la mente, inducidos por las drogas, puede tener a la hora de componer y ornamentar canciones. Formó Spacemen 3 con Peter Kember en Rugby (Reino Unido) en 1982, y su forma de recrear el rock ácido de finales de los 60, la psicodelia, la herencia de The Velvet Underground o MC5 y las esencias del blues arcano recabó altura de vuelo en discos como *The Perfect Prescription* (1987), *Playing With Fire* (1989) o *Recurring* (1991). No menos importante fue aún su posterior aventura space rock, Spiritualized, desde 1990 y con una nómina de secuaces variable en el tiempo. Con ellos, Pierce alumbró *Ladies and Gentlemen We Are Floating in Space* (1997), emotiva obra maestra de rock ensoñador, prodigioso compendio de vulnerabilidad y vigor, engrandecido por el Balanescu Quartet y el London Community Gospel Choir. Antes había editado los notables *Lazer Guided Melodies* (1992) o *Pure Phase* (1995), y después

dibujó una lenta curva descendente con *Let It Come Down* (2001) y *Amazing Grace* (2003). Tras estar a punto de perder la vida por una neumonía acompañada de dos paros cardiacos, Pierce renació (también creativamente) con los estimulantes *Songs in A&E* (2008) y *Sweet Heart Sweet Light* (2012).

## Stereolab

*Cóctel retrofuturista*

1990-2009
Londres (Reino Unido)

La seducción del mejor pop, la distinción del lounge, el sentido de repetición del kraut rock... con esos mimbres fue con los que Laetitia Sadier y Tim Gane cautivaron al público indie de medio mundo durante los 90 y algo más allá. Se habían conocido formando parte de McCarthy, seminal banda indie que formó parte de la recopilación C-86. Ambos integraron luego el núcleo esencial de Stereolab, agitando desde 1990, en Londres, una coctelera surtida de aromas retrofuturistas, siempre a medio camino entre lo experimental y la inmediatez pop. En su discurso convivían lo *vintage* y la vanguardia. La ingente cacharrería dispuesta por Gane y la dicción afrancesada de Sadier pulieron gemas como *Emperor Tomato Ketchup* (1996), su disco más celebrado. Aquel trabajo marcó la cumbre de una carrera que había albergado también tentativas tan promisorias como *Peng!* (1992) o el espléndido *Mars Audiac Quintet* (1994), y que forjó años más tarde obras tan irreprochables y maduras como *Dots and Loops* (1997) o *Cobra and Phases Group Play Voltage in the Milky Night* (1999). Tras el fallecimiento de Mary Hansen (quien formaba parte de la banda como segunda vocalista) en accidente vial en 2002, Stereolab se sobrepusieron con el eficiente *Margerine Eclipse* (2004), pero ninguno de sus consistentes álbumes despachados en el nuevo siglo gozó ya de la repercusión de su etapa de los 90. En cualquier caso, ya habían creado escuela.

# Sufjan Stevens

*El ángel folk pop*

1999
Detroit, Michigan (EEUU)

Este compositor de Detroit es, por derecho propio, uno de los grandes creadores de la escena alternativa de lo que llevamos de siglo. Debutó con *A Sun Came* (2000), editado en Asthmatic Kitty, sello cofundado junto a su padrastro, aunque no fue hasta el fabuloso compendio de austeras y deliciosas rodajas folk de *Seven Swans* (2004) que empezó a cobrar notoriedad fuera de los mentideros más indies. Su continuación, sin embargo, resultaría tan excelsa, grandilocuente y desbordante de colorido como *Illinoise* (2005), deslumbrante disco que formaba parte de una pretendida sucesión de trabajos destinados a ilustrar con música cada uno de los cincuenta estados que forman los EEUU (ya había empezado, de hecho, con *Greetings from Michigan: The Great Lake State*, de 2003). Poco importa que tan quijotesco empeño

de editar más de 50 álbumes distintos, dedicados cada uno a un territorio, se quedara en agua de borrajas. Porque *Illinoise* reafirmaba la valía de un compositor que aunaba folk, góspel, country, indie pop y la tradición sonora de los grandes musicales de Broadway en un disco asombroso e inabarcable. Su siguiente paso, al margen de una estupenda colección de sobrantes de aquellas sesiones (*The Avalanche: Outtakes & Extras from the Illinois Album*, 2006), un sustancioso disco navideño (*Songs for Christmas*, 2006) y una banda sonora para el cine (*The BQE*, 2009), fue no menos ambicioso, pero resuelto con menor destreza: el electrónico y más irregular *The Age Of Adz* (2010). Tras unos años de mutismo, *Carrie & Lowell* (2015), un disco abiertamente confesional, acústico y austero, le devolvió a su mejor registro, con un puñado de canciones delicadas y honestas.

# The Stone Roses

*Manchester, tanto por lo que contestar*

1983-1996, 2011
Manchester (Reino Unido)

De toda la pléyade de bandas que capitalizaron la eclosión del sonido *Madchester* a finales de los 80 y principios de los 90, The Stones Roses fueron los más populares. Gran parte de su crédito recae en *The Stone Roses* (1989), el álbum homónimo con el que debutaron, que les aupó a un lugar de privilegio en la escena británica del momento. El disco, producido por el experimentado John Leckie, fue esa obra definitiva de la que quizá carecieron Happy Mondays, Inspiral Carpets o The Charlatans, vecinos y coetáneos suyos que también pulieron trayectorias valiosas que merecieron trascender aquella coyuntura. Un suculento candor melódico heredado de la mejor escuela británica, espirales de guitarras que asumían la herencia psicodélica adaptándola a la generación *raver* y puntuales guiños a la pujante cultura de baile (el single "Fools Gold") cimentaron su reputación, amplificada por el potente aparato mediático británico, necesitado de nuevos mesías. Esa era la receta de Ian Brown, John Squire, "Mani" Mounfield y "Reni" Wren.

El fulgor de aquel debut se fue diluyendo durante el siguiente lustro, en el que acapararon más titulares por sus pleitos con Silvertone, su sello, que por su obra. Así que convertida en una de las secuelas más largamente esperadas de la historia del pop, *Second Coming* (1994) llegó en un momento muy distinto, y la banda lo reflejó en un puñado de canciones con marchamo blues rock y ecos de Led Zeppelin, que fue recibida con escepticismo, cuando no con abierta incomprensión o desdén. El paso del tiempo lo revalorizó, aunque tras un desangelado concierto en el FIB de 1996 los Stone Roses decidieron pasar a mejor vida. Ian Brown emprendió entonces una mediocre carrera en solitario, John Squire formó los discretos The Seahorses, Mani se enroló en Primal Scream y Reni ingresó en los anecdóticos The Rub. En vista de la escasa repercusión de estas singladuras (excepción hecha de Mani), The Stone Roses decidieron reunificarse en 2011 para una vuelta a los escenarios que por el momento solo ha generado dos discretos singles, "All For One" y "Beautiful Thing", ambos en 2016.

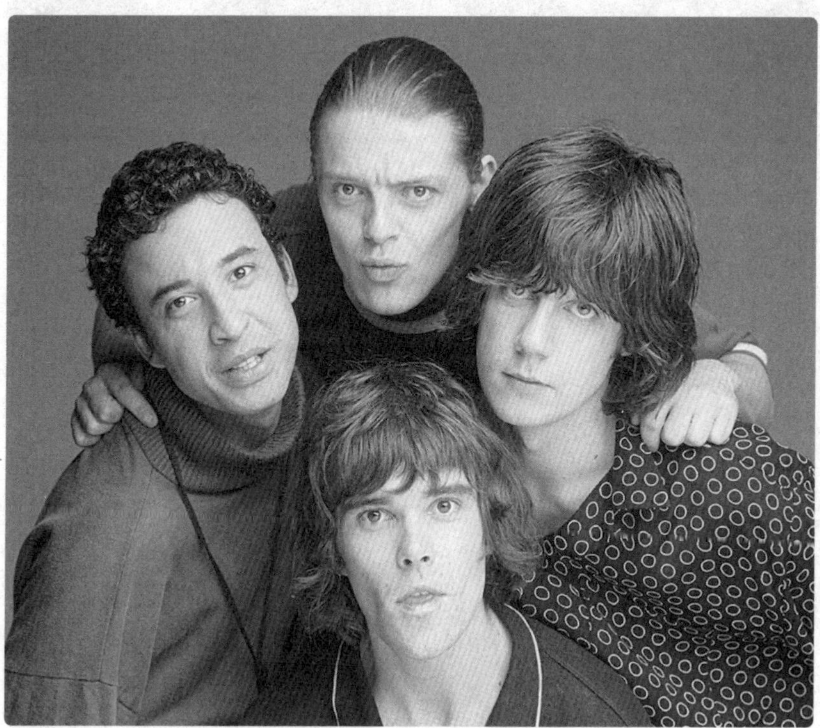

# The Streets

*Vida de este chico*

1994-2011
Birmingham (Reino Unido)

Mike Skinner, el alma de The Streets, merece su hueco destacado en la genealogía del rock alternativo por la forma en la que hermanó la escuela del costumbrismo pop británico (la de Ray Davies o Damon Albarn, la que abreva a veces en la cultura *mod*) con los ritmos del UK Garage y el two step, las dos sacudidas más notorias experimentadas por la cultura de club inglesa a principios de los 2000. Su debut, *Original Pirate Material* (2002), es su gran obra. Una colección de canciones con olor a suburbio y novedosa factura, que también estrechaba la distancia entre los mundos del pop y el *hip hop* desde una perspectiva muy insular. *A Grand Don't Come For Free* (2004) bajó el listón, y el convencional *The Hardest Way To Make an Easy Living* (2006) pareció sumirle en el pozo de lo anodino, como una pesada digestión del éxito. Afortunadamente, *Everything Is Borrowed* (2008) y, sobre todo, el notable *Computers and Blues* (2011), enderezaron su carrera, que desde un principio ya solo proponía la entrega de cinco álbumes. Así que la despedida dejó al menos un buen sabor de boca.

# The Strokes

*Vieja nueva escuela*

1998
Nueva York (EEUU)

Este quinteto neoyorquino fue el principal heraldo de la vuelta al crudo rock de guitarras que impuso su agenda en la escena internacional a principios de los 2000. En un caso análogo al de Oasis o The Stone Roses en sus respectivos negociados, la onda expansiva de su influencia corrió en paralelo a su sostenido declive, porque lo duradero de su impacto tuvo más que ver con el fulgor de sus debuts que con cualquier sostenibilidad creíble a largo plazo. En el caso de Julian Casablancas, Albert Hammond Jr, Nick Valensi, Fabrizio Moretti y Nikolai Fraiture, aquel disco se llamó *Is This It?* (2001), extraordinario debut de ritmos traqueteantes legados por The Velvet Underground, diálogos cruzados de guitarras de la escuela Television y algún guiño a la Motown, todo con una desmañada pátina de corte *vintage*. Gozó de una secuela no tan inspirada, aunque igual de equilibrada y consistente, también producida por Gordon Raphael, como *Room on Fire* (2003), pero

a partir de ahí su trayecto abona un erratismo del que no se desligan. Ni en el desvaído *First Impressions of Earth* (2006), ni en el desorientado *Angles* (2011), en el que incorporan ritmos sintéticos y otros desvíos poco logrados, ni en el veleidoso *Comedown Machine* (2013). Aunque para entonces, Casablancas y Hammond ya gozaban de una refrescante travesía en paralelo, más jugosa en el caso del segundo.

El EP *Future Present Past* (2016) no despeja los nubarrones. Siguen acaparado grandes caracteres en cualquier festival, aunque sus méritos principales daten de hace más de tres lustros.

# Suede

*Melodrama satinado*

1989-2003, 2010
Londres (Reino Unido)

La rugosidad de las guitarras glam rock, el romanticismo decadente, el melodrama pop de altos vuelos o la ambigüedad sexual jugaron un papel decisivo en la moldura sonora de esta banda londinense, formada en 1989. Brett Anderson, Bernard Butler, Mat Osman y Simon Gilbert integran la

formación que da pie a la insolente y contagiosa reescritura glam de *Suede* (1993), su debut, y a la majestuosa reinvención de *Dog Man Star* (1994), su mejor trabajo. Subsumidos en la marea brit pop solo por proximidad, pero no por rigor, la banda experimenta un cambio en sus filas: Butler abandona cuando *Dog Man Star* está en su última fase y Richard Oakes le sustituye a la guitarra, y entra también el teclista Neil Codling. Con ambos dan pie al pletórico *Coming Up* (1996), repleto de canciones directas y contagiosas.

Pero luego los leves giros electrónicos del irregular *Head Music* (1999) no terminan de calar, y la merma de inspiración ya es flagrante cuando llega *A New Morning* (2002), pálido reflejo de sus cotas más altas. Entonces Suede se separan, y prolongan su sello en proyectos muy discretos, como The Tears (Brett Anderson de nuevo con Bernard Butler) o una entrega de Anderson en solitario. Hasta que gestionan una vuelta que, contra todo pronóstico, arroja óptimos resultados sin desmarcarse de sus señas: los que concretan el expansivo *Bloodsports* (2013) y el recogido *Night Thoughts* (2016), consumando un retorno a la altura de su brillante pasado. El de una de las mejores bandas británicas de las últimas décadas.

# Superchunk

*El expreso de Chapel Hill*

1989
Chapel Hill, Carolina del Norte (EEUU)

Mac McCaughan, Laura Ballance, Jim Wilbur y Jon Wurster focalizan la quintaesencia del indie norteamericano. No solo por su labor al frente de Merge Records o su rol de punta de lanza de la efervescente escena de Chapel Hill (Carolina del Norte), de la que salieron también Archers of Loaf, Polvo o Seam a principios de los 90. Sino también por su irrebatible obra, siempre en perpetua evolución sin negar sus insobornables principios. Aunando urgencia guitarrística y un incisivo escalpelo melódico, su obra primeriza muestra una formidable secuencia de punk pop acelerado, perfeccionado en directos devastadores: la que forman, tras un discreto debut homónimo, *No Pocky For Kitty* (1991), *On The Mouth* (1992), *Foolish* (1994) y el irónicamente titulado *Here's Where The Strings Come In* (1995). Con *Indoor Living* (1997) bajaron el pie del acelerador, y en *Come Pick Me Up* (1999) la producción de Jim O'Rourke les abrió con éxito nuevos horizontes, con arreglos orquestales y abundante luminosidad. La apertura al rock musculoso de amplio espectro se confirma con *Here's To Shutting Up* (2001), solvente entrega que pone fin a su primera etapa. Tras un largo parón, con Mac McCaughan reactivando con fuerza su proyecto paralelo Portastatic, Superchunk vuelven con dos estupendas formas de prolongar su saga: *Majesty Shredding* (2010) y *I Hate Music* (2013). Y por si fuera poco, McCaughan tuvo tiempo luego para despachar *Non-Believers* (2015) a su nombre, conjurando nostalgia por su adolescencia en los 80 mediante pinceladas synth pop. Insustituibles.

# Talk Talk

*La reconversión más influyente*

1981-1992
Londres (Reino Unido)

Aunque el gran público conoce a los británicos Talk Talk por single*s* de enorme éxito como "It's My Life", "Such a Shame" o "Living In Another World", pildorazos de synth pop pegadizo que fueron omnipresentes en las listas de éxitos de mediados de los 80, lo que realmente les hizo influyentes fueron los dos últimos discos de su carrera, *Spirit of Eden* (1988) y *Laughing Stock* (1991). Con ellos abonaron una propuesta paisajística y minimalista, que rehuía los ganchos melódicos obvios y se nutría del free jazz, de la clá-

sica y hasta del kraut rock. El cambio de tercio, ya esbozado en *The Colour of Spring* (1986), les granjeó tensiones con sus discográficas (EMI y Polydor), pero les convirtió en objeto de culto, hasta el punto de que se les considera precursores del post rock e influencia en decenas de bandas indies posteriores que han dotado de corte atmosférico muchas de sus composiciones. Es el caso de formaciones tan dispares como Sigur Rós, Radiohead o Elbow. Hasta entonces, habían editado *The Party's Over* (1982) e *It's My Life* (1984), desde parámetros tan distintos que cabe hablar casi de una banda distinta. Su líder, Mark Hollis, facturó mucho después de disolver la formación el notable *Mark Hollis* (1998), que no tuvo continuación. Su bajista, Paul Webb, se alió con Beth Gibbons (Portishead) en aquel extraordinario disco que fue *Out of Season* (2003), editado a nombre de Beth Gibbons and Rustin Man.

# Tame Impala

*Renovación lisérgica*

2007
Perth (Australia)

Dentro de esa línea sucesoria que enhebra el hilo argumental de la psicodelia pop en las últimas décadas, los australianos Tame Impala son su último gran exponente. Retomando las enseñanzas de los popes de finales de los 60 y de otros reactivadores lisérgicos más jóvenes (The Flaming Lips, Mercury Rev, Animal Collective), el proyecto personal de Kevin Parker fue ganándose un hueco en la escena indie internacional con *Innerspeaker* (2010), un prometedor debut en el que muchos vieron la sombra de Dungen, banda sueca de psych rock que operaba en coordenadas similares. Fue precisamente Dave Fridmann, el productor gurú al servicio de las mejores obras de los Flaming Lips, Mercury Rev o Elf Power, el encargado de coproducir *Lonerism* (2012), una secuela mejor enfocada y más madura. Con sus compinches Jay Watson y Nick Allbrook centrados ya de pleno en sus muy recomendables proyectos propios, como Pond o Gum, y justo cuando Tame Impala parecían abocados a ser la punta de lanza de una nueva pléyade de bandas australianas (Unknown Mortal Orchestra, The John Steel Singers), Kevin Parker se desmarca de la primacía de las guitarras y las estructuras abigarradas para abrazar los ritmos y texturas sintéticas expuestos en el controvertido *Currents* (2015), deudor de las antiguas producciones de Prince, Beck o Michael Jackson, que abre su música a públicos más amplios mediante canciones más directas.

# The Teardrop Explodes

*La fragua del druida*

1978-1982
Liverpool (Reino Unido)

Los Teardrop Explodes de Julian Cope tuvieron una carrera breve, pero sedimentaron con ella uno de los caldos de cultivo más fértiles para el pop británico en su versión más imaginativa. Su obra es indisociable del primer indie de las islas. Se forman en 1978, como una de las puntas de lanza del nuevo pop de hechuras psicodélicas facturado en Liverpool, junto a Echo & The Bunnymen (de hecho, su líder Ian McCulloch había coincidido con Cope en The Crucial Three, su anterior formación, junto a Pete Wylie), y pronto fichan por el sello independiente Zoo, de David Balfe –su manager y teclista– y Bill Drummond (años más tarde en The KLF). Su debut largo, *Kilimanjaro* (1980), es un hito de pop torrencial, exultante e inspirado, empujado con fuerza por su tándem de trompetistas. *Wilder* (1981), producido por Clive Langer y Alan Winstanley, adopta un tono algo más sombrío, con Julian Cope imponiendo su ley como compositor único, y para cuando llega el momento de afrontar su tercer trabajo, la banda se separa en medio de fuertes tensiones internas, dejando prácticamente a medias un *Everybody Wants To Shag... The Teardrop Explodes* (1990) que no vio la luz con todas las de la ley hasta siete años más tarde. En las últimas décadas, el extravagante Julian Cope se ha prodigado en una desigual carrera en solitario que ya apenas luce, pero que en su momento nos propinó los excelentes *Saint Julian* (1987), *Peggy Suicide* (1991), *Jeohvakill* (1992) o *20 Mothers* (1995).

# Teenage Fanclub

*Factoría de melodías radiantes*

1989
Belshill (Escocia)

Son como un género en sí mismo. Sin la influencia de The Byrds, The Beatles y, sobre todo, Big Star no se entendería la música de Teenage Fanclub. Es cierto. Pero también lo es que los escoceses han patentado una forma tan impoluta de delinear deliciosas melodías pop, hechas con escuadra y cartabón pero tan rebosantes de palpitante ternura, que ha creado escuela a lo largo de las casi tres décadas que llevan en activo. Debutaron con el frágil *A Catholic Education* (1990), crisol de la sublime "Everything Flows" pero aún lastrado por ciertos vicios de la época, pero en *Bandawagonesque* (1991), ya editado en Creation, despacharon su primera obra maestra, pillando el justo punto de cocción a su balance entre melodías imborrables con marchamo clásico y las preceptivas cotas de ruidismo y *feedback* de la época. Hubo quien les criticó por lo irregular de *Thirteen* (1993), pero hasta el más escéptico tuvo que rendirse ante el sobresaliente *Grand Prix* (1995), impecable colección de dianas melódicas con un acabado más pulido que anteriores entregas. El notable *Songs From*

*Northern Britain* (1997) les refrendó, aunque *Howdy!* (2000) parecía abonar la teoría del callejón sin salida. Sin embargo, su alianza con Jad Fair en *Words of Wisdom and Hope* (2002) y con el productor John McEntire en *Man-Made* (2005) renovó su discurso con éxito. *Shadows* (2010) fue otro solvente capítulo en la escritura conjunta de Norman Blake, Gerard Love y Raymond McGinley. Y seis años después la factoría siguió a pleno rendimiento con el inmaculado *Here* (2016), otro dechado de clase. Son unos clásicos de nuestro tiempo. O de cualquier otro tiempo.

# The The

*Brotes de genialidad*

1979
Londres (Reino Unido)

Vehículo creativo del díscolo Matt Johnson, The The son una de las anomalías más dignas de protección del pop independiente británico. Un proyecto de culto, detentor de un puñado de canciones sublimes ("Uncertain Smile", "This is the Day", "The Beat(en) Generation", "Slow Emotion Replay"), diseminadas en una discografía algo guadianesca que siempre ha basculado entre la experimentación y el estallido de pop prístino. El desigual *Burning*

*Blue Soul* (1981) fue su debut, cuyos méritos fueron reeditados en aquella versión mejorada que fue *Soul Mining* (1983), supurando devaneos synth pop, paisajismos industriales, colorismo pop y obsesiones varias, destiladas de forma fascinante. *Infected* (1986), más oscuro y surtido de colaboraciones diversas, dio paso al exuberante fresco sonoro de *Mind Bomb* (1989), con la guitarra de Johnny Marr (The Smiths) pincelando un temario en torno a los efectos devastadores de la religión, la política internacional y el desamor. De nuevo con Johnny Marr, *Dusk (*1993) es su último gran disco, antes de emprender una etapa de cierto mutismo, apenas aligerado por un disco de versiones de Hank Williams (*Hanky Panky*, 1995), el discreto *Naked Self* (2000) y varias bandas sonoras para el cine, como *Tony* (2010) o *Hyena* (2015). En su mejor versión, Matt Johnson ha sido un compositor con abundantes destellos de genialidad.

# Tindersticks

*La clase innegociable*

1991
Nottingham (Reino Unido)

Su irrupción en la primera mitad de los 90 causó cierto revuelo mediático. No era para menos, dada la brillantez con la que este sexteto de Nottingham, encabezado por la inconfundible voz de barítono de Stuart Staples, resolvía un decadente romanticismo urbano en composiciones de calado cinemático, compartiendo órbita con Scott Walker o Leonard Cohen y modulando sus temas con la misma elegancia del pop de cámara defendido por The Divine Comedy o My Life Story, aunque con mayores cotas de suntuosidad. Con todo, su carrera se ha prolongado hasta nuestros días con una solvente capacidad de regeneración, que entonces se antojaba difícil de vislumbrar. Se formaron en 1991, y despacharon dos primeros álbumes (*Tindersticks*, de 1993; y *Tinderticks II*, de 1995) que sacudieron la escena independiente con su majestuosa serenidad, envuelta en arreglos de cuerda y melodramatismo.

El también soberbio *Curtains* (1997) culmina aquella suerte de trilogía inicial, tras la que se aventuran a sazonar su propuesta con luminosas gotas de soul pop (*Simple Pleasure*, 1999) o desvistiendo de forma austera sus canciones (*Can Our Love...* , 2001), en ambos casos desligando su música de la gravedad que la caracterizaba. *Waiting For The Moon* (2003) no añade novedades dignas de resaltar, pero tras un paréntesis en el que Staples edita un par de trabajos en solitario (el mejor, *Leaving Songs*, de 2006), la banda vuelve y suena rejuvenecida. Es lo que ocurre en *The Hungry Saw* (2008), *The Something Rain* (2012) y *The Waiting Room* (2016), dechados de clase que tampoco se resienten de la ausencia de la trompeta de Dickon Hinchliffe, que había sido santo y seña de su sonido hasta entonces. Otra banda que ha sabido gestionar su obra con inteligencia, manejando un código en continua transformación.

# Tortoise

*En perpetua mutación*

1990
Chicago, Illinois (EEUU)

Fundiendo elementos del kraut rock, del minimalismo, de la bossa nova, del jazz o de la electrónica, este colectivo de Chicago acuñó un discurso que se erigió en máximo exponente de aquello que un periodista británico definió como post rock. Es decir, nuevas formas que eludían la previsibilidad de los estribillos y las melodías convencionales en favor de magmas instrumentales en perpetua mutación, con gran capacidad evocadora y aliento orgánico. John McEntire, Doug McCombs, John Herndon, Bundy K. Brown y Dan Bitney (a quienes luego se sumaría David Pajo) formaron Tortoise a principios de los 90. Y tanto con su debut (*Tortoise*, 1994) como –sobre todo– con su secuela (el fascinante *Millions Now Living Will Never Die*, de 1996), deslumbraron a la crítica y al público de la escena independiente. La incorporación de Jeff Parker insufla un sesgo más jazz al también soberbio *TNT* (1998). En *Standards* (2001) refuerzan el componente electrónico en composiciones más rugosas, pero en *It's All Around You* (2004) parecen enrocarse en una fórmula demasiado predecible. Por suerte, una colaboración con Bonnie Prince Billy (*The Brave and the Bold*, 2006) les aporta savia nueva, con la que renuevan ligeramente su credo en *Beacons of Ancestorship* (2009) y en un *The Catastrophist* (2016) que incorpora elementos funk y un par de voces invitadas a su discurso instrumental.

# The Triffids

*Distinción de las Antípodas*

1978-1989
Perth (Australia)

El devenir del pop indie o alternativo no debería pasar por alto la carrera de The Triffids, la elegantísima banda australiana que capitaneó David McComb desde 1978 hasta 1989. Nunca gozaron de la repercusión que merecían, pese a su distinguida manera de licuar la tradición folk y blues en esplendorosas canciones que también asumían con orgullo su condición de testigos fieles de su tiempo. Su música ha sido vista como una anticipación del alt-country de los 90 desde algunas tribunas, y su carrera fue análoga, en más de un aspecto, a la de sus paisanos The Go-Betweens. Como ellos, también gozaron en sus inicios del apoyo del sello británico Rough Trade, quien les distribuyó su debut, *Treeless Plain*

(1983). Aunque fue *Born Sandy Devotional* (1986), grabado en el Reino Unido y producido por Gil Norton, el disco que explotó sus capacidades. La multinacional Island les ficha y en ella editan el majestuoso *Calenture* (1987), su trabajo más maduro y logrado. Pero ni sus excelentes críticas ni las del aperturista *The Black Swan* (1989), producido por Stephen Street, revierten en ventas consolidadas, con lo que la banda se separa. David McComb falleció en 1999, a consecuencia de una enfermedad coronaria, agudizada por su adicción a la heroína.

## Vampire Weekend

*Los más listos de la clase*

2006
Nueva York (EEUU)

Vampire Weekend representan como pocos el molde de banda cultivada, formada por universitarios, que sabe aunar con inteligencia los preceptos del indie rock y los ritmos africanistas, aupada desde Brooklyn al estrellato merced a un apoyo mediático que se sustanció desde la blogosfera hasta los medios convencionales. En esa tesitura, tan solo Dirty Projectors les pueden hacer algo de sombra. Su debut homónimo, *Vampire Weekend* (2008), fue toda una bocanada de aire fresco, facturada por un cuarteto que se había formado dos años antes en torno a Ezra Koenig, Rostam Batmanglij, Chris Tomson y Chris Vaio. Guiñando un ojo a The Clash en su título, *Contra* (2010) refuerza la ambivalencia de la banda con una colección de canciones aún más sólida, entre el capricho funk, la rítmica prestada del hip hop, la fracturación moderna del post punk más bailable y los habituales ecos de la receta que patentó Paul Simon en *Graceland* (1986). Desembarazándose de esa herencia africanista y abordando estructuras más experimentales, *Modern Vampires of the City* (2013) les muestra en encomiable y sostenible cre-

cimiento. Con el título provisional de *Mitsubishi Machiatto*, y tras el anuncio de Rostam Batmanglij de dejar la banda para emprender trayecto en solitario (y un excelente álbum en colaboración con Hamilton Leithauser, de The Walkmen), los neoyorquinos anticipan luego a los medios el cuarto capítulo de su carrera, que se posterga por más de tres años.

## Kurt Vile

*Renovando a los clásicos*

2003
Philadelphia, Pennsylvania (EEUU)

Dotado de una creatividad desbordante, el norteamericano Kurt Vile es uno de los más prolíficos y brillantes renovadores del lenguaje acuñado por Bob Dylan y otros próceres del folk rock, aunque sus canciones se sostienen igual de bien sobre tramas acústicas que en cableados eléctricos, sobre la evocación de John Fahey o sobre la de Neil Young. Este músico total (compone, produce y toca varios instrumentos) se curtió con su amigo Adam Granduciel

en The War On Drugs, en cuyo seno formó parte de la grabación del estupendo *Wagonwheel Blues* (2008), pero fue en ese mismo momento cuando decidió centrar todos sus esfuerzos en su carrera en solitario. De ese mismo año data el debut a su nombre, *Constant Hitmaker* (2008), primer capítulo de un *tour de force* a ritmo casi de disco por temporada. Aunque es a partir de 2011 cuando desecha la factura casera y destartalada de sus anteriores grabaciones y su discografía recaba altura de vuelo, con los experimentados John Agnello o Rob Schnapf asumiendo parte de los controles en discos tan notables como *Smoke Ring For My Halo* (2011), *Wakin on a Pretty Daze* (2013) o *b'lieve I'm goin down...* (2015).

# Violent Femmes

*Punk acústico*

1980-2009, 2013
Milwaukee, Wisconsin (EEUU)

Gordon Gano, Brian Ritchie y Víctor DeLorenzo lograron la cuadratura del círculo con su imborrable primer álbum: destilar toda la fiereza del punk con instrumentos acústicos, fundiéndolo con el folk en una fórmula efervescente, que nadie ha mejorado. Su influencia fue patente en bandas como They Might Be Giants, Hefner o Barenaked Ladies, y su culto no ha dejado de crecer desde que editaran aquella obra maestra que fue *Violent Femmes* (1983), su homónimo primer trabajo. Descerrajar sus primeras dianas de forma tan temprana fue el mayor hándicap de este trío de Milwaukee, pese a que luego facturasen discos tan estimulantes como *Hallowed Ground* (1984), *3* (1989) o *Why Do Birds Sing?* (1991). Su producción flojeó a partir de los 90, hasta el punto de que *Hitting The Ground* (2002), el disco en solitario de Gano con colaboraciones de Lou Reed, John Cale, Frank Black o Linda Perry, tenía muy poco que envidiar a trabajos anteriores de la banda como *New*

*Times* (1994) o *Freak Magnet* (2000). Ya sin Víctor DeLorenzo a la batería, vuelven más de tres lustros después con el digno *We Can Do Anything* (2016), coronando varias temporadas de giras puntuales y preservando con dignidad sus cualidades habituales.

## Rufus Wainwright

*Manierismo desbordante*

1988
Montreal (Canadá)

El canadiense Rufus Wainwright es una de la figuras totales que ha dado el pop del nuevo siglo, aunque la elaborada y a veces algo barroca hechura de sus creaciones le haga estar siempre a medio camino de los cenáculos de la alta y la baja cultura, entre el mainstream y el indie. Decimos lo de artista total por su forma de conjugar talento compositivo e interpretativo en una obra

que asume sin complejos los dictados del folk, el pop de cámara, los musicales de la edad dorada de Broadway, el *american songbook*, la música clásica y hasta la ópera. Algo que reviste su lógica, teniendo en cuenta que es hijo de los músicos Loudon Wainwright III y Kate McGarrigle, hermano también de Martha Wainwright, algo así como su némesis femenina. Entre sus discos, digamos, convencionales (si es que cabe aplicar el adjetivo), destacan *Rufus Wainwright* (1998), *Poses* (2001), *Want Two* (2004), *Release The Stars* (2007) o *Out of the Game* (2012). Reinterpretó el álbum *Judy Garland at the Carnegie Hall* (1961) sobre los escenarios y en el disco *Rufus Does Judy at the Carnegie Hall* (2007). Adaptó también varios sonetos de Shakespeare en *All Days Are Nights: Songs for Lulu* (2010) y en *Take All My Loves: 9 Shakespeare Sonnets* (2016). Y a lo largo de su carrera ha colaborado con Teddy Thompson, Neil Tennant, Robbie Williams, David Byrne o Burt Bacharach. Es difícil vivir más vidas distintas en una sola existencia.

# The Wedding Present

*Institución independiente*

1985-1997, 2004
Leeds (Reino Unido)

La historia del indie pop británico no se entendería sin la banda de David Gedge, timonel y único miembro estable de este proyecto surgido en Leeds en 1985. Sus acelerados rasgueos de guitarra, sus melodías agridulces y sus letras irónicas fueron santo y seña de aquella independencia que oficializó la cinta C-86, distribuida por el *New Musical Express*, y de la que formaron parte, aunque ellos siempre defendieron unos contornos creativos muy propios, reacios a subsumirse en ninguna marea generacional. Gozaron del

apoyo incondicional del radiofonista John Peel. Debutaron con *George Best* (1987), unánimemente considerado su trabajo más emblemático, que editaron en Reception Records, su propio sello. Pero pronto firmaron por RCA, quien les facturó *Bizarro* (1989), secuela que les confirma como una de las bandas más rocosas, fiables y tozudamente honestas de su generación.

El productor Steve Albini exprime las virtudes más agrestes y afiladas de su música en el estupendo *Seamonsters* (1991), y tras pasar todo 1992 editando un single por cada mes del año –en una singular maniobra promocional– , despachan *Watusi* (1994), un trabajo más pulido, en Island. El discreto *Saturnalia* (1996) pone fin a su primera etapa, tras la que Gedge se embarca en los preciosistas Cinerama, autores de tres delicados álbumes. The Wedding Present volvieron casi una década después de su deceso, alentados por la recuperación en directo de sus viejos discos y con el impulso de tres discos tan apreciables (especialmente el primero) como *Take Fountain* (2005), *El Rey* (2008) y *Valentina* (2012). Fieles a la cita con su parroquia, el ambicioso *Going, Going...* (2016), con veinte canciones con sus correspondientes *clips*, les devolvió una vez más a la actualidad, con impulso renovado, abriendo incluso una veta de rock atmosférico y ralentizado en algunos pasajes.

## The White Stripes

*Minimalismo a dos bandas*

1997-2011
Detroit, Michigan (EEUU)

Cualquier tándem formado por guitarra y batería que haga bandera de una iracunda austeridad, recreando con nervio y garra los estilos más hirvientes de la genealogía rock, suele ser comparado instantáneamente con The Whi-

te Stripes. No falla. Y esa es la mejor prueba de su enorme influencia en los últimos tres lustros. La guitarra y cuerdas vocales de Jack White y la batería de Meg White son los dos pilares sobre los que se sustenta esta pareja de Detroit, que debutó con un disco homónimo (*The White Stripes*, 1999) que se anticipó al revival del rock en su versión más primitiva y esencialista, y que predominó en los primeros 2000. Filtrando elementos del blues, del hard rock o del garage rock a través de un prisma minimalista (austeridad instrumental, la dualidad entre el color rojo y el blanco), ambos perfeccionaron su personal alquimia en trabajos como *De Stijl* (2000) y el exitoso *White Blood Cells* (2001), que les abrió la puerta al gran público.

El ingreso en una multinacional que concretó *Elephant* (2003) no se tradujo, ni mucho menos, en una domesticación de su árido discurso, pese a que "Seven Nation Army", su single más conocido, haya sido con el tiempo *customizado* en cántico de masas. Ni pese a que incluyeran una versión del "I Don't Know What To Do With Myself" de Burt Bacharach. Sus dos últimos trabajos, *Get Behind Me Satan* (2005) e *Icky Thump* (2007), redujeron su impacto al tiempo que ventilaban su propuesta con aires fronterizos, apuntes célticos y devaneos funk. En paralelo, Jack White se desdoblaba en The Raconteurs o grabando con la leyenda country Loretta Lynn. Y recientemente ha dado continuidad a su reconocible sonido con *Blunderbuss* (2012) y *Lazaretto* (2014), ambos ya en solitario.

# Wilco

*Tradición y vanguardia*

1994
Chicago, Illinois (EEUU)

Aunando tradición y cierta vanguardia, esta banda de Chicago se convirtió en una de las formaciones de referencia del rock norteamericano de las últimas décadas. Con un pie en la escena que podríamos llamar alternativa y otro en el gran público, al que –no obstante– nunca han terminado de seducir de forma masiva. Por algo su génesis está íntimamente ligada a la irrupción del llamado country alternativo, una forma de destilar las raíces del rock yanqui que plantó su pica en Flandes en medio de la pleamar grunge, en la poco favorable primera mitad de los 90. Los seminales Uncle Tupelo, en activo desde 1987 a 1994 e inspiradores de la revista *No Depression*, son su semilla. De su disolución surgieron dos esquejes: los Son Volt de Jay Farrar y los Wilco de Jeff Tweedy, quien mantuvo consigo a John Stirratt y Ken Coomer. *A.M.* (1995) fue su estimulante debut, que no se desligaba en exceso de los códigos folk y contry rock, pero a partir del doble *Being There* (1996), la creatividad de Wilco se dispara, coronando una de sus primeras cumbres con la explosión cromática de *Summerteeth* (1999), tan influido por Gram Parsons como por The Beatles.

Tras desenterrar con éxito el legado de Woody Guthrie junto a Billy Bragg en sendos discos de versiones, el esquivo *Yankee Hotel Foxtrot* (2002), producido por Jim O'Rourke y preñado de recovecos experimentales, genera un cisma con Warner, discográfica que en un principio se negaba a editarlo. El guitarrista Jay Bennett, también disconforme, abandona la nave. Y el resultado final ve la luz en Nonesuch (irónicamente, subsidiaria de la multi), convirtiéndose en su álbum más vendido hasta esa fecha (doble ironía). En parámetros similares, *A Ghost Is Born* (2004) redondea esa etapa, otra vez con O'Rourke a los mandos, asumida como vanguardista por unos y como detentora de meros retoques estéticos para otros. A partir de entonces la banda emprende una fase de consolidado clasicismo –con la guitarra del recién incorporado Nels Cline marcando la pauta– puntuada por trabajos notables a los que se les afea (desde ciertos sectores) su ausencia de riesgo. El recorrido, no obstante, provee discos que siguen rozando el sobresaliente, como *Sky Blue Sky* (2007) o *The Whole Love* (2011). Y otros que apelan a una proverbial distinción aún sin cotas de magnificencia, como *Wilco (The Album)*, de 2009; *Star Wars*, de 2015 o *Schmilco*, de 2016. Con Wilco consolidados como unos The Band del siglo XXI, plenamente rodados además como excepcional banda de directo, Tweedy también editó a su nombre *Sukierae* (2015), estupendo apéndice a la discografía de la banda nodriza, con su hijo Spencer a la batería.

# Wild Beasts

*Elegancia contenida*

2002
Kendal (Reino Unido)

No será nunca un grupo de masas, pero Wild Beasts llevan años postulándose a ocupar plaza en el podio del pop británico más melodramático y suntuoso, gracias a una discografía elegante que ha transcurrido desde los juegos de sombras post punk hasta un credo vaporoso e hipnótico que comparte trazas con David Sylvian, Talk Talk, The National, Kate Bush e incluso los Depeche Mode más bajos de revoluciones. Su tentativo debut, *Limbo, Panto* (2008), dio paso a su disco más aclamado, un *Two Dancers* (2009)

que fue nominado al Mercury Prize de 2010, reconocimiento que fue finalmente a parar a manos de The xx. *Smother* (2011) y *Present Tense* (2014), este último con Lexx y Leo Abrahams (Björk, Brian Eno) a la producción, rebajaron el *tempo* e incrementaron la presencia de sintetizadores sin mermar su poder de seducción. Sin embargo, su última entrega, *Boy King* (2016), con John Congleton (St. Vincent, Swans) a la producción, refuerza con vigor su faceta más hedonista y bailable en lo sonoro con un saldo irregular, en un giro temático en torno a los efectos autodestructivos de la masculinidad, no del todo logrado.

# The xx

*Suave es la noche*

2005
Londres (Reino Unido)

Tomando como corpus expresivo un severo minimalismo que evoca a Young Marble Giants, el paisajismo sombrío de la escuela post punk de The Cure, la sensación de misterio propia de los mejores producciones del sello 4AD y la economía de medios de las últimas tendencias electrónicas del underground anglosajón (del 2 Step al dubstep, pasando por el r&b comercial), The xx han emergido como uno de los proyectos de referencia del pop de vanguardia en la última década. Formados en Londres en 2005 en torno a Romy Madley Croft, Oliver Sim y Jamie Smith (o Jamie xx), irrumpieron con el deslumbrante *xx* (2009), premio Mercury de 2010. Un trabajo nocturno, austero y de gran capacidad evocadora, cuyas seductoras pistas fueron también carne de *spot* publicitario y *jingles* televisivos. Su secuela, *Coexist* (2012), ratificó su factura pero no reeditó el mismo duende. Poco importaba, porque para entonces Jamie xx, productor y uno de los tres ángulos del vértice de The xx, ya había demostrado su solvencia remezclando al legendario *soulman* Gil Scott-Heron en *We're New Here* (2011), unos meses antes del fallecimiento de este. Y más tarde se revelaría como un creador de mucho fuste con *In Colour* (2015), uno de los mejores álbumes de pop electrónico de los últimos tiempos, firmado a su nombre. El expansivo *I See You* (2017) aportó nuevas cotas de luz a su propuesta, sin rebajar su magnetismo. El pop de los 2010 no se entiende sin su influjo.

## Yo La Tengo

*La santísima trinidad*

1984
Hoboken, Nueva Jersey (EEUU)

Artífices de una carrera sin picos de popularidad pero tan consistente como una roca, el trío que forman Ira Kaplan, Georgia Hubley y James McNew envasa la quintaesencia (tanto operativa como meramente artística) del mejor indie rock norteamericano. Es la pareja que forman los dos primeros quienes forman Yo La Tengo en 1984, en Hoboken (Nueva Jersey), desde donde editan álbumes de un encanto aún embrionario, emborronando el legado de The Velvet Underground en los bocetos de baja fidelidad que integran *Ride The Tiger* (1986) o *President Yo La Tengo* (1989). Tras un delicioso disco de versiones de material ajeno (*Fakebook*, 1990) y varios cambios de batería, se les une James McNew, con quien enfilan una ristra de álbumes magistrales, preñados de electricidad desbocada, melodías de dulzura hip-

nótica, delicias acústicas y algún brote de electrónica casera, ya en la indie Matador, su casa hasta ahora. Es la que tiene en *Painful* (1993), *Electr-O-Pura* (1995) y *I Can Hear The Heart Beating As One* (1997) a sus máximos exponentes.

El cambio de siglo les induce a levantar el pie del acelerador, relajar el ritmo de sus canciones y absorber nuevos nutrientes (soul, bossa nova, doo wop, kraut, jazz), acometidos con ímpetu renovado, en otra sucesión de discos soberbios, que parecen tocados por el don de la infalibilidad: *And Then Nothing Turned Itself Inside-Out* (2000), *Summer Sun* (2003), *I'm Not Afraid Of You And I Will Beat Your Ass* (2006), *Popular Songs* (2009) y *Fade* (2013). 25 años después de su primer álbum de versiones de clásicos de la música popular, cierran el círculo con otro artefacto similar, *Stuff Like That There* (2015), en el que recrean otra vez con soltura canciones de George Clinton, Hank Williams, The Cure o The Lovin' Spoonful. Fueron, son y siguen siendo ejemplares, en todos los sentidos. Toda una institución.

# 3. Indie y rock alternativo en España y Latinoamérica

## Ampliando horizontes.
## El indie y el rock alternativo en España y Latinoamérica

El indie en España también requiere ser cifrado en una fecha fundacional. Será un inevitable reduccionismo, pero la gira *Noise Pop 92*, organizada por Luis Calvo y su sello Elefant, que llevó de *tour*, entre noviembre de 1992 y enero de 1993, a Penélope Trip, Bach Is Dead, Usura y El Regalo de Silvia por varias ciudades españolas, es un indiscutido kilómetro cero. Y el *Alternative Tour* que en octubre de 1993 saca juntos a nuestras carreteras a Los Planetas, Surfin' Bichos y El Regalo de Silvia (de nuevo), es su refrendo. Cierto es que ni aquellas bandas ni los incipientes sellos que los sustentaban eran los primeros en funcionar de una forma independiente. Nuevos Medios, GASA, DRO, 3 Cipreses, Twin o Citra, entre muchos otros, eran discográficas que llevaban bregando desde los primeros 80. Sex Museum, Los Enemigos, 091, Los Ronaldos, La Búsqueda, BB Sin Sed, Los Del Tonos, La Granja, Los Sencillos o Los Valendas eran grupos que llevaban ya por aquel entonces cerca de un lustro (o más, en algún caso) abogando por la ruptura con el agonizante discurso de los próceres de la Movida. Pero el cisma estético, el momento en el que el rock hispano se pone ante el espejo y se reconoce ante sus homólogos indies anglosajones, compartiendo las mismas señas de identidad, reside en aquel punto de inflexión entre los años 1992 y 1993.

No obstante, entre aquella generación de la segunda mitad de los 80 y los indies de pro, vale la pena volver a censar y poner en valor a una serie de bandas que ejercieron de bisagra, y que fueron como la generación perdida de nuestro rock. Una suerte de proto indie que tenía como referentes foráneos a The Velvet Underground, The Birthday Party, Stooges o Spacemen 3. Era una hornada inmediatamente anterior, la que encarnaron las ardientes canciones facturadas por Los Bichos, Cancer Moon o Surfin' Bichos. De los tres, solo los albaceteños Surfin' Bichos gozaron de continuidad en los 90 y más allá: al margen de las desgraciadas tribulaciones de los dos primeros, los Surfin' revelaban también devoción por los Pixies (uno de los tótems para el primer indie hispano) y su carrera posterior, ya desgajados en Chucho y Mercromina, fue esencial también para glosar el estilo a lo largo de los 90 e incluso los 2000.

Los referentes de aquel primer indie eran diáfanos: Sonic Youth, Nirvana, Pixies, Dinosaur Jr. o Teenage Fanclub. También, en mucha menor medida, el refinado pop inglés de Felt o la escuela Sarah Records, también británica. Las guitarras saturadas y sumidas en espirales de *feedback*, los textos en un inglés tan mimético que –muchas veces– apenas revelaban sentido (opacando un mensaje que se antojaba, como mínimo, secundario) y las melodías envueltas entre la herrumbre. En esas lides se curtieron Australian Blonde, El Inquilino Comunista, Penélope Trip, Automatics, Los Canadienses, Patrullero Mancuso, Eliminator Jr, Parkinson DC, The Frankenbooties o unos primerizos Sexy Sadie. Pronto despuntan Los Planetas, marcados por el uso del castellano y su pericia para plasmar melodías de impacto instantáneo. Algo que les lleva a debutar en largo con RCA, en 1994 (tras su paso por Elefant). Curiosa paradoja la suya: la banda indie por excelencia, casi siempre ha militado en una *multi*. Por su parte, Elefant, Subterfuge, Acuarela, Jabalina, Grabaciones en el Mar, Siesta, Munster, Romilar-D o BCore son algunos de los sellos que captan la efervescencia de una escena muy deslocalizada, en la que se avistan focos de irradiación en Madrid, Gijón, Zaragoza, Granada, Barcelona, Palma, San Sebastián, Getxo o Valencia, con mayor o menor intensidad.

Tampoco faltan –no podía ser una excepción– los versos sueltos, diseminados por diversos rincones del estado. Como el power pop de Los Hermanos Dalton, el rock abrasivo de Lagartija Nick, el crisol folk rock de The Pribata Idaho, la inflamación emocional de escuela post hardcore de Corn Flakes, el pop vigoroso de The Vancouvers o, ya en pleno 1995, el indefinible pero magnético discurso de El Niño Gusano, una de las formaciones más singulares que ha dado nunca el pop español. Sin olvidarnos de Sr Chinarro, el longevo proyecto de Antonio Luque, que empezó adaptando las brumas de Joy Division al paisaje andaluz y aún hoy sigue gozando de muy buena salud. Ni tampoco de toda la escudería del sello castellonense No Tomorrow, muy alejado estilísticamente de aquello (lo suyo era el punk, el hardcore o el power pop), pero legatarios de suculentos discos a nombre de Shock Treatment, Depressing Claim, Señor No, Nuevo Catecismo Católico o Los Brujos, tan independientes como el que más. Precisamente 1995 marca un breve punto de inflexión en el género en España, ya que es el año en el que arranca el Festival Internacional de Benicàssim (FIB), primer gran escaparate para las bandas indies hispanas. Fue concebido a imagen y semejanza de multitudinarios eventos británicos como Reading y Glastonbury, y ensanchó un camino (el de los festivales al aire libre) que habían emprendido antes el andaluz Espárrago Rock o el Serie B de Pradejón (La Rioja), y que correría en paralelo a la consolidación de la escena, no obstante siempre precaria en cuanto a infraestructuras.

Por buscar puntos de fuga a un entramado de músicos que supuró mimetismo –pero que también legó unos cuantos trabajos perdurables, que han aprobado el *test* del tiempo– conviene resaltar que en Donosti cuajó una forma más sosegada, elegante y distinguida de afrontar el pentagrama. Así como se llegó a hablar del Xixón Sound para identificarlo con una forma de encarar el indie desde presupuestos noise rock, en San Sebastián se acuñó el término sonido Donosti para englobar a toda una saga de grupos que comenzó con Aventuras de Kirlian a finales de los 80, se prolongó con sus continuaciones, Le Mans y Daily Planet, y cobró sus mayores cotas de relevancia con La Buena Vida. Utilizaban el castellano y evitaban el ruido. Lo suyo eran las brisas del pop de la costa oeste americana, la tradición francesa, el twee pop sajón legado por sellos como Sarah Records, algunos arrumacos de bossa nova o la lírica de Vainica Doble. Nada que ver. En paralelo a ellos, pero desde una vertiente más tecnificada, se gestó uno de los grandes discos de referencia para toda una generación: *Un soplo en el corazón*, de los también donostiarras Family, en 1994.

A partir de 1996 comienzan a proliferar los cambios de tercio idiomáticos, ya que muchas de las bandas señeras del indie español se pasan al castellano para ampliar su público y hacerse entender. No solo eso, también se dejan seducir por los cantos de sirena de los grandes sellos (en paralelo a los de la publicidad), que les invitan a abandonar la independencia o, al menos, a dejarse distribuir y asesorar por una *major*. Es lo que ocurre con Australian

Blonde o El Niño Gusano, en nuevas singladuras poco fructíferas. Paradójicamente, es una banda que todavía milita en una indie y que canta en inglés la que se lleva el gato al agua. Dover superan cualquier previsión y convierten su segundo álbum, en 1997, en todo un fenómeno de ventas, asumiendo los estertores del grunge como su corpus creativo. Mientras, la segunda mitad de los 90 ve cómo algunos proyectos surgidos después de la primera hornada, como Migala, Mus, Manta Ray, La Habitación Roja o Polar se consolidan. Y emerge una nueva camada de practicantes, con epicentro en Barcelona pero franquicias por todo el estado, de un pop naïf y pizpireto, austero y risueño a la vez: el de Los Fresones Rebeldes, TCR, Cola Jet Set, Juniper Moon, Me enveneno de azules, Niza o La Monja Enana, al que muchos llaman, despectivamente, tonti pop. Nosoträsh y La Casa Azul, surgidos de aquella quinta, fueron los únicos que más tarde evolucionaron de forma convincente para los no adeptos al estilo.

El cambio de siglo arrancó con otro extraño fenómeno. Fangoria, nacidos de las cenizas de Alaska y Dinarama en los 80, se convierten en una inquebrantable garantía comercial tras pasar su particular travesía del desierto en los 90. En un plano muy inferior en cuanto a popularidad, los 2000 vieron cómo algunos *songwriters* veteranos (y periféricos) iban entregando algunos de sus mejores discos, caso de Santi Campos, Ruper Ordorika, Julio Bustamante o Miguel Ángel Villanueva. Y es que si algo certificó la nueva década es que la figura del cantautor en castellano merecía ser reformulada, lejos de los prejuicios de la pana y el sermón. Algo en cuyo empeño tuvo mucho que ver la aportación de Nacho Vegas, ex Manta Ray. A su rebufo, iban progresando Aroah o Christina Rosenvinge. También Josele Santiago (Los Enemigos) se reinventaba con éxito, al menos creativo. Y entre 2000 y 2010 se iban consolidando proyectos como los propios Manta Ray, Parade, Refree, Pauline en la Playa, Astrud, La Costa Brava, Tachenko, El Columpio Asesino, Antònia Font, Standstill, Single, Klaus & Kinski o Standstill, por solo citar unos cuantos. Porque el detalle de todos ellos requeriría por sí solo otro libro, y su influencia a largo plazo no es aún tan cuantificable.

En el último lustro, de 2011 a 2017, el cambio de paradigma en el *indie* español se ha acentuado considerablemente con la consagración popular de una serie de bandas de extracción independiente, nacidas a principios de los 2000, que han crecido en paralelo al espectacular florecimiento de unos grandes festivales al aire libre que tienen poco en común con aquellas primeras citas de hace 20 años, más minoritarias. Así, Love Of Lesbian, Lori Meyers o Vestusta Morla (y sus émulos, Izal, Supersubmarina o Miss Cafeína) se han convertido en marcas de éxito, aupadas por al menos tres factores: el declive de las radiofórmulas (aunque cuentan con el apoyo firme de Radio 3), la ausencia de intermediarios entre su música y el receptor final que dicta la era del *streaming* y el auge de las redes sociales como medio de contagio viral. Son la cara visible y más amable de un *indie* que ahora circula a dos velocidades. Y en el que ellos recorren el mayor ancho de vía. Por debajo, hay toda una clase media que vale la pena poner en valor, integrada por McEnroe, Triángulo de Amor Bizarro, Pony Bravo, Tórtel, Soledad Vélez, León Benavente, Maronda, Alberto Montero, Nacho Umbert, Perro, Pablo Und Destruktion, Núria Graham, Disco Las Pameras!, Juventud Juché, Betunizer, Extraperlo, Hidrogenesse, Single, Mishima, Manel, Ornamento y Delito, Dotore, Aries, Mourn y muchos nombres más que se quedan en el tintero.

Respecto al proceso de expansión del indie y del rock alternativo en Latinoamérica, cabe decir que experimentó unos tramos similares, si bien resulta inabordable resumir aquí con todo detalle lo que deparó en Argentina, México, Chile, Colombia, Venezuela, Uruguay o Perú en las últimas dos décadas, por solo citar sus principales focos de difusión. En algunos de esos países, como México, el género adoptó desde un principio unas formas autóctonas muy claras. En otros, con una mayor tradición de rock clásico, el indie y lo alternativo lo tuvieron algo más complicado para dar con un perfil propio, como ocurrió en Argentina. Y en otros, como Chile, su formulación fue más vicaria y dependiente de filtros como el español, algo que se colige de la forma en la que algunos de sus músicos han adoptado trazas del techno pop hispano de los 80.

La tradición en México se remonta, como mínimo, a mitad de los años 90. Fue entonces cuando empezaron a trascender fuera de sus fronteras bandas que en cierto modo tomaban el relevo a Maldita Vecindad, Café Tacuba o Caifanes, pero desde presupuestos alternativos. Generalmente haciendo bandera del crossover o de la asunción de postulados electrónicos. Entre los primeros, los resultones Molotov, quienes gozaron de gran impacto comercial con el rabioso mestizaje de *Dónde jugarán las niñas*, en 1997. Entre los segundos, los contagiosos Titán y los arrebatadores Plastilina Mosh, cuyo testigo fue tomado unos años más tarde, ya en la primera década de los 2000, por Instituto Mexicano del Sonido, el proyecto de Camilo Lara: el mismo músico que ahora mismo está en boca de todos gracias a Mexrrissey, el proyecto en el que aborda desopilantes versiones en castellano de Morrissey. Así que puede decirse que su carrera es todo un triple tirabuzón alrededor del concepto de indie. Ya en el último decenio, han despuntado el post rock de Austin TV, la ortodoxia indie de Zoé, el folk de Carla Morrison, el dream pop de Ibi Ego o la excitante fusión de cumbia, hip hop y electrónica que pregonan María y José.

La cumbia es precisamente uno de los ingredientes supremos de la música independiente que se factura en los últimos tiempos en Colombia. No podía ser de otra forma, si tenemos en cuenta que el género surgió allí. Y lo cierto es que las enseñanzas de los veteranos Aterciopelados, su banda mas conocida fuera de sus fronteras en la segunda mitad de los 90, no cayeron en saco roto. Los ardorosos Bomba Estéreo o los más sedantes Systema Solar ostentan esa forma tan desprejuiciada de fusionar la cumbia con el hip hop, el electro, la psicodelia y otros géneros latinos, con lo que no es casualidad que se hayan convertido en sus ententes más exportables de última generación. Sin perder de vista a Los Pirañas, que son quienes guardan una relación más directa con la cumbia psicodélica más ancestral y con el ascendiente africano de la música facturada en la costa colombiana, en una tarea de recuperación histórica y de encomiable puesta al día de ese legado. Aunque también hay hueco en su reciente escena para argumentos más ortodoxos. Los que pregonan Doctor Krápula con su rock de rompe y rasga, The Mills con su indie rock épico para todos los públicos, V for Volume y su expansivo sentido del pop, Velandia y La Tigra con su renovación del folk andino o Telebit con su rock de pespuntes electrónicos.

Tan diversa como ella es también la escena vecina de Venezuela, que no ha gozado de la exposición mediática de países de su entorno pero exhibe en los últimos tiempos no pocos focos de interés: el noise rock de Niño Nuclear y los Mutantes de Saturno, el *post rock* de I:O y Tan Frío El Verano, la ardiente batidora de soul, afrobeat y free jazz que proponen Monsalve y los Forajidos, el imaginativo electro pop de Algodón Egipcio y, sobre todo, por su proyección internacional (Grammy Latino, participación en *shows* de la televisión norteamericana, inclusión de su música en videojuegos), La Vida Bohème, con su particular hermanamiento de post punk, funk, reggae o salsa. Una mezcla que no resulta extraña en la tierra de Los Amigos Invisibles, antecedentes de todos ellos.

Perú tampoco está exento de generar sus propias luminarias indies. No cabe esperar menos de un país que alumbró uno de los primeros hitos protopunk a mediados de los 60, Los Saicos, y que generó una fascinante miríada de bandas que fundían el rock psicodélico con la cumbia entre finales de los 60 y mediados de los 70, el llamado cumbia beat. La gran sensación peruana de las últimas temporadas son los extraordinarios Kanaku y El Tigre, un dúo que funde el folk andino con la polirritmia, la electrónica casera, la psicodelia y el tropicalismo, en un irresistible cóctel. Por debajo de ellos se sitúa el rock aguerrido de Cocaína, la seductora mezcla de ritmos tropicales, psicodelia y electrónica de Dengue, Dengue, Dengue, las subyugantes atmósferas de Las Amigas de Nadie, el lo fi crujiente de Eva & John o el dream pop evanescente de Laikamorí.

En Chile se ha enmarcado, por su parte, la escena de la que más se ha venido hablando en Europa en el último lustro. Y todo ha sido gracias a talentos como los de Javiera Mena, Francisca Valenzuela, Dënver, Gepe (y su esqueje Álex y Daniel), Ana Tijoux o Chico Trujillo. Trazar unos rasgos comunes a todos ellos es tan complicado como con cualquiera de las escenas precedentes, una dificultad que da buena cuenta de su riqueza. Mena, Valenzuela y Dënver practican, con mayor o menor acierto, un synth pop que tiene mucho en común con la tradición heredada del pop español de los 80. Gepe prima elementos del folk local y de la canción chilena por encima del rebozado sintético, Ana Tijoux es una excelente alquimista de hip hop, funk, cumbia y dub y Chico Trujillo actualiza elementos de la cumbia tradicional. Entre las nuevas generaciones, piden paso a gritos el post hardcore de los catalano-chilenos Familea Miranda, el space rock de Föllazkoid, el shoegaze de nuevo cuño de Chicago Toys, el hip hop y el funk coloristas de Tunacola y la deliciosa psicodelia envolvente de The Holydrug Couple. Sin olvidarnos, claro está, de la simpar Camila Moreno y su seductor y evanescente concepto de la canción folk, entre lo orgánico y lo electrónico.

En Argentina, país con una vastísima tradición rockera (de Los Gatos a Calamaro, pasando por Moris, Pappo, Charly Garcia, León Gieco, Soda Stereo, Spinetta, Cerati o Los Fabulosos Cadillacs), el *indie* ha asumido en los últimos tiempos diferentes formas. Tras varios lustros en los que su música tuvo en Babasónicos o Ilya Kuriaki & The Valderramas a sus vectores más exportables, el sonido austral pasó a estar encarnado, en su versión más ortodoxa y cercana al noise, por Él Mató a un Policía Motorizado, cuya deuda con Los Planetas no empaña un trazo autónomo con destellos propios. Su ejemplo ha sido seguido por 107 Faunos, Los Redondos, Las Ligas Menores o Victoria Mil. En una onda más post punk y new wave se desenvuelven los jugosos Viva Elástico. Los Frikstailers son seguramente quienes mejor mezclan la electrónica y la cumbia, encabezando una tendencia también apuntalada por El Remolón, El Hijo de la Cumbia o el formidable Chancha Vía Circuito. Perotá Chingó proponen una lectura del folk esencialista y singular, con destellos de realismo mágico. Aunque la reina de la vanguardia sigue siendo, por derecho propio, Juana Molina, quien lleva muchos años fundiendo como nadie el folk, el ambient, el pop y la electrónica de bajo presupuesto, en canciones magnéticas.

Y para terminar, en la vecina Uruguay, la misma tierra en la que Los Shakers, Los Mockers o Kano y Los Bulldogs (sí, los del original "En un vidrio mojado", popularizado por Los Secretos) despuntaron en los 60, la misma de la que emergió el talento de Cuarteto de Nos en los 80, Jorge Drexler en los 90 o el de Martín Buscaglia en los 2000, también el indie se ha hecho notar en las últimas décadas. La deliciosas melodías de trazo naïf de Juan Wauters, la lisergia y el árido stoner de Guachass, el punk funk de Santé Les Amis, el indie pop azucarado de Carmen Sandiego o el indie folk de Molina y Los Cósmicos revelan una excepcional riqueza de matices en el cultivo del pop y el rock independiente por aquellas tierras.

* * *

## Los artistas

# Astrud

*Inteligente acidez*

1995-2011
Barcelona (España)

Irónicos, desacomplejados y tocados por el el don para perfilar melodías contagiosas, los barceloneses Astrud fueron una de las grandes esperanzas de la escena independiente de finales de los 90, hasta el punto de que se llegó a elucubrar con que darían un salto de popularidad similar al experimentado por Mecano en los primeros 80. Nada de eso se cumplió, claro. Pero por el camino dejaron cuatro álbumes repletos de canciones de synth pop efervescente, desde su versión del "Bailando" de Paradisio hasta "El vertedero de São Paulo", pasando por "Esto debería acabarse aquí", "Mentalismo", "La boda" o "Todo nos parece una mierda". Manolo Martínez y Genís Segarra se habían conocido en un concierto de Pulp, en 1995 (*Algo cambió* es el título de su recopilatorio), y desplegaron hasta 2007 un rico imaginario pop en el que también cabían los conciertos callejeros o la creación de Austrohúngaro, su propio sello.

Tras la marcha de Martínez a EEUU, Segarra se volcó en los muy estimulantes (y más complejos) Hidrogenesse, junto a Carlos Ballesteros, aún en activo.

# Aterciopelados

*Pioneros andinos*

1990
Bogotá (Colombia)

Aunque hoy en día sean unas celebridades del rock latinoamericano, avalados por dos Grammy de la categoría, varias nominaciones en el apartado anglo y más de diez millones de discos vendidos por todo el mundo, Aterciopelados surgieron en un momento en el que ensamblar rock y folclore colombiano no era precisamente moneda de uso común. Formados en 1990 por Andrea Echeverri y Héctor Buitrago (el núcleo esencial de la banda), han proyectado su sombra patriarcal sobre cientos de formaciones colombianas que han ido surgiendo en las últimas dos décadas. Ambos procedían de la escena underground de su país (Buitrago venía, de hecho, del punk), pero juntos fueron tramando una fascinante forma de fundir rock, folk autóctono, bossa nova, salsa, boleros o apuntes electrónicos.

En su discografía, supervisada puntualmente por productores como Phil Manzanera o Andrés Levin y luego ya directamente pulida por Buitrago, destacan los álbumes *La pipa de la paz* (1997), *Caribe atómico* (1998), *Oye* (2006) y *Rio* (2008). El reciente directo *Reluciente, rechinante y aterciopelado* (2016), con invitados como Zoé, León Larregui o Dani Macaco, celebra de forma exultante sus ya más de 20 años de carrera.

# Belako

*Post punk sin complejos*

2011
Mungia, Vizcaya (España)

El cuarteto de Mungia (Vizcaya) representa como pocos el solvente descaro con el que una nueva generación de bandas españolas está fundiendo el legado del post punk con el del synth pop –ambos con filiación en los 80– de una forma tan natural que lo que podría sonar a refrito, tras tantos años de revival, acaba en sus manos tornándose excitante.

Tienen solo dos álbumes en el zurrón, *Eurie* (2013) y *Hamen* (2016), quizá poco para avistar un influjo determinante, pero cualquiera que les haya visto en directo dará fe de su pericia para revisar esos espectros, insuflándoles una nueva vida que se antoja rejuvenecedora. Sin que las sombras de Joy Division, The Cure o Pixies sean más que eso, sombras muy difuminadas. Lo hacen además con una destreza que ni siquiera bandas algo más curtidas, que últimamente se mueven en coordenadas similares –como Grises, Hola a Todo el Mundo o John Berkhout– , han podido igualar. Son una clara apuesta de futuro.

# Los Bichos

*Semilla negra*

1988-1992
Burlada, Navarra (España)

Calificarles de indies podría ser visto como una macabra broma del destino, pero no sería justo obviar a Josetxo Ezponda y sus Bichos como un eslabón fundamental entre aquella generación que agonizaba creativamente cuando los 80 emitían sus últimos estertores y aquella otra que distorsionaba sus guitarras y chapurreaba en un inglés más que dudoso cuando los 90 amanecían.

Ejerciendo de bisagra generacional desde unos presupuestos que hoy nos parecen plenamente usuales pero entonces eran casi malditos (la herrumbre del rock de las antípodas, la herencia de The Velvet Underground, The Cramps o el rock and roll más oscuro de los 50), Los Bichos despacharon desde Burlada (Navarra) dos excepcionales discos: *Color Hits* (1989) e *In Bitter Pink* (1991), coronados por single*s* tan rotundos como "Verano muerto", toda una declaración de principios. Ezponda editaría solo un par de discos más, en solitario, pero sin continuidad: *My Deaf Pink... Love* (1991) y *The Glitter Cobweb* (1995). Falleció en 2013, tras años de vivir en medio de una penuria de la que no consiguió escapar.

# Bomba Estéreo

*Cumbia digital*

2005
Bogotá (Colombia)

La cumbia digital tiene en este cuarteto colombiano, formado por Simón Mejía, Liliana Saumet, Julián Salazar y Andrés Zea, a sus más populares valedores.

Deudores en un primer momento de sus paisanos Aterciopelados, han patentado una manera muy singular de fundir los ritmos electrónicos con la cumbia, la champeta, el reggae o el hip hop, a través de álbumes como *Estalla* (2008), *Elegancia tropical* (2012) o *Amanecer* (2015) –este último, ya en una multinacional– y sencillos tan arrebatadores como "Fuego" o "Fiesta".

Su presencia en los escenarios norteamericanos y europeos les ha permitido gozar de una enorme proyección fuera de su país, y sus vivaces directos son de los que no dejan a nadie indiferente. Son un valor seguro dentro del pop latinoamericano más aventurado.

# La Buena Vida

*Elegancia otoñal*

1998-2009
San Sebastián (España)

La discografía que Irantzu Valencia, Borja Sánchez, Mikel Aguirre, Pedro Sanmartín y compañía fueron editando desde Donosti subraya uno de los episodios más delicados, sutiles y exquisitos del pop español. Bajo el influjo de Love, The Beatles, The Byrds, Vainica Doble, la independencia británica de los 80 y la alargada sombra de sus paisanos Aventuras de Kirlian, La Buena Vida sembró elegancia en el indie estatal durante casi dos décadas, llegando incluso a promediar en listas de éxitos en su última etapa, en pleno retroceso de las ventas físicas. *La Buena Vida* (1994) les situó en el mapa, pero fue *Soidemersol* (1997), con sus excelsos arreglos orquestales, el disco que supuso un punto de inflexión para su carrera. *Panorama* (1999), *Hallelujah!* (2001), *Álbum* (2003) y *Vidania* (2006) ratificaron, sin sobresaltos ni baches, su capacidad para bosquejar otoñales postales sonoras, emblemáticas como concreción más popular del llamado *sonido Donosti*. Irantzu Valencia dejó la banda en 2009. Y Pedro Sanmartín, bajista y uno de sus compositores, falleció en 2011 en accidente de tráfico, haciendo más doloroso el recuerdo de su legado.

# Calle 13

*Aldea global*

2004
Trujillo Alto (Puerto Rico)

"¿Qué importa si te gusta Green Day? ¿Qué importa si te gusta Coldplay? Esto es directo, sin parar, *one way*". Lo cantaban Calle 13 en su primer gran éxito, aquel "Atrévete Te Te", a ritmo de reggaeton, de su álbum de debut, *Calle 13* (2005). Toda una declaración de principios. Y ustedes se pregun-

tarán qué pinta una banda así en un libro dedicado al indie y el rock alternativo, más aún cuando siempre ha militado en compañías multinacionales. Pues bien, tanto su modo de pulverizar estereotipos en torno a algunos de los géneros con más predicamento en el Caribe como su compromiso con causas nobles, o su órbita de colaboraciones, justifican que se les tenga en cuenta como una de las células creativas más independientes por su *modus operandi*. Los hermanastros René Pérez Joglar (alias Residente) y Eduardo Cabra Martínez (alias Visitante) han contado a lo largo de su carrera con músicos como Gustavo Santaolalla, Tego Calderón, Mala Rodríguez, Vicentico, Orishas, Café Tacvba, Tom Morello, Rubén Blades, Silvio Rodríguez o The Mars Volta, lo que puede dar una buena idea acerca de la longitud de onda de su mensaje, apelando al pálpito del mestizaje cultural moderno, entre las tradiciones de ambos lados del océano atlántico. Su retahíla de Grammies (19 latinos y cinco convencionales, entre 2011 y 2014) no debería ocultar la frondosidad de su selvática oferta sonora: rock, pop, hip hop, reggae, cumbia, candombe o electrónica se acumulan en la propuesta del dúo puertorriqueño, que no ha hecho más que crecer desde que debutase hace diez años con su fulminante álbum homónimo hasta el espléndido *Multi Viral* (2014), quinto álbum de una carrera sólida y plena de momentos de una explosividad centelleante.

## El Columpio Asesino

*Hipnosis turbia*

1999
Pamplona (España)

Nunca serán cabezas de cartel de un gran festival, pero los navarros El Columpio Asesino han trazado una de las curvas más interesantes del indie español de los últimos quince años. En 2001 despuntan ganando el Proyecto Demo del FIB, y dos años después debutan con el homónimo *El Columpio Asesino* (2003), entre el fiero ladrido de Pixies y la exploración de sólidas tramas instrumentales, armadas sobre la afilada electricidad de sus guitarras. *De mi sangre a tus cuchillas* (2006) esboza continuidad, pero a partir de *La gallina* (2008), los ritmos sintéticos van ganando terreno, desde presupuestos que tienden a la experimentación. *Diamantes* (2011) genera el exitoso single "Toro", pero su turbia, hipnótica y poco convencional forma de abordar el pentagrama les lleva luego a pulir *Ballenas muertas en San Sebastián* (2014), hermanando de forma sugestiva la electrónica de desguace de Suicide con las sombras del after punk español (Décima Víctima, Esplendor Geométrico).

## Dënver

*Hedonismo y cerebro*

2004
San Felipe (Chile)

La pareja que forman Milton Mahan y Mariana Montenegro son una de las sensaciones más excitantes de reciente pop independiente chileno. Su canciones oscilan entre el hedonismo synth y el pop de amplio espectro (con apuntes de easy listening), siempre con ese pellizco de chispeante elegancia y sentido del humor que les singulariza. Debutaron en largo con el prometedor *Totoral* (2008), que allanó el terreno para que un par de años más tarde el diestro *Música, Gramática, Gimnasia* (2010) les abriera las puertas del mercado español y latinoamericano. Y desde entonces su propuesta no ha hecho más que crecer, con el sereno *Fuera de campo* (2013) y con el efervescente *Sangre Cita* (2015) como argumentos convincentes.

## Dover

*El diablo les salvó*

1992-2016
Madrid (España)

España es así: cuando las modas del ámbito anglosajón están extinguiéndose, los rescoldos de sus brasas alumbran una nueva llama en un país siempre a

remolque en cuestiones de rock. Por suerte, la banda que formaron Cristina Llanos, Amparo Llanos y Jesús Antúnez en Madrid en 1992 tenía también buenas canciones, y eso justifica que el multivendedor *Devil Came To Me* (1997), publicado en la indie Subterfuge e inspirado en gran medida en la efervescencia grunge que ya estaba aplacada al otro lado del charco, acreditase nuestro secular efecto retardado. Costó 80.000 pesetas (unos 480 euros) y vendió casi un millón de copias: negocio redondo. Antes habían editado el apreciable *Sister* (1995), y tras el bombazo comercial de su secuela, trataron de reeditar éxito con *I Was Dead For 7 Weeks In The City Of Angels* (2001) y el muy directo *The Flame* (2003). Posteriormente mutaron de forma sorprendente al pop electrónico con *Follow The City Lights* (2006), y luego se escoraron hacia resabios étnicos en *I Ka Kené* (2010), acogido con incomprensión. *Complications* (2015) certificó su vuelta a los orígenes tras un largo paréntesis, en un contexto menos acogedor que el que les recibió veinte años antes. En 2016 anunciaron su disolución.

# Él mató a un policía motorizado

*Noise platense*

2003
La Plata (Argentina)

Los platenses Él mató a un policía motorizado son la banda argentina que mejor ha sabido captar la esencia del noise pop y el espíritu de grupos como los primeros Los Planetas en sus canciones. Llevan bregando desde 2003, picando con pico y pala y una constancia encomiable en la cantera de ese indie de sesgo claramente anglosajón (aunque se expresen en castellano), regurgitado sin excedente de imaginación pero con inequívoca soltura. En su carrera, los EPs y los álbumes prácticamente compiten en relevancia. Destacan *Un*

*millón de euros* (2006), *Día de los Muertos* (2008), *La Dinastía Escorpio* (2012) o *Violencia* (2016). La banda, capitaneada por Santiago Motorizado, goza de una gran proyección en Brasil, México, EEUU o España, países en los que sus trabajos han sido puntualmente editados.

## Los Enemigos / Josele Santiago

*El escozor y la gloria tardía*

1985-2002, 2012 / 2004-2011
Madrid (España)

Se formaron en Madrid en 1985, y aunque calificarles de indies seguramente suene a herejía estética, lo cierto es que su papel como eslabón genuino entre los cánones de los tiempos de la Movida y los de la independencia de los 90, desde el sello GASA y con el rock deslenguado y castizo con ribetes rythm and blues por bandera, justifica su inclusión en este listado. Nunca obedecieron más que a su propio instinto, algo que se refleja en una discografía repleta de títulos notables como *Un tío cabal* (1988), *La cuenta atrás* (1991), *Tras el último no va nadie* (1994), *Gas* (1996) o *Nada* (1999), y alguno sobresaliente, como *La vida mata* (1990). Josele Santiago, Fino Oyonarte, Chema Pérez y Manolo Benítez se despidieron con su gira más multitudinaria en 2002, y no volverían a reunirse para grabar material nuevo hasta *Vida Inteligente* (2014). Entre medias, Santiago fue desvelando una estupenda carrera en solitario desde una óptica de cantautor rock más rica en matices, con *partenaires* como Nacho Mastretta o Pablo Novoa, en discos como el fabuloso *Las golondrinas etcétera* (2004), *Garabatos* (2006), *Loco encontrao* (2008) o *Lecciones de vértigo* (2011).

# Family

*Misterio y duende*

1989-2004
San Sebastián (España)

*Un soplo en el corazón* (1993) es un disco que marcó profundamente a toda una generación. Fue el único testimonio sonoro en largo del dúo que formaron el diseñador gráfico Javier Aramburu y el músico Iñaki Gametxogoikoetxea. El primero, al mando de voz, guitarras y programaciones. El segundo, empuñando el bajo y también corresponsabilizándose de las programaciones. Hasta entonces habían integrado el embrión de un proyecto llamado El Joven Lagarto, facturando tan solo maquetas, pero el fichaje por el sello indie Elefant les permitió editar un trabajo absolutamente irrepetible, preñado de una magia especial, que trasciende con creces la etiqueta del sonido Donosti (de allí procedían) en el que fue inicialmente encuadrado. Una suerte de synth pop austero y doméstico, de aliento genérico indefinido, poblado de textos tan aparentemente simples como magistrales en su capacidad de síntesis. Un puñado de melodías sin fecha de caducidad.

Su negativa a conceder entrevistas, dejarse fotografiar juntos o a prorrogar su breve carrera les confirió un aura de misterio que, sin duda, ha redundado en la revalorización de su trabajo, sujeto a reediciones a los diez o a los veinte años de su publicación por su sello, Elefant. Su influencia ha resultado crucial en la trayectoria posterior de Astrud, Parade, Apenino, Niza, Chico y Chica, Fangoria, Nosoträsh e incluso bandas que se presumían lejanas a sus coordenadas, como Chucho. La prueba es que algunas de ellas participaron en el homenaje colectivo *Un soplo en el corazón. Homenaje a Family* (2003), auspiciado por la revista *Rockdelux*.

# Gepe

*Fusión andina*

2001
Santiago de Chile (Chile)

Daniel Alejandro Riveros Sepúlveda es el nombre real de este músico de Santiago de Chile, hábil equilibrista entre los ámbitos del folklore andino, el pop luminoso y la electrónica expansiva. Su desenvuelta forma de integrarlos, especialmente desde su tercer largo, le ha permitido ser una de las figuras más exportables de las últimas generaciones del pop chileno. Cuenta con cinco álbumes, varios de ellos supervisados por el productor de cabecera del reciente pop indie del país sudamericano, Cristián Heyne. Se trata de *Gepinto* (2005), *Hungría* (2007), *Audiovisión* (2010), *GP* (2012) y *Estilo libre* (2015). Este último es toda una declaración de intenciones, desde su mismo título a su elenco de colaboraciones, ya que combina la aportación de Javiera Mena (vieja conocida desde sus primeros balbuceos musicales) con la de la peruana estrella *freak* cibernética Wendy Sulca.

# La Habitación Roja

*Puente generacional*

1994
L'Eliana, Valencia (España)

El quinteto valenciano encarna como pocos la supervivencia entre la primera generación del indie estatal y sus últimas hornadas. La viabilidad de un discurso que se gestó a mitad de los 90 y ha perdurado hasta ahora, dotando progresivamente de solidez a un repertorio en el que, por encima de todo, priman las canciones de fuerte impronta melódica. El quinteto que ahora integran Jorge Martí, Pau Roca, Marc Greenwood, Jose Marco y Jordi Sapena nunca ocultó su devoción por R.E.M., The Smiths e incluso

Teenage Fanclub (en sus primeros tiempos), pero logró tamizarla en un sonido que, a golpe de constancia y tesón, pasó a ser reconociblemente propio. Entre lo más granado de sus diez álbumes es obligado resaltar *Nuevos Tiempos* (2005), con producción de Steve Albini, y *Fue Eléctrico* (2011), el primero de los tres consecutivos que les ha supervisado Santi García. Su directo es de los más sólidos en la escena hispana, rodado en cientos de citas en las que comparten estrado con bandas mucho más jóvenes, cuya parroquia supera a la suya. Pero la de La Habitación Roja es una carrera de fondo, marcada por un sello de calidad.

# El Inquilino Comunista

*Kool thing*

1991-1996, 2006
Getxo, Vizcaya (España)

Sí, eran lo más parecido a una franquicia de Sonic Youth que ha habido en España. Pero su extremada destreza técnica y el poder de sugestión de sus andanadas noise rock edificaron uno de los discursos más sólidos del indie estatal de los 90. Enarbolando el inglés como vehículo expresivo y la primacía de intrincados desarrollos de guitarra eléctrica como trasunto de un manojo de influencias del rock alternativo norteamericano (Sonic Youth, pero también Pavement, Pixies, Dinosaur Jr. o Pussy Galore). Facturaron dos extraordinarios álbumes, *El Inquilino Comunista* (1993) y *Bluff* (1994), y se despidieron con el más tibio *Discasto* (1996). Blandían el mejor directo de su generación, rodado también en escenarios internacionales. Y fueron la cara más visible de la escena de Getxo (Vizcaya), que incluso alentó la etiqueta *Getxo Sound*, que habían inspirado Los Clavos y luego prolongado bandas como Lord Sickness o Cujo, con el importante respaldo del Aula de Cultura de la localidad. En perspectiva, los discos de El Inquilino Comunista han soportado el embate del tiempo con bastante más frescura de la que era de prever, aunque su vuelta a los escenarios en los últimos años haya sido acogida con tibieza.

## Illya Kuriaki and The Valderramas

*Coctelera austral*

1990-2001, 2011
Buenos Aires (Argentina)

Dante Spinetta y Emmanuel Horvilleur, hijos respectivamente de los músicos Luis Alberto Spinetta y Eduardo Martí, forman desde 1990 una de las batidoras de fusión más potentes de la música popular argentina. Más esteticistas que iconoclastas, más propensos a la agitación de una mezcla sugerente que a la liquidación por la vía directa de nichos genéricos, su música se nutre de rock, hip hop, funk y soul de la vieja escuela, sin que ninguno de esos ingredientes ahogue el sabor del resto. Y aunque siempre se han movido en grandes sellos, su trabajo de fusión ha sido tremendamente influyente en bandas de todo el continente, en paralelo a proyectos similares que también han sentado cátedra en las mismas coordenadas, como los angelinos Ozomatli, los mexicanos Control Machete o los venezolanos Los Amigos Invisibles. Entre sus discos destacan *Horno para calentar los mares* (1993), *Chaco* (1995), *Versus* (1997) o *Leche* (1999). Se separaron en 2001, pero tras diez años volvieron a los escenarios en un retorno que también deparó un par de nuevos álbumes, *Chances* (2012) y *L.H.O.N.* (2016).

# Instituto Mexicano del Sonido

*La ciencia de la fusión*

2004
Ciudad de México (México)

La proyección internacional del pop mexicano reciente y su pátina de renovación no se entendería sin el trabajo de Camilo Lara al frente de Instituto Mexicano del Sonido. Ha fusionado el pop con el folk, el *hip hop* o la electrónica, y siempre con excitantes resultados. En su debut, *Mexico Maxico* (2006), ya mostraba su pericia para citar a Esquivel con elementos de dub, cumbias, cha cha chas o ritmos electrónicos. Y en trabajos posteriores como *Piñata* (2007), *Soy Sauce* (2009) o *Político* (2012), este último con abundantes referencias, plenas de acidez, a su entorno sociopolítico, ha ido consolidando su discurso. Su último giro maestro es la inteligente e ingeniosa adaptación al castellano de los temas de Morrissey, en una maniobra que podría ser una *boutade* pero que alberga mucho más túetano del que se le presumía. Se trata del proyecto Mexrrissey, en clave latina y con su sección de mariachis, oficializando la fascinación que el ex de The Smiths ejerce sobre su extendida parroquia mexicana. Su trabajo está plasmado en *No Manchester* (2016), un trabajo que ya han presentado por escenarios europeos. Poca broma con ellos.

# Kanaku y el Tigre

*De Lima al cielo*

2008
Lima (Perú)

Pocas bandas representan mejor el nuevo pop sudamericano que Kanaku y el Tigre. Su último trabajo, el celebrado *Quema, quema, quema* (2015), supuso una de las grandes sorpresas para el público europeo. Y no es de extrañar, porque su embriagadora mezcla de pop, electrónica, folk y psicodelia, de

las que asumen la tradición para propulsarla al futuro, seduce y convence desde la primera escucha. Los peruanos Bruno Bellatín (Kanaku) y Nico Saba (el Tigre) debutaron con el notable *Caracoles* (2011), pero su segundo álbum es el que ha dado la medida real de las enormes posibilidades que esbozaban en aquel trabajo, con temas tan irresistibles como "Pulpos" (con Leonor Watling), "Si te mueres mañana", "Bubucelas", "Hacerte Venir" (con Pamela Rodríguez) o el arrollador single que es el tema titular. No le hacen ascos a lo aderezos electrónicos, pero sus conciertos son exhibiciones de poderío orgánico, en compañía de una decena de músicos y un arsenal de percusión que se nutre de cualquier elemento a su alcance, ya sean botellas, palos o mesas. En su propuesta se citan el folklore andino y el pop soleado en sus múltiples expresiones, sin que los componentes que dan forma a su aleación sean fácilmente identificables. A falta de mejores definiciones, ellos definen lo suyo en las entrevistas como "música alternativa latinoamericana". Y nadie podría negarles el derecho.

## León Benavente

### *Apisonadora sónica*

2012
Madrid (España)

Curtidos desde hace años en bandas previas, León Benavente se convirtieron desde 2013 en uno de los combos más sólidos de la escena indie española. Tramaron sobre una precisa y potente base rítmica un argumentario que bebe del pop, el rock y el kraut, sedimentado en la agria situación sociopolítica que dio pie al movimiento 15-M, afortunadamente reflejado en sus textos sin proclamas obvias ni discursos sermoneantes. El gallego Abraham Boba (Tedium, Nacho Vegas), el maño Eduardo Baos (Tachenko), el asturiano Luis Rodríguez (Nacho Vegas) y el murciano César Verdú (Schwarz) debutaron con el imponente *León Benavente* (2013), refrendado por rocosos directos que atestiguaban su rodaje previo en otros proyectos (acompañando a Nacho Vegas, en la mayoría de los casos). Y no tuvieron problema alguno en darle continuidad con el también espléndido *2* (2016). Entre ambos, algún EP (*Todos contra todos*, de 2013) en el que versionaban "Europa ha muerto", de Ilegales. Y la sensación de que llegaron en el momento preciso y dando respuesta a las inquietudes de una parroquia de fans que ronda entre la treintena y la cuarentena, y que va progresivamente en aumento.

# Lori Meyers

*Volantazos severos*

1998
Loja, Granada (España)

La progresión de esta banda granadina es paradigmática. Conforme han ido desembarazándose de referentes indies anglosajones, han ganado en popularidad. Conforme han ido puliendo aristas a su sonido, han incrementado su parroquia. Debutaron con un *Viaje de Estudios* (2004), producido por Mac McCaughan (Superchunk), que les perfilaba como fulgurante promesa, en ese punto donde las guitarras veloces se citan con los estribillos memorables, en la estela de Los Planetas.

Con el también notable *Hostal Pimodán* (2005), supervisado por Tom Monahan (Pernice Brothers, Vetiver), abrazaron con fortuna la tradición pop hispana de los 60 (sus paisanos Los Ángeles, o Los Brincos), y en *Cronolánea* (2008) confirmaron su valía e incorporaron algunos pespuntes electrónicos, de la mano de Ken Coomer (Wilco). Sin embargo, *Cuando el destino nos alcance* (2010) apuesta por un pop electrónico de trazo grueso, tanto en lo lírico como en lo sonoro. Una apuesta que se confirma con *Impronta* (2013) y con *En la espiral* (2017), y que es precisamente la que les reporta un lugar destacado en los festivales de su país.

# Love of Lesbian

*Carácter bipolar*

1997
Sant Vicenç dels Horts, Barcelona (España)

Sintomático es el caso de esta banda formada en 1997 en Sant Vicenç dels Horts (Barcelona). Sus tres primeros álbumes, *Microscopic Movies* (1999), *Is It Fiction?* (2002) y *Ungravity* (2003), facturados en inglés bajo el influjo de bandas como The Cure, pasaron bastante desapercibidos. Pero a partir de *Maniobras de escapismo* (2005) abrazan el castellano y expanden sus referentes, afrontando un salto de popularidad que no ha hecho más que incrementarse, hasta el punto de ser una de las bandas con mayor poder de convocatoria de España, ya con soporte *major* en el último lustro. Tanto *Maniobras de escapismo* (2005) como *Cuentos chinos para niños del Japón* (2007) marcan su mejor registro, que empieza a hacer aguas con *1999 (o cómo generar incendios de nieve con una lupa enfocando a la luna)* (2009) y *La noche eterna. Los días no vividos* (2012). Sus melodías, con tendencia a lo surreal y querencia por un sentido del humor de trazo grueso, son defendidas de forma algo burda en decenas de festivales por todo el estado, algo que no es óbice (al contrario) para que su clientela crezca exponencialmente. *El poeta Halley* (2016) les muestra, afortunadamente, más sobrios y enfocados que sus anteriores entregas.

# Manel

*Costumbrismo sin pelos en la lengua*

2007
Barcelona (España)

Arnau Vallvé, Martí Maymó, Roger Padilla y Guillem Gisbert encarnan la conexión más notoria de un proyecto catalanoparlante con el público del resto de España desde los tiempos de fulgor de la nova cançó, hace más de

treinta años. Son de Barcelona y siempre se han expresado en su lengua materna, algo que no les ha impedido cosechar buenos guarismos en sus giras por todo el estado y convertirse en un relativo fenómeno de ventas. Con todo, lo más reseñable es que lo han logrado sin plegarse a las expectativas del público y con una carrera en continua evolución. En su debut, *Els Millors Professors Europeus* (2008), mostraban su pericia para conjugar un folk pop expansivo que compartía órbita con Beirut, Herman Düne o The Hidden Cameras, al tiempo que su capítulo de versiones dibujaba diversidad de intereses (de Shakira a Els Pets, pasando por su popular adaptación del "Common People" de Pulp). *10 milles per veure una bona armadura* (2011) consolidó su propensión a estribar vigorosos *crescendos* narrativos, pero *Atletes, baixin de l'escenari* (2013) refuerza el empalizado eléctrico de sus canciones para dotarlas de hechuras rock, hasta que en *Jo competeixo* (2016) se marcan un desvío aún más pronunciado hacia sonoridades latinas y pinceladas electrónicas, que refrenda su deseo por vestir sus canciones con ropajes distintos en cada nueva entrega.

## Manta Ray

*Alérgicos al conformismo*

1992-2008
Gijón (España)

Si hay una banda que ha demostrado con creces un permanente ansia de crecimiento, conformada como un ente mutante durante buena parte de los 90 y abordando los 2000 en un magnífico estado de forma, esos son los asturianos Manta Ray. Formados en 1992 por José Luis García y Nacho Álvarez, a quienes luego se unen Nacho Vegas, Nacho Álvarez e Isaías Sanz (luego reemplazado por Juan Luis Ablanedo), debutan en Subterfuge con un par de EPs que les sitúan en órbita cercana a Come, Tindersticks o Morrissey. Su triunfo en el Villa de Bilbao de 1995 (uno de los certámenes para bandas noveles más señeros de la época) contribuye también a que su debut, *Manta Ray* (1996), sea ya una obra madura. Ingresan en ese momento Xabel Vegas y Frank Rudow a la formación. Inquietos por naturaleza, colaboran con Javier Corcobado y con los galos Diabologum en sendas giras que alientan un álbum y un EP, respectivamente.

Tanto su segundo álbum, *Pequeñas puertas que se abren, pequeñas puertas que se cierran* (1998), como su concierto de aquel mismo verano en el escenario grande del FIB, les confirma como una de las mejores bandas del estado. Editan luego un álbum entero de adaptaciones de bandas sonoras de la historia del cine, *Score* (1999), por encargo del Festival de Cine de Gijón, y un poco más tarde refuerzan las texturas y el tono aventurado de su propuesta con *Esperanza* (2000), producido por Kaki Arkarazo. Su última etapa, en la que priman la veta más física de su música, bajo influjo kraut y post hardcore, se concreta en los sobresalientes *Estratexa* (2003) y *Torres de electricidad* (2006). Hay que reivindicarles. Siempre.

## Javiera Mena

*A la felicidad por la electrónica*

2000
Santiago de Chile (Chile)

El tándem que forman Javiera Mena y el productor Christián Heyne es uno de los más fiables y efectivos del reciente indie chileno. Perfilando un pop electrónico que bebe tanto de algunos próceres clásicos (Pet Shop Boys, Alaska y Dinarama) como de referencias más actuales (El Guincho, Yelle), su discografía no es abundante pero sí lo suficientemente efervescente y fiel a su cadencia habitual (un álbum cada cuatro años) como para despertar el apetito del fan, incrementado por las numerosas giras que Mena ha emprendido también por Europa. Sus canciones destilan hedonismo e incitación al baile, pero también elegancia y clase. Algo que se colige de cualquiera de sus trabajos, que marcan una línea ascendente, tanto en calidad como en lo intrincado de sus hechuras, cada vez más sofisticadas: *Esquemas juveniles* (2006), *Mena* (2010) y *Otra Era* (2014). En coordenadas similares opera, por cierto, la también valiosa discografía de su paisana Francisca Valenzuela.

# Molotov

*Incorrección política, previsibilidad sonora*

1995
Ciudad de México (México)

Micky Huidobro, Ismael Tito Fuentes, Randy Ebright y Paco Ayala forman Molotov desde 1995. La receta rap metal con apuntes latinos de este cuarteto mexicano seguramente no suponga novedad alguna para quien ya conozca a Rage Against The Machine, Red Hot Chili Peppers e incluso a Def Con Dos, pero su efectiva forma de esgrimirla en canciones como "Voto Latino", "Gimme The Power" o "Puto" fue la que les granjeó una enorme popularidad cuando debutaron con *¿Dónde jugarán las niñas?* (1997), un álbum producido por Gustavo Santaolalla y con el que irrumpieron con estruendo, dado su contenido políticamente incorrecto, preñado de críticas a la violencia policial, textos explícitos y aquella portada en la que una colegiala se desprendía de su ropa interior en el asiento trasero de un coche. Para su continuista secuela, *Apocalypshit* (1999), reclutaron a Mario Caldato Jr (Beastie Boys), pero su buena estrella comercial empezó a declinar con posteriores entregas que no aportaban prácticamente nada nuevo a su canon, como *Dance and dense denso* (2003) o *Eternamiente* (2007). Tras un amago de disolución, volvieron con fuerzas renovadas en una etapa que se corona sin novedades de mención con *Agua Maldita* (2014), aunque les sigue acreditando como herederos de otras bandas exportables de su país, como Maldita Vecindad, Café Tacvba o Caifanes.

## Juana Molina

*Huyendo de lo convencional*

1996
Buenos Aires (Argentina)

Si hay una artista imprevisible y poco convencional en el reciente *indie* argentino, esa es Juana Molina. Hija del cantante de tango Horacio Molina y de la actriz Chunchuna Villafañe, se dio a conocer protagonizando seriales televisivos en su país en clave de comedia, pero pronto dejó los platós para emprender una carrera musical mucho más provechosa. En ella ha utilizado como nutrientes algunos elementos del folk, la electrónica, el ambient, la psicodelia y hasta texturas cercanas al noise. Debutó con *Rara* (1996), producido por Gustavo Santaolalla, un trabajo en su momento encajado con cierto desdén por público y crítica. Pero el proselitismo de David Byrne en torno a *Segundo* (2000), su secuela, que recomendó vivamente e incluso le sirvió para llevársela de gira como telonera de sus conciertos, fue lo que comenzó a situar el nombre de Molina como una referencia del pop de vanguardia también en Europa. Tanto *Segundo* como *Tres cosas* (2002) fueron reeditados para el mercado europeo por el sello británico Domino. Con *Son* (2006) siguió retorciendo un concepto poco ortodoxo del folk, pero tanto *Un día* (2008) como *Wed 21* (2013) han confirmado su valía para explorar registros más electrónicos, siempre escapando del canon tradicional de canción. No extraña que haya hecho buenas migas con Feist.

## Camila Moreno

*Hechizo personal*

2007
Santiago de Chile (Chile)

Desmarcándose del hedonismo tecnificado de gran parte de ese reciente pop chileno que ha gozado de gran exposición fuera de sus fronteras, emerge el talento sutil, quebradizo y hechizante de Camila Moreno. Aún no ha gozado de la misma proyección que otros paisanos suyos, seguramente por no haber girado tanto fuera de su país, pero merece mucho la pena prestar atención a esta compositora, que cita a Björk, PJ Harvey o Radiohead entre sus influencias, aunque lo cierto es que malea los contornos de la tradición folk desde una perspectiva muy singular, sin miedo alguno a dotarlo de contemporaneidad. Su debut, *Almismotiempo* (2009), mereció una nominación el Grammy Latino, puntuando en las mismas lides de su secuela, *Opmeitomsimla* (2010). Sin embargo, en *Panal* (2012) refuerza –al mismo tiempo– los empalizados orgánicos y electrónicos que sostienen sus canciones, ganando en vigor y auspiciando una progresión que se concreta en el también notable *Mala madre* (2015). Colaboró con Calle 13 en el Festival de Viña del Mar de 2011. Su potencial no vislumbra límites.

## Carla Morrison

*Magnetismo árido*

2008
Tecate (México)

Hay quien la define como un cruce entre José Alfredo Jiménez y Patsy Cline, y lo cierto es que escuchando a Carla Morrison la definición no solo no chirría, sino que se ve reforzada porque esta mexicana rezuma la misma autoridad y magnetismo que cualquiera de las grandes damas del country

alternativo norteamericano, pero pasados por un filtro muy autóctono. Debutó en formato largo de la mano de Natalia Lafourcade, quien le produjo *Mientras tú dormías* (2010), pero su eclosión llego con el seductor *Déjenme llorar* (2012), que le reportó un par de Grammy latinos y se convirtió en disco de oro en su país. Moldeando un *tour de force* al que de momento no se le avista límites, el sobresaliente *Amor Supremo* (2015) transpiró más atención a las texturas de sus canciones sin restarle un ápice de hechizo, coronando su hasta ahora embriagadora carrera.

# El Niño Gusano

*Genialidad sin etiquetas*

1993-1999
Zaragoza (España)

Irrepetibles, singulares, geniales... el tiempo ha revalorizado a los zaragozanos como la banda más inimitable surgida del fermento indie español de los 90, en el que fueron subsumidos por una cuestión generacional, más que estilística. De hecho, no es en modo alguno aventurado considerarles como los Derribos Arias de aquel decenio. Sergio Algora, Sergio Vinadé, Mario Quesada y Andrés Perruca forman la banda en 1993 (Paco Lahiguera se uniría en 1997), y el *Palencia epé* (1994), editado por Grabaciones en el Mar, ya pone sobre la pista de un pop en castellano vehiculado en textos de aparente delirio, colindantes con el surrealismo, al servicio de melodías cuya filiación se puede expandir a lo largo de tres décadas (el pop hispano de los 60, la tradición psicodélica, el noise de bajo presupuesto), pero que básicamente solo suena a ellos mismos. Sus directos eran deliciosamente imprevisibles, siempre tocados de un extraño magnetismo. Su primer largo, *Circo Luso* (1995), expone –bajo una producción endeble– su galería de extraños personajes, fruto de la imaginación desbordante de Algora: el luminoso *micro hit* "La mujer portuguesa", la ternura acústica de "El hombre bombilla" o el dance pop famélico de "Capitán Mosca". *El efecto lupa* (1996), ya con distribución de RCA, blande un temario más cohesionado y vigoroso, hasta que *El escarabajo más grande de Europa* (1998) opera un giro de madurez –con producción de Joaquín Torres– que lo convierte en su mejor y más completo trabajo. También el más amargo, líricamente. En 1999 se disuelven, y Algora forma primero Muy Poca Gente y más tarde La Costa Brava (junto a Fran Fernández, de Australian Blonde, luego Nixon), mientras Vinadé monta los prolíficos Tachenko, cuya obra llega con excelente salud hasta nuestros días. El 9 de julio de 2008, Sergio Algora es encontrado sin vida en su casa, víctima de una dolencia cardíaca, y el recuerdo de El Niño Gusano se tiñe de mayor nostalgia desde entonces.

## Penélope Trip

*La mirada oblicua*

1988-1997
Gijón (España)

Concretando un manojo de referentes anglosajones (Pixies, Sonic Youth, My Bloody Valentine) pasados por un tamiz esquivo y a menudo imprevisible, los asturianos Penélope Trip (su nombre guiñaba el ojo al "Penelope Tree" de Felt, otra banda reverenciada) fueron una de las bandas clave del primer indie español. Tito Pintado, Pedro Vigil, Juan Carlos Fernández, David Guardado y Covadonga de Silva (luego en Nosoträsh) debutaron en el siempre inquieto sello Munster con el EP *Hammerhead!* (1991), pero es su álbum de debut, *Politomanía* (1992), el que expande su pericia para tramar hipnóticas andanadas de noise rock incandescente como "Helly", "Overdriver" o "Francine", pese a su factura casera. Participaron en la gira *Noise Pop Tour* de 1992 junto a Usura, El Regalo de Silvia y Bach Is Dead, y no cuesta mucho asignarles el carácter más singular dentro del llamado Xixón Sound. *Usted Morirá En Su Nave Espacial* (1994) depura su sonido sin restarle efervescencia, pero tras el estupendo *¿Quién Puede Matar a un Niño?* (1996), su mejor y más ecléctico trabajo, distribuido además por RCA, se separan al no lograr trascender de su condición de banda de culto. Telefilme y Anti (con Tito Pintado) o Edwin Moses (con Pablo Vigil) fueron algunos de sus proyectos posteriores.

# Los Pirañas

*Festivos espeleólogos*

2011
Bogotá (Colombia)

Pedro Ojeda, Eblis Álvarez y Mario Galeano integran desde hace algo más de cinco años esta formación bogotana, que recupera con suma destreza algunos de los sonidos frecuentados en Colombia hace décadas para proyectarlos al futuro en un cóctel de alta graduación. En esencia, cumbia, folk andino, música de procedencia africana y psicodelia pasados por una óptica más orgánica que sintética, pero siempre imaginativa. *La Diversión Que Hacía Falta En Mi País* (2015), el título de su segundo álbum, es suficientemente ilustrativo de la labor renovadora que Los Pirañas están llevando a cabo en los últimos tiempos, siguiendo en la senda abierta por bandas como Bomba Estéreo, aunque con menor aparataje electrónico. Hermanando tradición y vanguardia, asumiendo el legado heredado en los 90 de bandas como Aterciopelados o de músicos como Carlos Vives para dotarlos de una pátina de modernidad. Su debut largo se llamó *Toma Tu Jabón Kapax* (2012). En la actualidad, a su enorme proyección hay que sumar los proyectos paralelos Romperayo, Meridian Brothers, Ondatrópica o Frente Cumbiero.

# Los Piratas

*Entre dos aguas*

1991-2004
Vigo (España)

Esta banda de Vigo se movió durante toda la década de los 90 y parte de los 00 en pleno equilibrismo entre el indie y el mainstream, y quizá sin pretenderlo expuso las bases de lo que sería luego el cambio de paradigma en la escena independiente española. Sobre todo teniendo en cuenta que su líder, Iván Ferreiro, forma parte en solitario y desde hace años de ese primer ancho de vía por el que circulan las propuestas más populares del llamado indie estatal. *Quiero hacerte gritar* (1993) muestra un pop rock de sesgo postadolescente y vocación de radio fórmula, a la que dotan de cierta complejidad (bases electrónicas, pespuntes folk) en *Poligamia* (1995) y *Manual para fieles* (1997), ambos producidos por Juan Luis Giménez. Sin embargo, es en *Ultrasónica* (2001) donde se aprecia la influencia licuada de Radiohead o Los Planetas, emprendiendo una fase creativamente más provechosa, coronada por el atmosférico *Relax* (2003), supervisado por Suso Sáiz. Tras su disolución en 2004, Iván Ferreiro explota una exitosa carrera en solitario, con querencia por un pop de autor que perfila hasta nuestros días junto a su hermano, Amaro Ferreiro.

# Los Planetas

*Ingenio y determinación*

1993
Granada (España)

Salvo en su primer EP, militaron siempre en una *multi*. Asumieron preceptos del rock anglosajón (Felt, Television Personalities, Mercury Rev) pero los expusieron en castellano y los conectaron puntualmente con estribillos

marcados por el pop español de los 80, la década de la que todo el indie primerizo abjuraba. Y cuando su caudal expresivo amenazaba sequía, echaron la vista atrás para fundir sus enjambres de guitarras con la tradición de su tierra, concretada en los diferentes palos del flamenco, y continuando así la saga que sus paisanos Lagartija Nick espolearon con Enrique Morente en *Omega* (1996). Los Planetas son la banda más emblemática e influyente del indie español, pero rara vez han respondido a los estereotipos. Y seguramente ahí resida la clave de su grandeza. Saliendo tan airosos que casi siempre han podido manejarse con total autonomía.

La que podríamos considerar su tetralogía inicial de álbumes es imbatible, con mayor altura en el podio para el tercero de ellos: *Super 8* (1994), *Pop* (1996), *Una semana en el motor de un autobús* (1998) y *Unidad de desplazamiento* (2000), facturados tras el prometedor *Medusa EP* (1993), que editó Elefant Records. Jota Rodríguez, Florent Muñoz y su variable séquito de secuaces dieron con un imaginario repleto de canciones memorables, en las que el desengaño sentimental o la euforia podían citarse con el mundo del cómic, el del fútbol o el de los estados alterados de la percepción inducidos por las drogas. Su crecimiento como banda tuvo un reflejo desigual sobre el escenario, también paralelo al auge del Festival de Benicàssim, su cita fetiche: sus conciertos del año 2000 marcan su cima, no obstante. *Encuentros con entidades* (2002) mantuvo el buen tono, pero el tibio *Los Planetas contra la ley de la gravedad* (2004) mostró síntomas de agotamiento, de los que escaparon con *La leyenda del espacio* (2007) y *Una ópera egipcia* (2010), marcados (sobre todo el primero) por su forma de fundir engranaje rock y pálpito flamenco. En 2017 publicaron su noveno álbum. En los últimos tiempos han diversificado su producción en los proyectos paralelos Grupo de Expertos Solynieve y Los Evangelistas. Y siguen prodigándose en directo, de forma puntual. Son referencia más que indiscutible, desde hace años. Y emblema generacional.

## Plastilina Mosh

*Con la fusión por bandera*

1997
Monterrey (Mexico)

El tándem que formaron Alejandro Rosso y Jonás González en 1997 en Monterrey es uno de los principales causantes de que el rock alternativo mexicano haya deparado una imagen renovada en las últimas dos décadas, insuflando cierta modernidad (que no vanguardia) a su vertiente más exportable. Plastilina Mosh han fusionado siempre el rock con el hip hop o la electrónica, elaborando una receta sin demasiadas complicaciones pero muy efectiva. El productor Money Mark (Beastie Boys, Dust Brothers) les dio su bendición desde su primer viaje a Los Angeles, y contribuyó a que el nombre de Plastilina Mosh se hiciera familiar a oídos de la audiencia de la MTV a finales de los 90, mientras editaban *Aquamosh* (1998), su exitoso debut. Chris Allison, otro ingeniero de sonido en la órbita de Money Mark, les produjo *Juan Manuel* (2001), con menor cuota de funk y más de electrónica. *Hola Chicuelos* (2003) se desmarca luego operando un bandazo más pop, aunque no abandona prospecciones jazzies ni texturas rap. Aunque en *All You Need Is Mosh* (2008), título con guiño a los Beatles, son las guitarras las que cobran primacía. Desde entonces están en parón indefinido.

# Polar

*Intensidad ingrávida*

1994-2011
Valencia (España)

Se les comparaba a menudo con Galaxie 500 o Low –algo en cierto modo lógico– , pero la verdad es que no ha habido otra banda en España que haya sabido adaptar con tanto tino aquella emoción al ralentí de la escuela slowcore. Eran las suyas composiciones de rock perezoso que iban desenvolviendo un magma de intensidad gradual, de aquella que cala poco a poco, como la lluvia fina. Le aportaron además un decidido toque cinemático, plasmado en algunos de sus audaces espectáculos en vivo (musicando clásicos del cine), e hicieron gala de una personalidad acusada, que también lucía en sus versiones de temario ajeno. Y decidieron dejarlo justo en el punto álgido de su carrera, cuando habían vigorizado su discurso en canciones rotundas que deberían haberles reportado audiencias mayores. Jesús de Santos, Miguel Matallín, Paco Grande y Jesús Sáez integraron la nómina más estable de esta banda valenciana, responsable de una impoluta secuencia de álbumes, editados en los sellos Tranquilo Niebla, Jabalina y Absolute Beginners: *Sixteen Second Communication* (1998), *A Lettter For The Stars* (2002), *Comes With a Smile* (2004), *Surrounded By Happiness* (2006) y *Fireflies In The Alley* (2010). Encarnaron la prolongación de una estirpe sonora foránea, pero la dotaron de valor añadido.

# Christina Rosenvinge

*Crecimiento sostenible*

1980
Madrid (España)

Puede que su nombre siga arqueando las cejas de los más escépticos (o los menos informados), dada su trayectoria en Álex y Christina o Christina y

Los Subterráneos, despachando pop chicle para las radiofórmulas de la segunda mitad de los 80 y la primera de los 90, pero ya hace mucho tiempo que la compositora madrileña goza de una carrera tan consistente que no tiene por qué justificar nada acerca de su remoto pasado. El punto de inflexión llega cuando conoce a Lee Ranaldo (Sonic Youth), en 1994. Con él y con Steve Shelley graba en Nueva York *Frozen Pool* (2001), primer vértice de una trilogía, compuesta mayoritariamente en inglés, que completan *Foreign Land* (2002) y *Continental 62* (2006). Texturas gélidas y atmósferas confesionales dotan a su música de un halo de distinción, que se mantiene (con matices) en discos tan rotundos como el que grabó junto a Nacho Vegas, *Verano Fatal* (2006), o como *Tu labio superior* (2008), *La joven Dolores* (2011) o *Lo nuestro* (2015), ya solo a su nombre y apellido.

## Sex Museum

*Genuina independencia*

1985
Madrid (España)

Cuando se habla de independencia en este país, rara vez se repara en el sentido literal del término. Porque si hubo una banda que sentó las bases para el florecimiento de decenas de proyectos autogestionados y fieles tan solo a su propio instinto, esos son los madrileños Sex Museum, toda una institución del rock estatal desde que dieran sus primeros pasos a mediados de los años 80 en aquel epicentro de sonidos duros y garageros que fue desde entonces el barrio de Malasaña, en el corazón de Madrid. La banda de los hermanos Miguel y Fernando Pardo, completada en los últimos tiempos por Javi Vacas, Marta Ruiz y Roberto Lozano, ha sido el estandarte más notorio dentro de nuestras fronteras a la hora de enarbolar la esencia del garage, la psicodelia y el hard rock, siempre con conocimiento de causa y sin incurrir en excesos de pirotecnia, en discos como *Fuzz Face* (1987), *Nature's Way* (1991), *Sparks* (2000) o *United* (2006). Fernando Pardo se desdobló desde 1991 en Los Coronas, proyecto *surf rock* que desde 2010 mantiene una puntual alianza con los vallisoletanos Arizona Baby, los Corizonas. Quizá esas oxigenantes travesías paralelas ayuden también a entender por qué Sex Museum han rebasado los 30 años de vida. Todo un logro.

# Sr. Chinarro

*El sur también existe*

1990
Sevilla (España)

Antonio Luque es uno de los creadores más singulares que ha dado el indie español. Lleva más de dos décadas cultivando un imaginario propio, sin apenas deslices. Gozando de una reputación indiscutible, aunque las mieles del gran público no sean para él. Publicó sus primeras canciones en el sevillano Colectivo Karma, a principios de los 90, pero fue el sello Acuarela el que editó su primer EP, *Pequeño Circo*. De hecho, la discográfica nació junto con el grupo. Su primer álbum, *Sr. Chinarro* (1994), producido por Kramer (Low, Galaxie 500) en Nueva York, sienta las bases de su sonido, filtrando los espectros del post punk (Joy Division, The Cure) a través de giros autóctonos que tienen mucho que ver con el folclore andaluz, vehiculados en castellano. Plasmados muchas veces en textos que tienden a lo surreal. *Compito* (1996) concreta mejores resultados, y con *El porqué de mis peinados* (1997) factura uno de los mejores discos españoles de los 90. Mantiene el nivel con *Noséqué-nosécuántos* (1998), hasta que una fase de transición le lleva a caminos más áridos y experimentales, los de *La primera ópera envasada al vacío* (2001) y *Cobre cuanto antes* (2002). *El fuego amigo* (2005), con producción de Jota (Los Planetas) y colaboración de Enrique Morente, marca un punto de inflexión: su obra es más accesible, despide un fulgor más inmediato y trasluce con mayor visibilidad el influjo de los sonidos tradicionales del sur. Desde entonces, y prácticamente a disco por año, ha despachado una secuencia con algún altibajo, pero con trabajos tan notables como *Ronroneando* (2008), *Perspectiva Caballera* (2014) o *El Progreso* (2016).

## Surfin' Bichos / Mercromina / Chucho

*La saga imbatible*

1988-1994/1995-2005/1996-2005 y 2013
Albacete (España)

Fernando Alfaro, Joaquín Pascual, José María Ponce y Carlos Cuevas fundaron Surfin' Bichos en Albacete, en 1988. Y seguramente sin saberlo, inauguraron una de las sagas más brillantes del rock independiente español. José Manuel Mora –que sustituyó a Ponce– e Isabel León se incorporaron más tarde a una banda que esgrimía un rock hirviente y descarnado, con ecos de Pixies o The Velvet Underground, armado sobre los escabrosos textos de Alfaro, repletos de referencias bíblicas. Tramaron una espléndida retahíla de álbumes que no encontró el eco merecido, pese al tránsito de La Fábrica Magnética a un subsello de RCA. Quedaron encajonados entre el ocaso de las grandes estrellas del pop de los 80 y una escena indie que, en España, aún estaba casi en pañales. Aquella generación bisagra que mereció mejor suerte. Sus méritos fueron *La luz en tus entrañas* (1989), *Fotógrafo del cielo* (1991), *Hermanos carnales* (1992) y *El amigo de las tormentas* (1993).

Tras su disolución, Joaquín Pascual funda Mercromina. Luego, Fernando Alfaro hace lo propio con Chucho. Los primeros, de tacto más etéreo y con mayor querencia experimental, graban *Acrobacia* (1995), *Hulahop* (1997),

*Canciones de andar por casa* (1999), *Bingo* (2002) y *Desde la montaña más alta del mundo* (2005), una discografía extraordinaria. No menos fabulosa es la obra de los segundos, incorporando acentos electrónicos e inéditas cotas de luminosidad a discos como *78* (1997), *Tejido de felicidad* (1999), *Los diarios de petróleo* (2001) o *Koniec* (2004). Ambos proyectos acaban a mitad de los 2000, con lo que Surfin' Bichos renacen solo para una exitosa gira de reunión en 2006. Tras ella, Pascual se centra en Travolta, su nueva banda, y más tarde lo hace en su carrera en solitario, al igual que Alfaro. Ni renunciando a la marca grupal decae el promedio de calidad de sus trabajos, que obviamos glosar aquí porque darían prácticamente para otro epígrafe. En 2014, Chucho y Mercromina vuelven a los escenarios, en principio de forma puntual, aunque la banda de Fernando Alfaro edita, dos años después, *Los días luz* (2016). No hay un corpus troncal con mayor número de canciones memorables en el indie español que el suyo. Con eso está todo dicho.

## Systema Solar

*Las verbena galáctica*

2006
Bogotá (Colombia)

Colectivo colombiano con intereses que van más allá de la música pop (el arte visual, fundamentalmente), Systema Solar defienden como pocos ese jugoso cruce entre tradición y modernidad en el que se bate el cobre el pop latinoamericano más excitante de los últimos años. Sin hacer distinción entre lo popular y lo culto, funden en su batidora elementos de cumbia, champeta o fandango con ritmos prestados del hip hop, el house o la electrónica, en sintonía compartida con Bomba Estéreo, con quienes han colaborado. Su proyección fuera de sus fronteras se ha plasmado en su participación en festivales como South By Southwest, Glastonbury o Roskilde. Y la verdad es que tanto los argumentos aportados en *Systema Solar* (2010) como en *La revancha del burro* (2013) justifican de sobra los parabienes. La suya es la mejor de verbenas posibles, presidida por la orfandad de prejuicios y el desprecio por los nichos genéricos.

# Ana Tijoux

*Estrella con luz propia*

1997
Lille (Francia)

El *New York Times* la definió hace tiempo como la respuesta latinoamericana a la evasiva Lauryn Hill, pero lo cierto es que la propuesta de la chilena Ana Tijoux (nacida en Francia, de padres emigrantes) está más cerca de lo que sería una versión *urban* de Lila Downs. Y en sus discos y en sus directos se impone, como un rodillo, su efervescente fusión de hip hop, funk, pop, cumbia y dub. Debutó con *Kaos* (2007), un disco de acabado aún convencional, pero a partir de *1977* (2009) comienza a despuntar su habilidad innata para emborronar barreras entre estilos, con single*s* tan rotundos como el tema titular, recomendado fervientemente por Thom Yorke (Radiohead). También su diáfano posicionamiento sociopolítico, expresado en textos que denuncian el patriarcado, los regímenes opresivos o las agresiones medioambientales. El ambicioso *Vengo* (2014) es el último capítulo de su trayectoria. Un disco que prescinde de sampler*s* e incrementa la presencia de nutrientes extraídos de géneros añejos de Latinoamérica, como el folk andino, y que volvió a sumar nominaciones en los Grammy latinos. Una estrella con luz propia, sin duda.

# Titán

*Sampledelia azteca*

1992
Mexico D.F. (Mexico)

En esa encrucijada que puede revestirse de seductor retrofuturismo o bien caer en cierto esteticismo huero, los mexicanos Titán gozan de un hueco reservado. A finales de los 90 se convirtieron en una de las bandas más exportables de su país, y allanaron el camino para que formaciones posteriores (como Instituto Mexicano del Sonido) hallasen el eco necesario a sus modos de hacer, centrados en la exploración de una electrónica que se nutre de psicodelia, rock progresivo e incluso del llamado rock ondero mexicano de hace cuatro décadas. La carrera de este trío, no obstante, ha sido tan intermitente como notoria, ya que sus miembros la han compatibilizado con otros proyectos personales. Emilio Acevedo y Julián Lede forman Titán en 1992, hasta que se les une Jay de la Cueva en 1997.

Su debut, *Terrordisco* (1995), editado en el sello Culebra, no obtuvo gran éxito pero marcó una influencia capital en bandas posteriores. Sería *Elevator* (1999), de todos modos, el disco que les consagraría en el plano internacional: un trabajo en la onda de las producciones de Mario Caldato Jr. para los Beastie Boys, sintetizando pop y electrónica gomosa con el contagioso single “Corazón” (que sampleaba sin rubor un viejo tema de Carole King) ejerciendo de mascarón de proa. No en vano, se editó en Grand Royal Records, el sello de los Beastie Boys, y tuvo distribución internacional vía Virgin. Michael Franti (Spearhead) participó en su producción. Tardaron seis años en editar su continuación, el homónimo *Titán* (2005), que ya rebajaba la cuota de excitación. *Dama* (2016), con colaboraciones de Gary Numan o El Columpio Asesino, es su última apuesta por reverdecer viejos laureles.

## Triángulo de Amor Bizarro

*Centrifugadora sónica*

2004
Abanqueiro, La Coruña (España)

El gran mérito de los gallegos Triángulo de Amor Bizarro es haber logrado una alquimia que, pese a barajar no pocos de los modismos que identificaron al primer indie español, emerge con total autonomía en pleno siglo XXI. Lo han conseguido gracias no solo a sus abrasivos directos, sino también –sobre todo– por el inagotable vigor con el que se han ido abriendo a otras influencias, quizá no tan notorias como la escuela noise rock de la que beben, pero igual de identificables. En su caso, la rítmica prestada del hip hop y los guiños a los *girl groups* de finales de los 50 y principios de los 60, que se evidencian en *Salve Discordia* (2016), su último álbum hasta el momento. Y también el más logrado de una carrera constante y en permanente ascensión. Desde el homónimo *Triángulo de Amor Bizarro* (2007) hasta el ya mencionado, pasando por *Año Santo* (2010) y *Victoria Mística* (2013). La música de Rodrigo Caamaño, Isabel Cea, Rafael Mallo y Zippo (quien reemplazó a Carlos Vilariño en 2011) detenta la fiereza del noise, el magnetismo melódico del shoegaze y la adherencia del mejor pop, regurgitados con el arrojo de una centrifugadora sónica a pleno rendimiento. No es de extrañar que hayan trabajado con Paco Loco (Australian Blonde, The Ships), Carlos Hernández (Los Planetas, Mercromina) o Peter Kember (Spacemen 3). Ni que sean una de las bandas que forman parte de esa segunda línea de combate tan habitual en los carteles de los festivales españoles, distantes –también en poder de convocatoria– de los nombres más acomodaticios, pero plenamente asentados como referencias sin discusión.

# Nacho Umbert

*La conversión sin peajes*

2010

Barcelona (España)

El barcelonés Nacho Umbert enmarca el trayecto más mollar de la independencia hispana desde los 90 hasta ahora, con la salvedad de haberse saltado casi todas las paradas intermedias del trayecto: pasó del slowcore emborronado –en sintonía con las tendencias anglosajonas– que defendió al frente de Paperhouse a mediados de los 90 –en discos como aquel *Adiós* (1996) que presentó en el FIB del mismo año– al molde de una canción de autor mediterránea, costumbrista y dotada de jugosos cromatismos, esgrimida casi quince años después en un álbum tan sobresaliente como *Ay...* (2010). Entre medias, tres lustros de mutismo, de ir madurando una resurrección creativa en toda regla, acorde con la evolución de la propia escena (más proclive, con el tiempo, al perfil de autor) pero sin ninguno de los peajes propios del camino. Letras punzantes de aliento literario y ecos de folk, pop y jazz enmarcan su soberbia nueva etapa como Nacho

Umbert y la Compañía, en connivencia con Raül Fernández Refree, destilando austeras pero desarmantes viñetas de observación social. *Nos os creáis ni la mitad* (2011) y *Familia* (2015) son sus estupendos últimos capítulos.

## La Vida Bohème

*De Caracas al mundo*

2006
Caracas (Venezuela)

El cuarteto que integran Henry D'Arthenay, Daniel de Sousa, Sebastián Ayala y Rafael Pérez Medina es la banda más exportable de la última escena alternativa venezolana. Sus dos álbumes han sido distribuidos en EEUU, Canadá y México. Y no es extraño a poco que uno atienda a sus argumentos: *Nuestra* (2010) es un trabajo de rock bailable, muy en sintonía con el punk funk que tanto imperó en la escena anglosajona unos años antes, y en el que canciones tan explícitas como "Danz!" o "Radio Capital" (con un guiño evidente a los Ramones en su estribillo) actuaron como arietes. Sin embargo, *Será* (2013) es otra historia, aunque la proyección de su discurso no merme en absoluto, ya que integra pop electrónico, funk o ritmos latinos, con una ambición que les permitió ganar el Grammy latino a mejor álbum de rock. Los de Caracas tienen imagen, canciones contagiosas y capacidad para apelar a amplias capas de público. Solo falta que den continuidad a su carrera con un tercer álbum que anuncian desde hace tiempo, pero tarda en llegar.

## Nacho Vegas

*El indieautor*

1990
Gijón (España)

La carrera del gijonés Nacho Vegas dibuja el tránsito operado por gran parte del indie estatal: del rock eléctrico y enmarañado que se fijaba miméticamente en las luminarias anglosajonas a la aceptación de un rol de cantautor en castellano que hasta hace bien poco estaba plagado de estereotipos negativos, pero ya circula con plena normalidad, a veces incluso blandiendo un

renovado compromiso sociopolítico que tiene poco que ver (estéticamente) con los tiempos de la pana. Curtido en bandas de los 90 como Eliminator Jr y Manta Ray, la carrera en solitario de Vegas apostó ya de forma decidida por romper con su propio pasado en *Actos inexplicables* (2001), mucho más cercano a la poética de Bob Dylan, Townes Van Zandt o Nick Cave que a las guitarras distorsionadas de Sonic Youth, Dinosaur Jr o Pixies. *Cajas de música difíciles de parar* (2003), de nuevo con Paco Loco en labores de producción, redobló la apuesta de forma solvente con veinte canciones nuevas.

Un par de años más tarde, Vegas se desliga de la narratividad de sus clásicas y prolijas canciones-río y adopta una caligrafía más pop, con mayor querencia por estribillos luminosos (como el de "El hombre que casi conoció a Michi Panero") en *Desaparezca aquí* (2005), posiblemente su mejor trabajo. A partir de entonces combina su carrera en solitario con proyectos paralelos (como Lucas 15, entre el folk asturiano y el pop) y colaboraciones (como sus álbumes junto a Bunbury y Christina Rosenvinge, en 2006 y 2007). *El manifiesto desastre* (2008) depara un temario algo más irregular, con pocas novedades estilísticas. Sin embargo, *La zona sucia* (2011) recibe una acogida más calurosa, consagrándole como uno de los músicos de referencia del indie español. El single "Cómo hacer crac" (2011) marca para él un punto y aparte, tomando impulso desde el movimiento 15-M para redactar textos de denuncia social ante la crisis que atraviesa el país, que se verán refrendados en el desigual *Resituación* (2015) y en la gira que lleva a cabo meses más tarde en compañía del Coro Internacional Antifascista Al Altu La Lleva y miembros de la Plataforma de Afectados por la Hipoteca (PAH).

## Vetusta Morla

*El nuevo paradigma*

1998

Tres Cantos, Madrid (España)

Este sexteto de Tres Cantos (Madrid) encarna con precisión el nuevo paradigma de banda indie española: tras una travesía del desierto de nueve años,

alcanzaron un inesperado éxito desde la independencia logística (su propio sello) y con un caudal sonoro que se miraba sin ambages en corrientes que ya eran de dominio más qué público en el ámbito rock anglosajón (el influjo tortuoso de los Radiohead de finales de los 90, fundamentalmente). Lo que nadie podrá negarles, pese a que la singularidad de su discurso más temprano se preste a discusión, es que crearon escuela. Sin ellos no se entendería la proliferación de proyectos tan exitosos como Izal, Supersubmarina, Miss Cafeina, Carlos Sadness y demás reclamos de esa pléyade de festivales veraniegos, con carteles casi clonados, que pueblan la geografía hispana.

Su debut, *Un día en el mundo* (2008), difundió sus virtudes como la pólvora gracias al boca-oreja, y les situó como una de las formaciones con mayor poder de convocatoria del país. *Mapas* (2011) maduró su propuesta, que adquirió ya un trazo mucho más autónomo y desligado de referentes en *La deriva* (2014), su mejor trabajo, repleto de nuevos matices y sostenido –de forma nada obvia– en la desazón provocada por su contexto sociopolítico, quebrantado por la crisis económica y el descrédito de su clase política. Convencerán a los ya conversos y seguirán sin seducir a los escépticos, pero se han ganado a pulso un lugar de privilegio en su escena.

# 4. La cultura

*No hacemos juicios basándonos en el potencial comercial. Llámanos tontos, pero esto es lo que nos diferencia de otros sellos. Puede no ser la mejor política en términos de desarrollar un negocio, pero ¿quién dijo que nosotros solo tratábamos de desarrollar un negocio?*

Geoff Travis (Rough Trade) en 2009,
entrevistado por Johnny Marr (The Smiths)

La historia del indie y el rock alternativo es, más allá de los músicos (sus principales artífices), la historia de aquellos pequeños empresarios que arriesgaron sus recursos, generalmente escasos, en la edición de trabajos que no gozaban de una halagüeña perspectiva comercial. Benditos espíritus temerarios que en un principio daban forma a rodajas discográficas por puro amor al arte. El propio término *independiente* tiene connotaciones primordialmente logísticas, industriales, así que es perfectamente lógico que el relato de esa independencia esté íntimamente ligado a las discográficas que dieron voz a los músicos.

Muchas de ellas funcionaron bajo criterios empresariales de más que dudosa viabilidad. Otras ejercieron, al fin y a la postre, como campos de pruebas para los sellos grandes y multinacionales, que con frecuencia abastecían sus catálogos con músicos que, tras curtirse en las indies, ya estaban maduros para dar el gran salto en ventas que sus carreras demandaban. Algunas fueron directamente absorbidas por el pez grande, otras mantuvieron relativamente su independencia pero actuaron como subsidiarias de aquellas. Otras fueron tenaces en su resistencia a las *majors*, se mantuvieron siempre refractarias a llegar a ninguna clase de acuerdo o colaboración con quienes veían como la máxima expresión de la música adocenada, previsible, reaccionaria. Y otras, al margen de todo esto, lograron imprimir un sello personal a todo lo que editaban. Mediante una estética muy reconocible, plasmada no solo en sonidos sino en el trabajo gráfico que sus diseñadores de cabecera realizaban en cada una de sus portadas o en la comunicación corporativa (si se nos permite el adjetivo) del sello.

Los grandes festivales de música pop al aire libre, esos que hoy en día son moneda común en Europa, Norteamérica, Latinoamérica y en todo el mundo, y en los que un amplio porcentaje detenta, con mayor o menor justificación, el apelativo de indie, han sido uno de los fenómenos que sin duda han contribuido con más fuerza a popularizar esta suerte de género de géneros. Desde las clásicas citas de Reading, Glastonbury o Phoenix en la campiña inglesa a finales de los años 80, aún dominados por la desmañada estética *crusty*, hasta los actuales fastos del desierto californiano de Coachella, repletos de celebridades que lucen palmito de punta en blanco. Todo un mundo media entre ellos dos, jalonando una evolución a la que no fue ajeno nuestro país, con festivales como el FIB, Sónar, Primavera Sound y tantos otros. O como el Contempopránea de Alburquerque (Badajoz), que en 2016 rendía tributo al sonido C-86, en su treinta aniversario. Al detalle de algunos de ellos, así como al desglose de los principales sellos, dedicamos las siguientes líneas. El lector quizá echará en falta el relato paralelo de los fanzines, la principal herramienta de difusión del indie en su estadio de autogestión. O la relación de discográficas independientes hispanas, que podría comenzar con Elefant, Subterfuge, Acuarela, Grabaciones en el Mar, Siesta, Munster, Jabalina, Romilar-D, Houston Party, Astro, BCore o Chewaka entre finales de los 80 y finales de los 90, y continuar con Austrohúngaro, Limbo Starr, Los Enanos Gigantes, Green Ufos, El Ejército Rojo, La Castanya, Bankrobber, El Genio Equivocado, Gran Derby, Discos Humeantes, Sones, Sonido Muchacho o Foehn, ya en los últimos quince años. Así que la relación que sigue a continuación es, inevitablemente, incompleta. Pero ilustrativa.

* * *

## Los sellos fundamentales

### *Rough Trade*

Fundada por Geoff Travis en 1976 en la zona oeste de Londres, tan solo como una tienda de discos a imagen y semejanza de City Lights (San Francisco) y también en la senda del modelo más cercano de los sellos Chiswick o Stiff, pronto afrontó también las tareas de distribuidora y de discográfica. No hay una marca que represente mejor, y con un planteamiento de negocio más transversal, el espíritu del primer indie –el que nació directamente del punk– que Rough Trade. Su inspiración fue marcadamente cooperativista y de izquierdas. Alentaron The Cartel, la red de distribución a través de la cual los discos de Factory, 2 Tone o cualquier otra discográfica independiente podía colocar sus trabajos en las tiendas de todo el Reino Unido. En los 80 editaron discos de The Monochrome Set, Swell Maps, Vic Godard, Young Marble Giants, The Go-Betweens, Microdisney, Scritti Politti o The Smiths, quienes fueron durante años su grupo enseña y su principal sostén económico, pese a su tensa relación. La compañía entró en bancarrota en 1991, tras un crecimiento que no supieron gestionar. Pero renació en 2000, de nuevo de la mano de Travis y Jeanette Lee (una de las pocas mujeres en puestos de cierta responsabilidad de este negocio, tanto en el indie como en la gran industria), y desde 2007 forma parte de Beggars Group, nacido del sello Beggars Banquet. De su segunda etapa datan los discos de Belle & Sebastian, The Libertines, Warpaint, The Veils o Palma Violets.

## *Beggars Banquet*

Surgió en 1973 como cadena de tiendas de discos, centralizada en Earls Court (Londres), mucho antes de que el indie empezara a tomar forma, de la mano de Martin Mills y Nick Austin. Pero su catálogo es esencial para entender qué fue de la independencia sonora en el Reino Unido a partir de 1977, que es cuando comienza su andadura como sello con el *do it yourself* del punk como punto central de su *ethos*, y con The Lurkers como primera referencia. Desde entonces, han editado trabajos de Tubeway Army, Bauhaus, The Fall, The Go-Betweens (otra vez), The Charlatans, Tindersticks, Jack, Mercury Rev o The National. Actualmente dan nombre al conglomerado empresarial del que forman parte 4AD, Matador, Rough Trade, XL Recordings y Young Turks.

## *Factory*

Crisol de la independencia y catalizador cultural de primer orden en la ciudad de Manchester, el sello Factory fue el invento del inimitable presentador televisivo –entre cien cosas más– Tony Wilson y el actor Alan Erasmus, desde 1978 hasta 1992. Fue uno de los primeros en los que el indie era sinónimo de una marcada personalidad, que lo diferenciaba del resto. Tanto en lo visual (las portadas de sus discos a cargo del diseñador Peter Saville), como en lo logístico (la numeración de todo su catálogo, los famosos FAC), lo sonoro (las producciones de Martin Hannett) e incluso lo contractual (compromisos sellados en servilletas, o firmados con sangre). Alternaron odiseas de viabilidad comercial más que quimérica (los extraordinarios The Durutti Column, A Certain Ratio) con proyectos tan beneficiosos como los exitosos New Order, grupo emblema y también partícipes empresariales del buque insignia del sello, la sala The Haçienda, que no despegó hasta que el acid house, el espíritu *rave* y el sonido *Madchester* coparon los intereses de la juventud británica, a finales de los 80.

Happy Mondays, por cierto, eran su banda franquicia en aquel momento, pero también acabaron convirtiéndose en un enorme sumidero de deudas para un sello inspirador e influyente como pocos, pero exento de pericia empresarial. Como dijo Nathan McGough, a la sazón *manager* de los Mondays, "el fallo de Tony Wilson con los Happy Mondays es que no había una persona de clase media en sus filas, que son quienes entienden el contexto de la banda y cuál es su sitio culturalmente en la sociedad". Cerraron en 1992.

## *Postcard*

El sonido de la joven Escocia, como les gustaba definirse adaptando el viejo lema de la Motown. Eso era Postcard Records, creada por Alan Horne en Glasgow en 1979. Pasión, elegancia e incluso cierto aire pionero guiaron sus pasos, dando voz a Orange Juice, Josef K o los primeros Aztec Camera. Echó el cierre en 1981, pero su corta vida fue fundamental para entender posteriormente el C-86, sellos como Sarah Records e incluso aquel sonido grácil y distinguido que tanto prosperó en Donosti en los 90. Resucitó fugazmente entre 1992 y 1995, solo para la edición de algunos trabajos puntuales y recopilaciones de material antiguo.

## *Dischord*

Ian McKaye y Jeff Nelson la fundaron en Washington DC en 1980 para editar la primera referencia de The Teen Idles, la banda en la que militaban. Desde entonces, han sido santo y seña del hardcore norteamericano, a través de los discos de Minor Threat, Fugazi o The Evens (los tres siguientes proyectos de McKaye), Embrace, Jawbox, Nation Of Ulysses, Lungfish, The Make Up, Q and Not U o El Guapo. Su filosofía es férrea e inquebrantable, pregonando el *hazlo tú mismo*, vendiendo sus discos a precios reducidos sin acuerdos con *majors* y simpatizando, como es lógico, con el pensamiento *straight edge* de sus gestores. Sigue en activo.

## *SST*

Fundada en Long Beach (Caliornia) en 1978 por Greg Ginn, también para dar rienda suelta a su primera banda, Black Flag. Junto con Dischord (Washington DC), Twin/Tone (Minneapolis) y Touch and Go Records (Chicago), fue el principal semillero de bandas del rock underground norteamericano hasta el *boom* del grunge y Nirvana, en 1991. Por sus filas pasaron Minutemen, Hüsker Dü, Sonic Youth, Meat Puppets, Dinousar Jr. o Screaming Trees. La *crème de la crème* de lo que luego sería el rock alternativo. Muchos de ellos abandonaron a finales de los 80, descontentos con la política del sello, que en los 90 derivó hacia el *jazz*.

## *K Records*

El sonido desvencijado, desmañado, casi *amateur* de gran parte de las mejores bandas indies americanas e incluso británicas de los 90 no se entendería sin el sello creado por Calvin Johnson en Olympia (Washington) en 1982. Pioneros del lo fi y del twee pop, suyos fueron los primeros trabajos de Beat Happening y la International Pop Underground Convention, que reunió en 1991 a bandas como Bikini Kill, Fugazi, Jad Fair y los propios Beat Happening, y espoleó el nacimiento del movimiento riot grrrl, concretado a partir de aquel año por el sello vecino Kill Rock Stars. En los 90 siguieron en la brecha con Dub Narcotic Sound System y algunos de los primeros trabajos de Built To Spill, Modest Mouse y Beck.

## *Sub Pop*

Siempre será el sello del grunge, inevitablemente. Pese a que lleven dos décadas editando delicias que tienen poco que ver con todo aquello, como The Constantines, No Age, Pernice Brothers, Deerhunter y muchos más. Sub Pop siempre será la casa en la que Bruce Pavitt (y Jonathan Poneman, quien se unió dos años más tarde) editaron los primeros discos de Nirvana,

Soundgarden o Mudhoney, la semilla del grunge a partir de 1986 en Seattle, a raíz del *fanzine* Subterranean Pop y desde presupuestos rabiosamente independientes. El sello creció a partir de 1996, tras el cisma entre los dos socios, que derivó en la agria marcha de Pavitt.

## *4AD*

Fundada por Ivo Watts-Russell y Peter Kent en Londres en 1980, 4AD es la quintaesencia de sello independiente con ínfulas *arty*, cuidadoso de su propia imagen y propenso a un sonido reconocible, generalmente denso, reverberante y rebosante de misterio en muchas de sus bandas emblemáticas. La ilustraciones de Vaughan Oliver para sus portadas son indisociables de su identidad, así como la música que facturaron en los 80 Dead Can Dance, Cocteau Twins o This Mortal Coil, el proyecto del propio Watts-Russell. A finales de aquella década y principios de los 90 orientan el radar a la independencia norteamericana, y su trabajo es clave para difundir la música de Pixies, Throwing Muses, The Breeders, Red House Painters, Belly o The Amps en Europa. En 1999, Watts-Russell vende su participación a Beggars Group, pero la marca se mantiene como garantía de calidad.

## *Merge Records*

Uno de los sello indies norteamericanos por excelencia desde los años 90. Creado en 1989 en Durham (Carolina del Norte) por Mac McCaughan y Laura Ballance (pareja integrante de Superchunk), lleva dando cobijo desde entonces a decenas de trabajos de Polvo, Robert Pollard, Lambchop, The Magnetic Fields, The Clientele, Spoon, Telekinesis, Arcade Fire, American Music Club, Bob Mould o Titus Andronicus. Parte de lo mejor de la independencia de los últimos 20 años sale de sus arcones. Una garantía de calidad y creatividad genuinas.

## *Sarah Records*

Desde 1987 a 1995 y en la ciudad de Bristol, Clare Wadd y Matt Haynes asumieron ejemplarmente el legado de la antigua Postcard o de la londinense Cherry Red, aquel sello creado en 1978 bajo los auspicios de Ian Mcnay y Richard Jones, y que editó los primeros trabajos de Felt, Ben Watt, Tracey Thorn o Marine Girls. El sonido Sarah era legatario de todo aquello, y se convirtió en una etiqueta justo desde su creación, el año en que The Smiths se separaron. También procedían de un *fanzine*, *Scared To Get Happy* (hay una deliciosa recopilación quíntuple que lleva su nombre, por cierto), y sus bandas señeras fueron Heavenly, The Orchids, East River Pipe y, sobre todo, los exquisitos The Field Mice de Bob Wrattten. En 1996, Haynes creó Shinkansen, editando a Trembling Blue Stars, el nuevo proyecto de Wratten.

## *Creation*

El sello que estuvo prácticamente en todos los ajos. En el tardío post punk con Jasmine Minks o Biff Bang Pow!, en la grieta abierta por los primeros The Jesus & Mary Chain, en el C-86 con los primeros Primal Scream, en el shoegaze con My Bloody Valentine y hasta en el brit pop con Oasis. Aunque desde 1992 operó como subsidiaria de Sony, incapaz de afrontar sus propias deudas. Alan McGee, su fundador, integrante de Biff Bang Pow!, era rabiosamente independiente en sus planteamientos, pero a la vez muy ambicioso, algo que le diferenciaba de muchos de sus colegas. Lo más parecido a una *rockstar* dentro del gremio de los disqueros indies. Sus frenético tren de vida y sus excesos con las drogas eran *vox populi*. El sello cerró en 1999, generando un hijo póstumo (*XTRMNTR*, de Primal Scream, en 2000) y dio paso al más modesto sello Poptones, hasta 2007.

## *Mute*

La historia de Daniel Miller y su sello Mute, creado en Londres en 1982, tiene en común con Creation la generación de algunas bandas comercialmente prósperas, que permitían la viabilidad del proyecto sin comprometerlo creativamente. A diferencia de la plana mayor de sellos indies, que rara vez lograban que alguno de sus grupos diera con la tecla del éxito. Mute lo logró bien pronto gracias a Depeche Mode, heraldos de una escena synth pop de la que también formaban parte Yazoo o Erasure. Entre las muchas bandas de su escudería, el propio proyecto de Miller, The Normal, así como Nitzer Ebb, Fad Gadget, Nick Cave & The Bad Seeds, Einstürzende Neubaten, Crime & The City Solution o Goldfrapp. En 2002, Mute fue comprada por EMI, manteniendo su actividad, aunque en 2010 salieron de la misma para operar de nuevo independientemente, aunque bajo asesoramiento y distribución de la multinacional.

## *Matador*

Su catálogo es el complemento perfecto al de Merge. No en vano, sus trayectos son paralelos: fundada también en 1989, en su caso en Nueva York – por Chris Lombardi– , hasta el día de hoy ha acogido proyectos como los de Pavement, Liz Phair, Yo La Tengo, Helium, Sleater-Kinney, Modest Mouse, Cat Power, The New Pornographers, Mark Eitzel, Fucked Up, Shearwater, Kurt Vile o Majical Cloudz. Indie rock norteamericano sin ataduras de estilo, heterogéneo y poderoso. Como el de Kranky Records, por cierto, el sello fundado en Chicago por Bruce Adams y Joel Leoschke, más experimental, casa de Bowery Electric, Atlas Sound, Lotus Plaza o Stars of the Lid. O la canadiense Constellation, dando cobijo desde 1997 a Godspeed You! Black Emperor, Thee Silver Mt. Zion o Do Make Say Think.

## *Domino*

Es una indie creada en Londres en 1993 (su primera referencia fue un EP de los norteamericanos Sebadoh, licenciado al Reino Unido desde Sub Pop) con oficinas actualmente en EE.UU., Francia y Alemania. Aunque su punto álgido llegaría a mitad de los 2000, con el éxito de Franz Ferdinand y Arctic Monkeys, dando visibilidad a un catálogo del que ahora forman parte Junior Boys, Owen Pallett, Wild Beasts, Alex G, Car Seat Headrest, Robert Wyatt, The Kills o Villagers. Su acuerdo con el sello norteamericano Drag City le permitió distribuir a Will Oldham, Smog o Royal Trux en Europa durante los 90, aunque una década más tarde, con el triunfo de las bandas de Alex Kapranos y Alex Turner, empezó a gozar de un sesgo más británico. En una onda similar, es justo mencionar a la también londinense Wichita Recordings, creada por Mark Bowen y Dick Green en 2000, que lleva años editando trabajos de Bloc Party, Los Campesinos!, Les Savy Fav o The Cribs.

## *XL Recordings*

También comenzó en 1989. Richard Russell convirtió esta escisión londinense de Beggars Banquet en una de las franquicias más fiables del panorama independiente, ya que a su olfato comercial hay que agregar lo heterogéneo de su catálogo, que picotea de la electrónica, el rock, el grime o el neosoul. Entre sus artistas, The Prodigy, Beck, The White Stripes,

Radiohead, Badly Drawn Boy, Dizzee Rascal, Electric Six, Vampire Weekend, The Horrors, The xx, Gil Scott-Heron o FKA twigs. El descomunal éxito comercial de las últimas entregas de Adele contribuye, sin duda, a la prosperidad de su *roster*.

* * *

## Los festivales

### *Reading*

Es el clásico entre los clásicos de las citas británicas. El festival de Reading comenzó en 1971 con los gerentes de la sala londinense Marquee como directores, y con bandas del calibre de Genesis, Arthur Brown, Rory Gallagher o Wishbone Ash. Pero fue en 1989 cuando dio el gran giro: Mean Fiddler, la empresa de Vince Power, lo compra. Se olvidan de Meat Loaf o Bonnie Tyler (quienes habían encabezado su cartel el año anterior) y colocan en lo más alto de su *line up* a New Order, The Sugarcubes, My Bloody Valentine o Spacemen 3. Las entradas se agotan, el nuevo festival es un éxito. Y en años sucesivos se convierte en el mejor escaparate del indie y el rock alternativo. Pavement, Nirvana, Hole, Nick Cave, Pixies, Blur, Neil Young, Smashing Pumpkins o Björk protagonizan su edad dorada, en la primera mitad de los 90. Desde 1999 celebra una edición paralela en Leeds, aunque ya con distintos gestores y sin aquel aura de termómetro de la independencia que detentaba.

### *Glastonbury*

Comenzó a celebrarse en 1970, de forma intermitente, y desde 1981 –ya con Michael Eavis como director– con cadencia anual. Durante años fue el homólogo de Reading a finales de junio (aquel se celebraba a final de agosto), reuniendo a lo más granado del panorama independiente del momento, aunque con mayor incidencia en las artes y actividades paralelas. Su pedigrí alternativo también era anterior al de Reading, porque The Smiths, Hüsker Dü, The Woodentops o The Go-Betweens ya formaron parte de su cartel a mediados de los 80. Su periodo de mayor crecimiento es también entre 1990 y 1995, el arco temporal que va de Happy Mondays, Deacon Blue, Sinéad O'Connor o Jesus Jones a Jeff Buckley, Oasis, Elastica, Pulp y PJ Harvey. Aunque a principios de los 2000 experimentó otro repunte, con Coldplay, R.E.M. o Paul McCartney como reclamos. Se sigue celebrando hoy en día. En su edición de 2016, que coincidió con el referéndum sobre el Brexit, Michael Eavis instó a su parroquia a no desestimar su derecho al voto, en pro de la permanencia en la UE. No sirvió de mucho.

### *Festival Internacional de Benicàssim*

El FIB fue un invento de Miguel y José Morán, gestores de la madrileña Sala Maravillas, junto a Luis Calvo (Elefant Records) y Joako Ezpeleta (Revista Spiral). Nació en 1995 como versión hispana de los ya asentadísimos Reading, Glastonbury o Phoenix, concretando un anhelo que citas como el Espárrago Rock o Pradejón ya habían esbozado antes. Con Echobelly, The Charlatans, Supergrass o Los Planetas en su primer cartel. Desde entonces, el festival crece año a año, gracias a la mejora de su cartel y de sus infraestructuras. Desde los 8.000 asistentes diarios de su primer año hasta los 35.000 de 2002, fecha de su primer *sold out*, con Radiohead, The Cure o Chemical Brothers. En su segunda edición ya programó electrónica, ensanchando su ámbito más allá del indie de guitarras. En 2006, y en paralelo a la creciente britanización de su público, que crece hasta copar prácticamente la mitad de su asistencia, Vince Power entra en su accionariado, proceso que se completa con la marcha de los hermanos Morán en 2009. El último lustro ha visto cómo el festival se ha desnaturalizado respecto a lo que fue en su primera década, pero suyo fue el modelo que han imitado el BBK Live, Santander Music Festival, Mad Cool, Low Festival, Arenal Sound y cualquier otro gran festival indie en la última década. En 2016 ha experimentado un nuevo repunte, volviendo a situarse en torno a los 40.000 espectadores diarios gracias a su apertura a estilos como el hip hop y la electrónica de nuevo cuño.

### *Doctor Music Festival*

El conocido popularmente como *festival de la vaca* (por su logo y su emplazamiento en plena montaña) tuvo una vida corta, pero solo por haber reunido en su primer cartel a David Bowie, Lou Reed, Iggy Pop, Suede, y Sepultura, ya merece un hueco de renombre en la historia festivalera española. Desde

1996 a 1998 se celebró en Escalarre, en pleno pirineo leridano. Su última edición, en 2000, cambió a La Llanera, en Asturias.

## *Lollapalooza*

Creado en 1991 por Perry Farrell (Jane's Addiction) como una cita itinerante, fue durante muchos años el festival alternativo norteamericano por excelencia. Red Hot Chili Peppers, Living Colour, Nine Inch Nails, The Jesus & Mary Chain, Alice In Chains, Smahing Pumpkins, Beastie Boys, Ramones o Soundgarden certificaron su mejor época, de 1991 a 1997. Luego, tras un parón hasta 2003, generó franquicias en Chicago, Santiago, Sao Paulo, Buenos Aires, Berlín o Bogotá. Hoy en día, citas como el South By Southwest marcan un calibre mucho más fiable para valorar la independencia del momento.

## *Primavera Sound*

En la última década, el festival que se celebra en el Fórum de Barcelona se ha convertido en uno de los mejores de Europa (si no el mejor, directamente) gracias a un crecimiento que ha compatibilizado los números con la credibilidad artística. Nació modestamente en 2001 en el recinto del Poble Espanyol, en una ciudad que hasta entonces contaba con el urbano y gratuito BAM como principal plataforma alternativa (Belle & Sebastian, Tindersticks o Primal Scream pasaron por allí en la segunda mitad de los 90). En 2005 dio el salto al Fórum. Y a partir de 2006-2007 experimentó una vertiginosa progresión en abonos vendidos, con cerca de 60.000 espectadores diarios. ¿Las razones? Una oferta pantagruélica en la que han destacado los nombres de Brian Wilson, PJ Harvey, Neil Young, Radiohead, The Strokes o Pulp, y en la que la letra pequeña tampoco tiene desperdicio.

## *Coachella*

Las fotografías de celebridades vestidas para la ocasión y de *hipsters* que simulan conocer a bandas inventadas por los periodistas ante las cámaras de televisión posiblemente sean motivo de espanto para cualquier indie de largo recorrido. Pero no hay festival que enmarque mejor la evolución de esta clase de citas que el que se celebra cada mes de abril en la llanura de

Indio (California). Es la máxima expresión del triunfo de los festivales con coartada indie como grandes eventos de ocio, que trascienden con mucho el factor musical. Aunque la inclusión de LCD Soundsystem, Sufjan Stevens, Tame Impala, Ryan Adams, Interpol, Arcade Fire, Replacements o Beck en sus últimos carteles justifica su inclusión en este listado.

## *Indietracks*

En las antípodas de festivales masivos como Coachella, se celebra cada año desde 2007 esta cita que recupera gran parte del espíritu modesto y casi artesanal de las primera convocatorias indies en directo, ante unos pocos miles de personas. En esencia, se nutre de bandas que participan de los modismos del C-86, del anorak pop, del shoegaze, del twee pop y de muchos de los rasgos que definieron el indie británico entre la segunda mitad de los 80 y la primera de los 90. Ubicado en una antigua estación de tren de Butterley, Derbyshire (Reino Unido), ha contado en su cartel con veteranos recuperados para la causa como The Darling Buds, The Popguns, Comet Gain, The Jasmine Minks, The Primitives, BMX Bandits o The Orchids, clásicos como Edwyn Collins, Teenage Fanclub o Saint Etienne y con continuadores de su legado como The Pains of Being Pure At Heart, Veronica Falls o The Wave Pictures.

# 5. Los discos fundamentales

*Siempre he pensado que, digas lo que digas sobre el indie rock, es el género o la etiqueta más inclusiva que existe. No te encasilla demasiado, como ocurre con otras definiciones. Es más nuevo, tiene menos peso sobre sus espaldas. Me alegra estar en esa categoría.*

Andrew Bird

Teniendo en cuenta que hay decenas de revistas especializadas –en España, Europa y los EEUU– que han editado números especiales con los 100, 200, 300 o 500 mejores discos indies de la historia, no nos extenderemos demasiado en el detalle de cada uno de estos 50 álbumes, que hemos escogido en virtud de su influencia capital en generaciones de bandas posteriores, por su enorme significación o bien por su condición de gema por desenterrar. Sin desmarcarnos del ámbito foráneo, para poner puertas al campo. Y sí, podrían ser otros 50 perfectamente.

**Orange Juice**
*You Can't Hide Your Love Forever*
(Polydor, 1982)
La querencia por la ebullición del soul, la reverencia por las guitarras tintineantes de The Byrds, la capacidad de moldear estribillos pop perdurables... casi todo está ya aquí, en el debut del cuarteto de Glasgow. Crisol del que tomaron nota The Pastels, Pulp o Franz Ferdinand. La primera gran rúbrica del inoxidable Edwyn Collins.

**The Blue Nile**
*A Walk Across The Rooftops*
(Linn Records, 1983)
Percusiones insospechadas, insólitos detalles de cuerda, toscas cajas de ritmos, pianos crepusculares, xilofones secos, ecos de ventiscas y la inconfundible y emocionante voz de Paul Buchanan. No es synth pop, ni proto indie, ni rock adulto. Solo el primer capítulo de una bendita anomalía, compitiendo con el también sobresaliente *Hats* (1989).

**Prefab Sprout**
*Steve McQueen* (Kitchenware, 1985)
Fulgor pop en estado puro, expedido por un Paddy McAloon en estado de gracia. Impoluta producción de Thomas Dolby, quizá demasiado aferrada al brillo sintético de los 80. En cualquier caso, un puña-

do de canciones imbatibles. Clásico irrebatible, revalorizado con el tiempo.

**The Jesus & Mary Chain**
*Psychocandy* (Blanco y Negro, 1985)
La semilla del mal. El germen del que brotarían el shoegaze o el noise rock. El cincel melódico de Phil Spector o Brian Wilson sacudido en una centrifugadora de ruido blanco, emponzoñando su brillo virginal. Con los hermanos Reid empezó casi todo.

**The Smiths**
*The Queen Is Dead* (Rough Trade, 1986)
Romanticismo fatalista, vodevil, ecos del punk, jangle pop, rockabilly, reivindicación del vampirismo literario como fuente de creación y, en definitiva, la autoconmiseración elevada a la categoría de arte en mayúsculas. Todo eso y mucho más fue la obra maestra de Morrissey y Marr.

**Felt**
*Forever Breathes The Lonely World*
(Cherry Red, 1986)
Jangle pop de muchos quilates, destilado por la aguda pluma de Lawrence Hayward, uno de los grandes talentos opacos del pop británico de las últimas décadas. Vademécum perfecto para cualquier aspirante a estrella del firmamento indie.

**VV.AA.**
*C 86* (Cherry Red, 1986/2014)
Recopilación que agrupa por primera vez a una serie de bandas indies en torno a unos rasgos estilísticos más o menos comunes. Jangle pop, twee pop y demás hierbas, de manos de Primal Scream, The Pastels, The Wedding Present, The Bodines, Close Lobsters, McCarthy y muchos más. Reeditada y ampliada hace tres años, en un cuidado ejercicio de reivindicación histórica. A completar con la estupenda recopilación *Scared To Get Happy: A Story of Indie Pop 1980-1989* (Cherry Red, 2013).

**Cowboy Junkies**
*The Trinity Session* (RCA, 1988)
Antes de que Mazzy Star, Eleventh Dream Day, Mojave 3, Beth Orton, Alela Diane o Cat Power pulieran la vertiente más sedosa y narcótica de la *americana*, estos canadienses ya exorcizaban demonios en una iglesia de Toronto. Sublime.

**New Order**
*Technique* (Factory, 1989)
Hombre y máquina, cuerpo y alma, fundidos en gloriosa simbiosis. El pop más agridulce y certero, hermanado con el hedonismo synth pop. La noche de Ibiza tan solo como decorado de fondo, no como fin en sí mismo. Una fantasía sonora hecha realidad. La cima de New Order.

**Pixies**
*Doolittle* (4AD, 1989)
El exotismo volcánico de Black Francis, Kim Deal y compañía, mejor enfocado que nunca. Bebiendo del hardcore y del punk para regurgitar un sonido único. Nirvana, Sugar, Blur, Weezer, Spoon y cientos de bandas más les devolvieron el préstamo.

**The Cure**
*Disintegration* (Fiction/Polydor, 1989)
Obra de madurez definitiva, coronando su trilogía tenebrosa. Pop quebrado, oscuro y fascinante, hollando con suntuosa majestuosidad el molde en el que se inspirarían Placebo, Cranes, Curve, Him, Smashing Pumpkins, Piano Magic o The xx.

**Cocteau Twins**
*Heaven Or Las Vegas* (4AD, 1990)
El dream pop en su estado más diáfano y accesible. Sin discos como este, difícil-

mente se entendería la obra posterior de Lush, Beach House, Washed Out, Ashrae Fax, The Besnard Lakes y tantos otros.

**Slint**
*Spiderland* (Touch and Go, 1991)
El germen del post rock y de casi todos los mejores trabajos que dio el post hardcore de los 90. Su enigmático hechizo permanece, pese a su repetida recuperación en directo.

**Primal Scream**
*Screamadelica* (Creation, 1991)
Rock, acid house, psicodelia y espíritu *raver* bajo la supervisión de Andrew Weatherall. Un disco que encapsula a la perfección el *zeitgeist* de su época: guitarras y baile en perfecta cópula.

**Nirvana**
*Nevermind* (Geffen, 1991)
Ni la producción medida de Butch Vig pudo domesticar del todo este sarpullido de ira juvenil. La versión más ambivalente del talento de Kurt Cobain, transitando del exabrupto a la delicadeza, del grunge al pop, de la lija al fieltro. Influyente es poco.

**My Bloody Valentine**
*Loveless* (Creation, 1991)
La perfecta fusión de melodías ensoñadoras y entramados de guitarras sometidos a multitud de efectos, haciendo un arte de la distorsión y del *feedback*. Piedra angular del shoegaze. Mil veces imitado. Nunca superado.

**Sonic Youth**
*Dirty* (Geffen, 1992)
*Daydream Nation* (1988) es el favorito de su parroquia, pero *Dirty* (1992) depara una panorámica más amplia, madura y certera de las capacidades de los neoyorquinos, ejerciendo además de engarce ejemplar entre el estallido underground de los 80 y la floreciente nación alternativa de los 90.

**Sugar**
*Copper Blue* (Rykodisc/Creation, 1992)
Justicia poética para Bob Mould, quien gozó al fin de la repercusión merecida desde los tiempos de Hüsker Dü con este disco de rock vibrante, propulsado por una de las mejores triadas iniciales de la época.

**R.E.M.**
*Automatic For The People* (Warner, 1992)
La demostración de que se podía hacer un álbum austero, crepuscular y adulto en el ámbito multinacional, sin demasiados peajes. Pináculo de los de Athens, aunque su obra anterior fuera más influyente.

**The Auteurs**
*New Wave* (Hut, 1993)
La escritura fina e irónica de Ray Davies o Morrissey filtrada a través del talento de Luke Haines. El desequilibrio entre lo inmenso de este disco y lo tímido de su reivindicación justifica que su responsable se convirtiera –años después– en el amargado azote del brit pop.

**Pavement**
*Crooked Rain, Crooked Rain*
(Matador, 1994)
El caos controlado, en su expresión más rotunda. Canciones escarpadas y abruptas, pero también dulces. Aparentemente desmañadas, pero conscientes de su hechizo. El disco más completo de los californianos.

**Blur**
*Parklife* (Food/EMI, 1994)
Curso acelerado de tres décadas de pop británico en 16 canciones sin tacha. Punk,

pop, synth pop, costumbrismo, vodevil, disco music, baladas sixties, guiños a la cultura *mod*... Su obra maestra.

**Suede**
*Dog Man Star* (Nude, 1994)
Melodrama pop en su máxima expresión, sin demasiados ribetes glam ni apelaciones a la inmediatez. Romanticismo desesperado, estilizado y punzante.

**Portishead**
*Dummy* (Go Beat/Polygram, 1994)
El reflejo en tono marfil de la banda sonora de una película inexistente. La escalofriante congoja de cualquier dama del jazz vocal tamizada por la sombra de Morricone, John Barry o Lalo Schifrin. Nunca el trip hop sonó más hiriente. Ni más inimitable.

**Oasis**
*Definitely Maybe* (Creation, 1994)
No hay truco viejo si el prestidigitador es diestro. Y los Gallagher consiguieron que un puñado de préstamos en absoluto novedosos sonasen a desafío, a exultante celebración de la vida en un momento de euforia –efímera, como casi todas– para el pop británico. Crearon escuela.

**Pulp**
*Different Class* (Island, 1995)
Cavilaciones sobre sexo y clases sociales a ritmo de canciones grandiosas, con la mirada de un observador tan vitriólico como sagaz. El brit pop observado con cinismo a través de una ventana, en una obra que adelanta por la derecha a sus teóricas competidoras.

**Belle & Sebastian**
*If Your'e Feeling Sinister* (Jeepster, 1996)
Delicadeza, sensibilidad, clase. La mejor tradición indie, el arrullo del folk pop o la herencia de The Smiths citándose en un trabajo canónico, modelo para sucesivas generaciones y cumbre en la escritura de Stuart Murdoch.

**Diabologum**
*#3* (Lithium, 1996)
Portentoso muestrario de noise rock, spoken word y experimentalismo, seminal en la formación de una de las sagas más imprescindibles del rock francés y, por extensión, europeo (Programme, Expérience, Michel Cloup Duo).

**Radiohead**
*OK Computer* (Parlophone/Capitol, 1997)
Hasta el más enconado de sus detractores deberá aceptar que este trasunto de angustia existencial pre-milenio (que encajó como un guante en plena resaca brit pop) dibujó una enorme influencia durante años: Coldplay, Muse, Starsailor, Travis, Placebo, The Veils, Budapest...

**Spiritualized**
*Ladies & Gentlemen* (Dedicated, 1997)
El rock como elemento curativo. Goteando gospel abrasivo, blues heterodoxo, psicodelia espesa y devaneos free jazz. Space rock en su máxima expresión.

**The Flaming Lips**
*The Soft Bulletin* (Warner, 1999)
La psicodelia pop del siglo XXI tuvo en este trabajo, producido por el gurú Dave Fridmann, el mejor espejo –junto al colectivo Elephant 6 o los Mercury Rev más atinados– en el que mirarse. De Grandaddy a Tame Impala.

**Wilco**
*Summerteeth* (Reprise, 1999)
Tuvieron episodios más osados y cercanos a la vanguardia, pero este álbum certificó su explosión cromática, afinando un ol-

fato melódico en el que la tradición pop pesaba ya lo mismo que la country rock.

**The Magnetic Fields**
*69 Love Songs* (Merge, 1999)
Stephin Merritt demostró con esta entrega triple que la ambición y el talento no estaban reñidos con la austeridad de medios. Excepcional panorámica pop, lidiando con las espinas del amor en canciones rebosantes de romance y sarcasmo.

**Giant Sand**
*Chore Of Enchantment*
(Thrill Jockey, 2000)
Canciones de desarrollo imprevisible, que coronaron la consumada pericia de Howe Gelb como gran zahorí del rock de raíz norteamericana. Su obra maestra.

**The Avalanches**
*Since I Left You* (Modular, 2000)
La técnica del sampler elevada a la categoría de arte en un disco que anticipaba un futuro que aún no ha sido sobrepasado. Llegaron de Australia y dejaron al mundo con la boca abierta.

**Mogwai**
*Rock Action* (Southpaw, 2001)
Lo que una vez se convino en llamar post rock se regenera mediante tramas sintetizadas, fundiendo electricidad y electrónica en un álbum que, por encima de etiquetas, estimuló la firma de los escoceses como un género en sí mismo.

**The Strokes**
*Is This It* (RCA, 2001)
Otra banda que demostró la importancia de estar en el lugar y momento adecuados, asumiendo los nutrientes pertinentes. Once canciones sin tacha que hicieron que a estos heraldos del viejo-nuevo rock les salieran una legión de clones.

**The Libertines**
*Up The Bracket* (Rough Trade, 2002)
La respuesta británica en forma de canciones urgentes, desvencijadas y palpitantes, asumiendo con descaro el mejor legado británico desde los tiempos del punk.

**The Streets**
*Original Pirate Material*
(Locked On/679 Recordings, 2002)
La cultura de club y la del pub, fundidas en un mismo opus. Un trabajo capital en la popularización del UK Garage, aquí enfilado desde una perspectiva costumbrista y barrial.

**Arcade Fire**
*Funeral* (Merge, 2004)
Sin el insospechado éxito de este debut, no se entenderían ni las ínfulas euforizantes –al menos en forma, que no en fondo– ni el arrojo épico de gran parte del indie rock de la última década. Afortunadamente, los canadienses no se convirtieron en rehenes del mismo.

**Nick Cave & The Bad Seeds**
*Abattoir Blues/The Lyre Of Orpheus* (Mute, 2004)
Cave y sus Malas Semillas tienen discos más emblemáticos. También más seminales. También más rupturistas. Pero ninguno tan completo como este doble, en el que las letanías satinadas y los arrebatos de rock y gospel hirviente deparan las dos caras de la misma moneda.

**M.I.A.**
*Arular* (XL, 2005)
Consolidando el cruce de nutrientes sonoros que la era de las redes y la sobreinformación iba fortaleciendo, la británica de origen tamil despachó este furioso cóctel de pop, hip hop, dancehall, actitud punk y vocación global, aún no superado.

**Sufjan Stevens**
*Illinoise*
(Asthmatic Kitty/Rough Trade, 2005)
La consagración definitiva de uno de los grandes compositores de la presente centuria llegó con este desbordante compendio de folk, gospel, country, indie pop y guiños a los musicales de Broadway.

**Arctic Monkeys**
*Whatever People Say I Am, That's What I'm Not* (Domino, 2006)
Crónicas sobre cómo vivir la veintena en plena era MySpace, licuando los preceptos del mejor pop británico en canciones espasmódicas, imprevisibles, veraces. El primer hito de una carrera indispensable.

**LCD Soundystem**
*Sound of Silver* (DFA/EMI, 2007)
Su debut esgrimía más petardazos, pero esta secuela diseminaba con más matices y complejidad las propiedades del irresistible combinado sonoro de James Murphy, esencial para encajar el retrofuturismo pop más bailable de la primera década del siglo.

**The xx**
*The xx* (Young Turks, 2009)
R&B minimalista y sombrío, magnético y sutil, en una obra influyente que vence también por su equidistancia entre varios mundos: el del post punk, el del trip hop, el del indie o el de la electrónica de dormitorio.

**Bon Iver**
*Bon Iver, Bon Iver* (4AD, 2011)
El fabuloso desmarque de Justin Vernon del folk deshuesado para abrazar referentes hasta hace poco proscritos por la escena indie, también secundados por Iron & Wine o The War On Drugs. De ahí al infinito.

**PJ Harvey**
*Let England Shake* (Island, 2011)
Coronando un trayecto que fue del aullido individual al lamento colectivo, este disco enmarca majestuosamente la madurez creativa de la mujer más importante en el rock de las últimas tres décadas, indie o no.

**Sleater-Kinney**
*No Cities To Love* (Sub Pop, 2015)
La obra más accesible del trío femenino de Olympia (Washington), tan apabullante como siempre en la defensa de un punk rock con desvíos new wave, sin manierismos pero también sin tosquedades, de alto voltaje y precisión milimétrica.

**Anhoni**
*Hopelessness* (Secretly Canadian, 2016)
Delegando en un pop electrónico perfilado por Oneohtrix Point Never y Hudson Mohawke, el neoyorquino muta de género y de piel creativa de forma audaz, poniendo el dedo en la llaga de algunos desequilibrios globales.

# Bibliografía


Azerrad, Michael, *Nuestro grupo podría ser tu vida. Escenas del indie* underground *norteamericano 1981-1991*, Back Bay Books, 2002, Contra, 2014.

Bianciotto, Jordi, *Guía universal del rock. De 1990 hasta hoy*, Robinbook, Ma Non Troppo, 2008.

Blánquez, Javier; Freire, Juan Manuel y varios autores, *Teen Spirit. De viaje por el pop independiente*, Reservoir Books, Mondadori, 2004.

Cobain, Kurt *Diarios*, Mondadori, Reservoir Books, 2003.

Cruz, Nando, *Pequeño circo. Historia oral del indie en España*, Contra, 2015.

Gil, Pablo, *Guía de la música independiente en España*, VOSA, 1998.

Julià, Ignacio, *Estragos de una juventud sónica*, Alternia, 2013.

King, Richard, *How Soon Is Now? The Madmen and Mavericks Who Made Independent Music 1975-2005*, Faber & Faber, 2012.

Knopper, Steve, *Appetite For Self Destruction. The Spectacular Crash Of The Record Industry In The Digital Age*, Simon & Schuster, 2009.

Mercadé, Xavier, *Balas perdidas. Qué fue del siglo XX*, 66 RPM, 2012.

Oriol, Ramon, *Música alternativa. Auge y caída (1990-2014)*, Milenio, 2015.

Pérez de Ziriza, Carlos, *Fragmentos de una década. Tendencias, transformaciones y claves del rock del nuevo milenio*, Milenio, 2011.

[illegible]go, Carlos, *Nuevo rock americano, años 80. Luces y sombras de un espejismo*, Mile[illegible] 2010.

[illegible]imon, *Después del rock. Psicodelia, postpunk, electrónica y otras revoluciones* [illegible] Caja Negra, 2010.

Reynolds, Simon, *Post Punk. Romper todo y empezar de nuevo*, Faber & Faber, 2006; Caja Negra, 2013.

Reynolds, Simon, *Retromanía. La adicción de la cultura pop a su propio pasado*, Faber & Faber, 2011; Caja Negra, 2013.

Rogan, Johnny, *Morrissey & Marr. La alianza rota. La historia definitiva de The Smiths*, Omnibus Press, 1992; T&B Editores, 2010.

Stanley, Bob *Yeah! Yeah! Yeah! La historia del pop moderno*, Faber & Faber, 2014; Contra, 2015.

Yarm, Mark, *Todo el mundo adora nuestra ciudad. Una historia oral del grunge*, Es Pop, 2015.

# Playlist

Para escuchar una selección de las mejores canciones del género que aparecen en este libro puedes acceder al siguiente enlace:

**http://sptfy.com/Xa2**

## En la misma colección: